Kampf um die Pressefreiheit

Kampf um die Pressefreiheit

Chronologie eines Skandals

Die Verfassungsbeschwerde der Wochenzeitung JUNGE FREIHEIT wegen Verletzung der Meinungs- und Pressefreiheit durch Verfassungsschutzberichte des Landes NRW

– Mit einer Chronologie des Skandals –

EDITION JF

Druck und Bindung: WB-Druck, Rieden

Bibliographische Information der Deutschen Bibliothek:

Die Deutsche Bibliothek verzeichnet diese Publikation in der Deutschen Nationalbibliographie; detaillierte bibliographische Daten sind im Internet über http://dnb.ddb.de abrufbar.

ISBN 3-929886-15-4

Hohenzollerndamm 27 a, 10713 Berlin
Gedruckt in Deutschland

Inhaltsverzeichnis

„Ich sehe eine Tendenz, daß man
rechte Positionen immer mit
rechtsextremen in einen Topf
wirft. (...) Für mich ist die
JUNGE FREIHEIT
ein Medium, das innerhalb
des demokratischen Systems steht."
„Der Verfassungsschutz in NRW
beobachtet alles, was nicht
auf dem linken Flügel
der SPD beheimatet ist."

FOCUS-Chefredakteur Helmut Markwort
laut „Tagesspiegel" und Nachrichtenagentur DDP
vom 2. Februar 2001

Vorwort

Seit 1995 steht die Wochenzeitung JUNGE FREIHEIT im Visier des Verfassungsschutzes Nordrhein-Westfalens. In einem Alleingang versucht das dortige Innenministerium seit nunmehr fast zehn Jahren politisch durchzusetzen, eine unbequeme konservative Wochenzeitung von staatlicher Seite öffentlich unter permanenten Verdacht zu setzen, „verfassungsfeindliche“ Bestrebungen zu befördern. Es handelt sich um eine besorgniserregende behördliche Maßnahme, legitime Meinungen amtlich als „verdächtig“ zu brandmarken und aus dem demokratischen Diskurs auszugrenzen.

Diese administrative Ächtung und Diskriminierung eines Presseerzeugnisses, das auf dem Boden der Verfassung steht, ist ein bedrohlicher Präzedenzfall. Gelänge es einer Behörde erfolgreich, eine Zeitung auf diesem Wege nachhaltig unter Druck zu setzen und schließlich politisch und wirtschaftlich auszuschalten, könnte das weiteren willkürlichen Eingriffen in die Meinungs- und Pressefreiheit, also in für die Demokratie wesentliche Grundrechte den Weg bereiten. Gleichgültig, ob es sich gegen „rechte“ oder „linke“ Zeitungen richtet.

Die Wochenzeitung JUNGE FREIHEIT hat sich deshalb, nicht nur aufgrund konkreter wirtschaftlicher und politischer Beschädigung, sondern auch grundsätzlicher Erwägungen 1996 dazu entschlossen, ein höchst aufwendiges und von Staatsrechtlern aufmerksam verfolgtes Verwaltungsstreitverfahren gegen das Land Nordrhein-Westfalen zu betreiben. In diesem Musterprozeß soll es diesem Land untersagt werden, weiterhin in seinen Verfassungsschutzberichten über die JUNGE FREIHEIT zu behaupten, sie stehe in irgendeinem Zusammenhang mit „rechtsextremistischen Bestrebungen". Das NRW-Innenministerium hat sich in zehn Jahren Beobachtungstätigkeit als unfähig erwiesen, seine „tatsächlichen Anhaltspunkte für den Verdacht" auf solche angeblichen Bestrebungen zu erhärten. Warum auch? Die „Erwähnung" in diesem Bericht zeitigt ihre brutale diskriminierende Wirkung, die offenbar von den Verantwortlichen im NRW-Innenministerium beabsichtigt ist, aber jeden Demokraten schockieren muß. In einer Chronologie des Skandals dokumentieren wir den beispiellosen Repressionsdruck, unter dem die Wochenzeitung JUNGE FREIHEIT in Deutschland erscheint und für die Verteidigung der Pressefreiheit kämpft.

Wir dokumentieren in dieser Chronologie auch die gewalttätigen Angriffe von Linksextremisten, von „autonomer Antifa" auf die JUNGE FREIHEIT: die Brandanschläge auf Druckerei, Vertriebsfahrzeuge und Redaktion, die Boykottdrohungen und Überfälle auf Zeitschriftenhändler, den Druck auf Autoren und Interviewpartner.

Ohne diesen Kampf für die Pressefreiheit droht uns in Deutschland eine schleichende, staatlich abgestützte Meinungsdiktatur der „political correctness", in der Behörden darüber entscheiden, welche Zeitungen demokratisch diskutabel sind und welche Zeitungen nicht; welche Zeitungen man ungestraft lesen darf und welche Zeitungen nicht; in welchen Zeitungen man sich als Bürger äußern darf und in welchen Zeitungen nicht. Es muß jedem möglich sein, sich ungehindert in einer Zeitung wie der JUNGEN FREIHEIT frei zu äußern – ohne sich später von einem NRW-Innenminister vorhalten lassen zu müssen, er leiste „Anhaltspunkten für den Verdacht" Vorschub, möglicherweise „extremistische Bestrebungen" zu befördern.

Man muß die Meinungen einer Zeitung nicht teilen. Man sollte in einer Demokratie jedoch dagegen kämpfen, daß sich der Staat herausnimmt, öffentlich Zensuren zu erteilen über bequeme und unbequeme, förderungswürdige und nicht förderungswürdige Zeitungen. Vom An-den-Pranger-Stellen, vom Erteilen demokratischer Zensuren bis hin zur offenen Zensur ist es nämlich nur noch ein kleiner Schritt.

Der Publizist Jens Jessen warnte am 21. März 2002 in der Hamburger Wochenzeitung „Die Zeit" vor dieser Gefahr:

> „Es ist ein verfolgender Liberalismus entstanden, der alles Denken unter Radikalismusverdacht stellt, das nach Alternativen zu den bestehenden Verhältnissen sucht. Linkes Denken gilt immer schon als linksextrem, rechtes Denken als rechtsextrem. Der siegreiche Liberalismus hat die Mentalität eines Staatsschutzes angenommen, der überall Verfassungsfeinde sieht."

Und weiter schreibt Jessen:

> „Wir müssen wieder lernen, daß abweichende Meinungen nicht unbedingt der Bosheit entspringen, sondern auch Argumenten, vielleicht nur einem anderen Lebensgefühl. Eine kämpferische Demokratie darf nicht nur gegen ihre Feinde, sondern muß auch für die Freiheit kämpfen. Wenn es bloß darum ginge, alle

Meinungen auf die Mitte des politischen Spektrums zu begrenzen, was wäre der Unterschied zur Diktatur?"

Helfen Sie uns!

Sie können der JUNGEN FREIHEIT bei ihrem Kampf um Pressefreiheit aktiv helfen:

- Spenden Sie für unseren Prozeßkostenfonds (*Bankverbindung siehe S. 219*)
- Protestieren Sie in einem persönlichen Schreiben beim NRW-Ministerpräsidenten und anderen politisch Verantwortlichen (*Adressen siehe Seite 219*).
- Stärken Sie die JUNGE FREIHEIT durch Ihr persönliches Abonnement (*Bestellschein S. 223*).

Danksagung

Danken möchte ich an erster Stelle Rechtsanwalt Manfred Brunner, der mich zur Klage gegen NRW ermutigt hat, obwohl sie einen Kampf Davids gegen Goliath darstellt, und der den Prozeß bis Frühjahr 2002 geführt hat. Danken möchte ich auch Generalbundesanwalt a. D. Alexander von Stahl, der diesen schwierigen Prozeß seitdem übernommen hat und mit Engagement vorantreibt. Danken möchte ich schließlich allen, die durch Rat, Tat und nicht zuletzt finanzieller Unterstützung dazu beigetragen haben und weiterhin beitragen, daß die JUNGE FREIHEIT trotz dieser massiven Einschränkung ihrer Grundrechte und wirtschaftlichen Basis im zehnten Wochenzeitungsjahrgang erscheinen und auch diesen aufwendigen Prozeß tragen kann. Ich danke nicht zuletzt allen Verlagsmitarbeitern, Autoren und allen „Freunden der JUNGEN FREIHEIT" für ihre jahrelange treue Solidarität!

Dieter Stein, JF-Chefredakteur, im Mai 2003

Chronologie eines Skandals

Die JUNGE FREIHEIT (JF) wurde 1986 von Dieter Stein mit anderen Schülern und Studenten in Freiburg im Breisgau als Zweimonatszeitschrift ins Leben gerufen. 1990 gründeten die Redakteure den Verlag, 1993 siedelte die JF nach Berlin bzw. von Oktober 1993 bis Oktober 1995 nach Potsdam über, um ab Januar 1994 als Wochenzeitung zu erscheinen. Nachdem die Umstellung auf wöchentliches Erscheinen auf einer Pressekonferenz auf der Frankfurter Buchmesse im Oktober 1992 angekündigt worden war, verstärkten sich linksextremistische Angriffe, Drohungen und Verleumdungen gegen dieses unabhängige Zeitungsprojekt. In der folgenden Chronologie werden die wichtigsten Ereignisse dokumentiert, die die skandalöse und in der deutschen Pressegeschichte einmalige Diskriminierung einer Zeitung verdeutlichen, bei der das Verhalten des NRW-Verfassungsschutzes eine Schlüsselstellung einnimmt. Hier soll deutlich werden, welche schwerwiegenden Konsequenzen die Eingriffe in demokratische Grundrechte durch den nordrhein-westfälischen Innenminister zeitigen.

21. Januar 1994: Die erste Ausgabe der JUNGEN FREIHEIT als Wochenzeitung erscheint. Die „Potsdamer Neusten Nachrichten" melden: „Rund 100 Demonstranten hatten sich gestern morgen gegen 9 Uhr unweit des Restaurants 'Klosterkeller' versammelt. Ihre Anwesenheit galt der Pressekonferenz der rechtskonservativen Zeitung JUNGE FREIHEIT, die diese in der Gaststätte durchführen wollte, wegen der angekündigten Proteste jedoch abgesagt hatte. An der Kundgebung der Antifa Potsdam nahm unter anderem auch die 'Jugend gegen Rassismus in Europa' (JRE) aus Kreuzberg teil. Auf Flugblättern forderten die Demonstranten das Verbot der JF, die 'faschistisches Gedankengut' unter die Menschen bringe."

25. Januar 1994: Die Evangelische Presseagentur (epd) meldet: „Jusos fordern Widerstand gegen JUNGE FREIHEIT". Weiter berichtet epd: „Die Potsdamer Jungsozialisten (Jusos) haben die Bevölkerung aufgefordert, sich gegen die ab 21. Januar in der Landeshauptstadt erscheinende rechtskonservative Zeitung JUNGE FREIHEIT (JF) zu wehren. Potsdam dürfe kein Zentrum rechtsextremistischer Ideologen werden, forderte Juso-Vorsitzender Harald Geywitz am 20. Januar vor Journalisten in Potsdam. Zeitungshändler sollten auf den Vertrieb verzichten ... Auch dürfe Vertretern der JUNGEN FREIHEIT kein Raum für Veranstaltungen zur Verfügung gestellt werden, betonte der Juso-Vorsitzende."

5. Mai 1994: Die „Märkische Allgemeine Zeitung" berichtet, daß die Stadtverordnetenversammlung von Potsdam den Eigentümer des Mietshauses, in dem sich die Büroräume der JUNGEN FREIHEIT befinden, aufgefordert hat, „die von ihm an die als rechtsextremistisch eingeschätzte Wochenzeitung JUNGE FREIHEIT vermieteten Räume zu kündigen. Die Stadtverwaltung soll den Eigentümer ermitteln und ihm die Willenserklärung übersenden." Nach Einschaltung eines Rechtsanwaltes und einer Aufforderung auf Unterlassung läßt der Oberbürgermeister Horst Gramlich (SPD) mitteilen, daß es „keine rechtlich geschützte Möglichkeit der Ermittelung der Anschrift des Eigentümers" gebe und deshalb „die Stadtverwaltung nicht zur Ausführung des Beschlusses angewiesen" werde.

25. Mai 1994: Linksradikale Organisationen machen seit 1992 gegen den Vertrieb der JUNGEN FREIHEIT unter dem Motto „Stoppt Nazi-Zeitungen" mobil. Statt dies als Angriff auf die Pressefreiheit zu problematisieren, veröffentlicht die „Frankfurter Rundschau“ einen sympathisierenden Artikel unter der Überschrift „Rechte Hetze zwischen Comics und Gummibärchen – Engagierte Jugendliche wollen Kioskbetreiber überzeugen 'Nazi-Zeitungen' aus dem Sortiment zu nehmen“. Weiter heißt es über die „engagierten Jugendlichen“ in diesem Artikel: „In den letzten Tagen wurden rund 20 Kioske in Kronberg, Oberursel und Bad Homburg schriftlich aufgefordert, den Verkauf bestimmter 'Nazi-Zeitungen' einzustellen. Die Jugendlichen haben ihren Briefen an die Zeitungsverkäufer auch Informationen über die 'Deutsche Nationalzeitung', die JUNGE FREIHEIT und andere 'rechtsextreme und nationalkonservative Publikationen' beigefügt. (...) In etwa zwei Wochen sollen persönliche Gespräche mit den Händlern geführt werden, die Öffentlichkeitsarbeit verstärkt werden.“ Durch diese bundesweiten Boykottdrohungen erleidet der Vertrieb der JF schwere Einbrüche. Der geschätzte Schaden beläuft sich bis heute auf jährlich schätzungsweise 500.000 Euro.

29. Oktober 1994: Bei einer Demonstration von rund 1.000 Mitgliedern linksextremer Gruppen gegen die JUNGE FREIHEIT kommt es in Potsdam-Bornstedt zu schweren Ausschreitungen. 200 Bereitschaftspolizisten schaffen es mit Mühe, die JF-Redaktion zu schützen. Die „B.Z.“ in Berlin schreibt am 30. Oktober 1994: „Mit Pflastersteinen und Feuerwerkskörpern wollten sie sich eine Schneise durch die Polizeiabsperrung schlagen. In dem darauffolgenden Handgemenge, bei dem zwei Polizisten verletzt wurden, nahmen die rund 200 eingesetzten Beamten den harten Kern der Autonomen fest.“ Von Verurteilungen wurde nichts bekannt.

4. Dezember 1994: Auf die zur FAZ gehörende Weimarer „Union-Druckerei“, in der die JF gedruckt wurde, verüben Linksterroristen einen Brandanschlag, bei dem es zu einem Sachschaden von 1,5 Millionen Mark kommt. Die FAZ schreibt am 7. Dezember:

„'Revolutionäre Lesbenfrauengruppen und andere revolutionäre Gruppen' haben sich am Dienstag des Brandanschlags auf die Union-Druckerei in Weimar bezichtigt, bei der in der Nacht zum Sonntag ein Sachschaden von mehr als einer Million Mark entstanden war. In dem Selbstbezichtigungsschreiben heißt es, man wolle mit Brandanschlägen das Ende der Zeitung JUNGE FREIHEIT beschleunigen." Die „taz" veröffentlicht am 21. Dezember das Bekennerschreiben, dem auch zu entnehmen ist, daß die Täter hinter einem Anschlag gegen den Pressevertrieb Berlin stehen, bei dem ein Lieferwagen in Flammen aufging. Wörtlich heißt es in diesem Bekennerschreiben: „Am 4. Dezember 1994 haben wir verschiedene Objekte in Berlin und Weimar angegriffen. Sie alle sind an der Herstellung und am Vertrieb der faschistischen Wochenzeitung JUNGE FREIHEIT beteiligt. Wir wollen mit unseren Brandsätzen gegen die Druckerei, einen Kiosk und gegen Fahrzeuge von Vertriebsfirmen das Ende dieses Machwerks beschleunigen."

13. Dezember 1994: Einen von der JF initiierten Appell „Die Freiheit ist immer die Freiheit der Andersdenkenden – Appell anläßlich des Anschlags auf die Druckerei der JUNGEN FREIHEIT" unterschreiben u. a. Daniel Cohn-Bendit, Peter Gauweiler, Richard Herzinger, Alfred Mechtersheimer, Ulrike Poppe, Thomas Schmid und Rolf Stolz. Erst nach diesem Appell berichten zahlreiche Medien ausführlicher über diesen Terroranschlag. Obwohl der Generalbundesanwalt die Ermittlungen wegen des „Verdachts auf Bildung einer terroristischen Vereinigung" an sich zieht, werden die Täter nie ermittelt.

18. Dezember 1994: Der Berliner „Tagesspiegel" meldet: „Die Weimarer Union-Druckerei hat ihren Vertrag mit der rechtskonservativen Wochenzeitung JUNGE FREIHEIT fristlos gekündigt. Grund sei der Brandanschlag auf die Druckerei ..., teilte Geschäftsführer Ernst-Ulrich Dill am Wochenende in Weimar mit."

SEITE 9 / 30. OKTOBER 1994 ✡ B.Z., 30.10.1994

Potsdam: Demo gegen Rechts endete im Krawall

50 linke Chaoten warfen mit Steinen / 30 Festnahmen

Potsdam – Mit Krawallen, mehreren Verletzten und 30 Festnahmen endete gestern eine Demonstration von knapp 1000 Mitgliedern linker Gruppen in Potsdam.

Sie waren auf Initiative des Berliner Vereins „Jugend gegen Rassismus in Europa" aus ganz Deutschland angereist, um gegen das in Potsdam erscheinende rechte Wochenblatt „Junge Freiheit" zu protestieren.

Alles begann friedlich, als sich der Demo-Zug am Platz der Einheit sammelte. Auch der Marsch durch die City und die Abschluß-Kundgebung ...

(500 Meter von der Redaktion der „Jungen Freiheit" entfernt) verlief ohne Zwischenfälle.

Doch als sich die Menschenmenge schon aufzulösen begann, versuchte plötzlich eine rund 50köpfige Gruppe vermummter Autonome, zum Redaktionsgebäude durchzubrechen.

Mit Pflastersteinen und Feuerwerkskörpern wollten sie sich eine Schneise durch die Polizeiabsperrung schlagen. In dem darauffolgenden Handgemenge, bei dem zwei Polizisten verletzt wurden, nahmen die rund 200 eingesetzten Beamten den harten Kern der Autonomen ...

...dam gestern abend: Zwei Polizisten mit ...ßen Schutzhelmen im Handgemenge mit

10. Januar 1995: Die „Welt“ berichtet unter der Überschrift „Institut äußert Sorge um Pressefreiheit in Deutschland“: „Auf das sonst so leuchtend helle Bild von Pressefreiheit in Deutschland ist 1994 ein Schatten gefallen. Zum ersten Mal seit der deutschen Vereinigung 1990 erwähnt der Jahresbericht des Internationalen Presseinstituts (IPI) in London die Bundesrepublik im Zusammenhang mit einer Reihe 'bedenklicher Vorkommnisse'. Bis 1989 stand ausschließlich die DDR auf der Anklageliste. (...) Der IPI-Direktor sieht die Presse- und Informationsfreiheit aber nicht nur durch Politik und Justiz gefährdet. Auf Befragen bezog er auch die Anschläge sogenannter autonomer Gruppen auf die Druckerei der rechtsorientierten Wochenzeitung JUNGE FREIHEIT in seine Kommentierung ein. Wenn undemokratische Gruppierungen mit Gewalt die Veröffentlichung unbequemer Meinungen verhindern wollten, so müsse das genauso gerügt werden wie der 'Druck von Politik und Justiz auf die Presse'.“

15. Januar 1995: In einem Beitrag für die FAZ („Mit den Wölfen schweigen – Polemische Bemerkungen zu einer zeitgemäßen Form der Unterdrückung, die die Demokratie bedroht“) schreibt Peter Gauweiler: „Man nehme zum Beispiel die auf diese Weise faktisch unbekannt gebliebene Tatsache, daß im Monat Dezember durch einen Brandanschlag das bundesweite Erscheinen einer immerhin nicht ganz unbekannten Wochenzeitung verhindert werden konnte, ohne daß dieser an sich unerhörte Vorgang auf größere journalistische, politische und/oder sonstige gesellschaftliche Proteste gestoßen wäre: Die Druckerei der in Potsdam erscheinenden Wochenzeitung JUNGE FREIHEIT, deren Abonnentenkartei bereits im Oktober von 'militanten Autonomen' mit Waffengewalt erbeutet worden war, wurde durch drei hintereinander zur Explosion gebrachte Brandsätze völlig zerstört. (...) Nichts hören, nichts sehen, nichts sprechen, lautete dazu die Devise der Meinungsmacher. Wenn der Satz richtig ist, daß, wer schweigt, zustimmt, dann haben die sonst

Focus, Nr. 51/1994

TATORT: Hier zündeten unbekannte Täter drei Brandsätze. Der Sachschaden geht in die Millionen

PRESSE

Feuer gegen rechts

Linksextreme wollen Druck und Vertrieb einer umstrittenen Wochenzeitung mit Gewalt verhindern

Nach einem Brandanschlag auf die Weimarer Union-Druckerei, die unter anderem die rechtskonservative Wochenzeitung „Junge Freiheit" (FOCUS 2/94) herstellt, hat die Bundesanwaltschaft in Karlsruhe die Ermittlungen an sich gezogen und sucht die Täter unter Linksextremisten. Sie ermittelt wegen des „Verdachts der Mitgliedschaft in einer terroristischen Vereinigung in Tateinheit mit versuchter Brandstiftung und versuchter Nötigung".

Ein in Thüringen verteiltes Bekennerschreiben „revolutionärer Lesbenfrauengruppen und anderer revolutionärer Gruppen" halten die Ermittler für authentisch. Darin kündigen die Täter an, mit „Brandsätzen das Ende der Zeitung (zu) beschleunigen". Abonnenten des Blatts droht Gefahr: Schon vor dem Brand, bei dem über eine Tonne Druckfarbe auslief, waren bei einem Raubüberfall auf die zur FAZ-Verlagsgruppe gehörende Druckerei 5000 Adressen von Abonnenten erbeutet worden.

Ein Leser in Schleswig-Holstein hat nach Angaben des „Junge Freiheit"-Chefredakteurs Dieter Stein inzwischen eine Rohrbombe in seinem Briefkasten gefunden. Kioskbesitzer, die das Blatt im Sortiment haben, werden bedroht, Fahrzeuge von Pressevertriebsfirmen sind in Flammen aufgegangen.

Politiker und Publizisten unterschiedlicher politischer Couleur, von Peter Gauweiler (CSU) bis Daniel Cohn-Bendit (Grüne), solidarisierten sich nach dem Anschlag mit dem Potsdamer Blatt, auch wenn einigen Unterzeichnern des Appells „die politischen Positionen der Zeitung mehr als bedenklich erscheinen".

Das Blatt (Druckauflage laut Verlag 70 000, Verkauf 25 000 Exemplare) soll nach Reparatur der Druckerei weiter in Weimar produziert werden. Union-Chef Ernst-Ulrich Dill: „Ein hohes Sicherheitsrisiko für meine 30 Mitarbeiter." ■

GÜNTHER BAHR

VERFOLGT: Chefredakteur Dieter Stein initiierte selbst den Solidaritätsappell

so redseligen öffentlichen Instanzen des wiedervereinigten Deutschland, inklusive seiner Verleger- und Journalistenverbände, gegen diese Untat nichts einzuwenden gehabt. Man stelle sich einmal vor, der Anschlag hätte nicht der JUNGEN FREIHEIT, sondern der Westberliner 'taz' gegolten, die in ihrer politischen Ausrichtung mindestens so links ist wie die JUNGE FREIHEIT rechts: Der öffentlich erklärten Betroffenheiten wäre bis hinauf in das Präsidium des Deutschen Bundestages kein Ende gewesen."

18. Januar 1995: Bei einem erneuten Anschlag auf die JF geht das Auto von Chefredakteur Dieter Stein in Flammen auf. Die Antifa-Postille „Göttinger Drucksache" meldet begeistert: „Nichts als Pech hat die neurechte Zeitung JUNGE FREIHEIT in letzter Zeit: Nach dem Anschlag auf ihre Druckerei stand der Chefredakteur Dieter Stein am 18. Januar vor seinem völlig zerstörten Auto. Die 'Autonom-Antifaschistische Gruppe Michael Gäbler', die sich zum Anschlag bekannte, bezeichnete ihren Brandsatz als 'kleine Entscheidungshilfe'. Wollen wir hoffen, daß nicht mehr viele solcher 'Hilfen' nötig sind, bis diese Zeitung endlich ihr Erscheinen einstellt."

13. März 1995: Der „Spiegel" berichtet exklusiv, der nordrhein-westfälische Innenminister habe die „Beobachtung" der JUNGEN FREIHEIT angeordnet. Es läge ein 30seitiges Dossier vor, in dem die Zeitung schwer belastet würde. Reißerisch hebt der „Spiegel" den Vorwurf des Antisemitismus hervor, der sich auf eine 1994 in der JF veröffentlichte Glosse stütze, die tatsächlich aber *gegen* Antisemitismus gerichtet war. Die JF reicht am 26. März eine Beschwerde beim Deutschen Presserat gegen den „Spiegel" ein. Der Presserat fällt in seiner Sitzung vom 18. Juli im Beschwerdeausschuß einen Beschluß: „Als Beleg für die von Der Spiegel behauptete Tendenz der JUNGEN FREIHEIT zitiert Der Spiegel in dem angegriffenen Beitrag einen Satz, der isoliert gelesen, vorurteilshaften und hetzerischen Charakter hat. Das Zitat ist in der gesamten Veröffentlichung der JUNGEN FREIHEIT jedoch Gegenstand distanzierender Formulierungen. Mit der Herauslösung aus dem Kontext wird der Eindruck erweckt, die JUNGE FREIHEIT mache sich die Aussagen der zitierten Passage, die Gegenstand distanzierender Äußerungen ist, inhaltlich zueigen. Das war nach Überzeugung des Beschwerdeausschusses unzulässig und als Verstoß gegen die redaktionelle Pflicht zu werten, Dokumente sinngetreu wiederzugeben (Ziffer 2 Pressekodex). (...) Der Beschwerdeausschuß hielt den Verstoß gegen Ziffer 2 des Pressekodex für so schwerwiegend, daß er gemäß § 10 der Beschwerdeordnung die Maßnahme der Mißbilligung wählte. Nach § 13 (2) BO besteht zwar keine Pflicht, Mißbilligungen in den betroffenen Publikationsorganen abzudrucken. Im Hinblick auf eine faire Berichterstattung empfiehlt dies jedoch der Beschwerdeausschuß."

FAZ, 09.12.1994

Mit Gewalt gegen die „Junge Freiheit"

Ein Brandanschlag und Drohbriefe an Kioskbesitzer

E.F. FRANKFURT, 8. Dezember. Der Brandanschlag auf die Union-Druckerei in Weimar, in der die rechtskonservative Wochenzeitung „Junge Freiheit" gedruckt wird, ist der bisherige Höhepunkt der Kampagne „antifaschistischer" Gruppen gegen dieses Blatt, dem vorgeworfen wird, in Deutschland „faschistisches Gedankengut" wieder salonfähig machen zu wollen. Zu dem Anschlag bekennen sich eine „Revolutionäre Lesbenfrauengruppe".

In einem Selbstbezichtigungsschreiben heißt es, die „Junge Freiheit" sei „der Versuch der Neuen Rechten, mit journalistischen Mitteln in politisch und kulturell bedeutsame Bereiche der BRD-Gesellschaft einzubrechen und sich dort zu konsolidieren". Die Zeitschrift sei rassistisch un
semitisch, frauenfeindlich
nalistisch und eli
vanchi

Mit „propagandistischem Widerstand" sind Drohbriefe an Kioskbesitzer gemeint. In einem solchen Brief Berliner „Antifaschisten" heißt es: „Bei einem Besuch Ihrer Verkaufsstelle hat man festgestellt, daß sie dort Zeitungen mit faschistischem, rassistischem bzw. antisemitischem Inhalt anbieten." Genannt werden neben Zeitungen aus dem Verlag des Rechtsextremisten Frey auch die „Junge Freiheit" und die konservative Theoriezeitschrift „Criticon". Den Zeitungshändlern wird vorgehalten: „Mit der Beteiligung am Verkauf solcher Zeitun
gen ... machen Sie sich schul
Verbreitung faschisti
Brief schlie

Der einzige je publizierte Bericht über den Terror gegen den freien Vertrieb der JF.

Der „Spiegel“ druckte die Information und den Hinweis auf die Mißbilligung durch den Presserat nicht ab und beließ seine Leser im Glauben, seine Berichterstattung sei korrekt gewesen.

17. März 1995: Frühmorgens fahren sechs Redakteure der JF nach Hamburg zum Sitz der „Spiegel“-Redaktion, um dort gegen die verleumderische Berichterstattung über die JF zu protestieren. Am „Spiegel“-Hochhaus wird ein riesiges Transparent („Rudolf räum den sAUSTall auf!“) angebracht und Plakate („DDR-light? Nein danke!“) aufgestellt. Jeder Mitarbeiter des Hamburger Magazins, der das Gebäude betritt, erhält ein Exemplar der aktuellen JF-Ausgabe, die unter der Überschrift „Der Spiegel läuft Amok – Rufmord mit Verdrehungen und Verleumdungen“ gegen die auf das Dossier des NRW-Verfassungsschutzes gestützte Berichterstattung protestiert. Mit einer Besetzung des Empfangsbereichs erzwingen schließlich die JF-Redakteure ein Gespräch mit dem verantwortlichen Ressortleiter, nachdem ein Gespräch mit „Spiegel“-Chefredakteur Stefan Aust verweigert worden war. Der „Spiegel“ hat sich bis heute für seine unwahren Behauptungen nicht entschuldigt.

Mai 1995: Das Innenministerium des Landes Nordrhein-Westfalen erhebt im Verfassungsschutzbericht für 1994 erstmals den Vorwurf, es existierten „tatsächliche Anhaltspunkte für den Verdacht rechtsextremistischer Bestrebungen in der JF“. Viele Zeitungen stürzen sich nun auf diesen Vorwurf und verdrehen ihn zu der Behauptung, die JF werde als „rechtsextremistisch“ eingeordnet – juristisch ein himmelweiter Unterschied. Die JF bereitet juristische Schritte gegen NRW vor.

21. Juli 1995: Auf Wunsch der JUNGEN FREIHEIT kommt es in Frankfurt am Main zu einem Treffen zwischen Dieter Stein, einem weiteren JF-Redakteur und Ignatz Bubis, dem Vorsitzenden des Zentralrates der Juden in Deutschland, in dessen Büro. Auslöser des Gesprächs waren Vorwürfe von Bubis in der Öffentlichkeit gegen „intellektuelle Schreibtischtäter“ von rechts. In diesem Zusammenhang hatte er wiederholt die JUNGE FREIHEIT als Beispiel für diese „Schreibtischtäter“ erwähnt. Wir wollten dies nicht stehen lassen und hatten Kontakt zu ihm aufgenommen. Nach Bubis‘ Tod berichtete Dieter Stein in der JF erstmals öffentlich über dieses Treffen: „Während Bubi ein Schälchen Eis auslöffelt, kommen wir gleich auf das Thema des Schreibens zu sprechen. Ich unterstreiche, wie sehr uns der Vorwurf der 'Schreibtischtäterschaft‘ und des 'geistigen Brandstiftertums‘ empört und daß wir diesen Vorwurf nicht hinnehmen können. Bubis hört aufmerksam zu. Vor ihm liegt ein Stoß mit Papieren und Akten. Als oberstes sehe ich ein Dossier des Landesamtes für Verfassungsschutz Nordrhein-Westfalen. Da nimmt Bubis den Bericht vom Stapel und zitiert daraus den Vorwurf des Antisemitismus gegen die JF. Begründet werde dies mit einer vermeintlich antisemitischen Glosse, die in der JF erschienen sei. Wir geben Bubis die Glosse (‚Antisemiten!‘), die im Ressort von Roland Bubik erschienen ist und Antisemiten im Gegenteil explizit verächtlich machte. Bubis liest sie durch, legt die Kopie zur Seite und schlägt das verleumderische Dossier zu. Für ihn ist dieser Fall nun offenbar erledigt. Übrigens hat der Verfassungsschutz NRW diesen Vorwurf später nicht wieder erneuert.“ (JF 34/99, 20. August 1999) Ignatz Bubis unterläßt ab diesem Treffen die Angriffe auf die JF. In einem Gespräch mit der FAZ kommt er einmal darauf zu sprechen: „Ich habe einige Diskussionen mit der Neuen Rechten. Auch mit Redakteuren der Zeitung JUNGE FREIHEIT zum Beispiel. (...) Bei den jungen Leuten der Neuen Rechten gibt es einen interessanten Trend. Die sagen nämlich: Auschwitz war da. Auschwitz ist nicht zu leugnen. Das war alles schrecklich, und wir müssen damit leben und wir müssen das wissen. Aber das sollte uns nicht unser nationales und konservatives Denken behindern – was immer auch sonst da noch nachkommen mag. (...) Dieser Trend ist deutlich für mich erkennbar seit etwa zwei Jahren." (Ignatz Bubis/ Wolfgang Schäuble, Deutschland wohin? Hrsg. von Frank Schirrmacher, Herder 1996)

24. August 1995: In einem Interview mit der „Wochenpost" billigt die stellvertretende PDS-Vorsitzende Angela Marquardt den Brandanschlag auf die JF. Auf die Frage des Redakteurs, wie sie es finde, „wenn Brandanschläge auf die Druckerei der rechtsgerichteten JUNGEN FREIHEIT stattfinden", antwortet sie: „Ich halte es für legitim, zu verhindern, daß die JUNGE FREIHEIT gedruckt werden kann." Aufgrund einer folgenden Strafanzeige wegen Billigung einer Straftat nimmt die Staatsanwaltschaft Ermittlungen gegen Marquardt auf. Sie wird vor Gericht am 4. Februar 1997 freigesprochen.

Oktober 1995: Die JF zieht von Potsdam nach Berlin um. Der Potsdamer Vermieter hatte unter dem Druck der Anschläge und auch der Presseberichterstattung der JF gekündigt. Innerhalb kürzester Zeit wird der neue Vermieter in Berlin derart unter Druck gesetzt, daß der JF wieder gekündigt wird und sie erneut umziehen muß. Seit Oktober 1996 befindet sich der Verlag nunmehr in Berlin-Wilmersdorf.

25. Oktober 1995: Unbekannte Täter verüben einen Nebelbomben-Anschlag auf den Großen Kursaal in Bad Cannstadt. Die örtliche FDP veranstaltete eine Podiumsdiskussion, zu der neben Ex-Generalbundesanwalt Alexander von Stahl auch JF-Chefredakteur Dieter Stein eingeladen war. Auf der Veranstaltung kommt es deswegen zu Tumulten. Die „Stuttgarter Zeitung" schreibt: „Als Dieter Stein, der Chefredakteur der JUNGEN FREIHEIT, sprechen wollte, drängten sich einige der Demonstranten ans Rednerpult. (...) Im Pulk strömten Demonstranten aufs Podium, wo sie ein Transparent mit der Aufschrift 'Kampf den Nazis mit Schlips und Kragen' entrollten."

2. November 1995: Der frühere FDP-Fraktionsvorsitzende in NRW, Achim Rohde, gerät wegen eines Interviews mit der JF unter Druck. Vorwurf: Die JF werde vom NRW-Verfassungsschutz als rechtsextrem eingestuft. Der „Bonner Generalanzeiger" titelt: „Achim Rohde und die JUNGE FREIHEIT – Nationale Töne ihres ehemaligen Fraktionsvorsitzenden beunruhigen die Liberalen in NRW".

4. März 1996: Eine Hamburger Zeitung meldet: „'Wir wollen keine ideologischen Brandstifter und deren Handlanger.' Unter diesem Motto macht jetzt die Initiative 'Stoppt Nazi-Zeitungen' in der Hansestadt Hamburg mobil gegen den Verkauf von rechtsextremen Publikationen. In den letzten Wochen protestierten Mitglieder der Gruppe mit Transparenten und Flugblättern vor Kiosken in der Elbestadt, an denen 'Deutsche Nationalzeitung' ... und JUNGE FREIHEIT direkt neben 'Frankfurter Rundschau' und 'Süddeutscher Zeitung' liegen. (...) Der Druck gegen den Verkauf dieser Blätter müsse erhöht werden, denn in vielen Läden lägen die Blätter unterm Tisch und würden auf Verlangen ausgehändigt. (...) Die JUNGE FREIHEIT ist das Forum der 'Neuen Rechten' und transportiert rechtsradikales Gedankengut im intellektuellen Schafspelz. Für die wöchentlich erscheinende Zeitung, die als Bindeglied zwischen Nationalkonservativen und Rechtsextremisten fungiert, interessiert sich inzwischen auch der nordrhein-westfälische Verfassungsschutz."

6. Juni 1996: In den ARD-Tagesthemen wird ein Beitrag gesendet, der die FAZ bezichtigt, Werbung von „rechtsextremen Verlagen" zu schalten, darunter Werbeanzeigen der JUNGEN FREIHEIT. Belastet wird die JF durch ein ebenfalls in den Tagesthemen gesendetes Interview mit dem Chef des NRW-Verfassungsschutzes Fritz-Achim Baumann, der ebenfalls die FAZ für ihre Anzeigenpolitik kritisiert. Ein skandalöser Eingriff in die Pressefreiheit, der für diesen Beamten keine Konsequenzen hat. Konsequenzen zieht allein die FAZ: Seit dieser Tagesthemen-Sendung verweigert sie die Schaltung von Werbeanzeigen der JF im redaktionellen Teil des Blattes.

9. August 1996: Die JUNGE FREIHEIT stellt Antrag auf Einstweilige Anordnung und erhebt Klage im Hauptsacheverfahren gegen das Innenministerium des Landes NRW auf Unterlassung der Beobachtung der JF im Verfassungsschutzbericht.

24. Oktober 1996: Beschluß des Verwaltungsgerichts Düsseldorf. Der Antrag der JUNGEN FREIHEIT auf einstweiligen Rechtsschutz gegen das Land NRW wird abgelehnt (Az 1 L 3150/96).

14. Februar 1997: Urteil des Verwaltungsgerichts Düsseldorf. Die Klage der JUNGEN FREIHEIT gegen das Land NRW wird abgewiesen (Az 1 K 9318/96) Das Gericht läßt im Urteil jedoch eindeutig festhalten: „Der Beklagte macht ... geltend, die Klägerin zu keinem Zeitpunkt als rechtsextremistisch im Sinne eines endgültigen Werturteils bezeichnet zu haben."

17. April 1997: Die JUNGE FREIHEIT stellt Antrag auf Berufung gegen das Urteil des Verwaltungsgerichts Düsseldorf vor dem Oberverwaltungsgericht Münster.

5. Juni 1997: Der Verband der Verlage und Buchhandlungen Berlin-Brandenburg im Börsenverein des Deutschen Buchhandels lehnt den Antrag der JUNGEN FREIHEIT auf Mitgliedschaft ab. Begründung: Der NRW-Verfassungsschutz bezeichne die JF als „extremistisch". Die JF mußte den Antrag auf Mitgliedschaft stellen, weil die Mitgliedschaft im Börsenverein für die Aufnahme von Kundenbeziehungen von Buchgrossisten wie Lingenbrink (Libri) als Bedingung vorausgesetzt wird. Die JF protestiert daraufhin beim Vorstand des Börsenvereins des Deutschen Buchhandels in Frankfurt/Main. Mit Schreiben vom 4. November 1997 wird der JF mitgeteilt, daß sich der Börsenverein „außerstande“ sieht, den JUNGE FREIHEIT Verlag als Mitglied aufzunehmen: „Denn der Hintergrund, vor dem dieses Unternehmen arbeitet, z. B. Beobachtung der JUNGEN FREIHEIT durch den Verfassungsschutz und schwebende Gerichtsverfahren über die Verbreitung rechtsextremistischen Gedankenguts, schädigt die Interessen des Börsenvereins bzw. diejenigen seiner Mitglieder.“ Mit dem „schwebenden Verfahren“ ist der Prozeß der JF gegen das Land NRW gemeint. Bis heute hat der Börsenverein seine skandalöse Entscheidung nicht korrigiert.

2. Dezember 1997: Antwort der Bundesregierung auf eine Kleine Anfrage der PDS (Drucksache 13/9345) hinsichtlich der abweichenden Bewertung der JF durch den NRW-Verfassungsschutz, der sie im Gegensatz zum Verfassungsschutz des Bundes als „rechtsextrem“ einschätze. Die Bundesregierung stellt klar: „Im Verfassungsschutzbericht des Landes Nordrhein-Westfalen für das Jahr 1996 wird die JUNGE FREIHEIT nicht als rechtsextremistisch eingeschätzt. Vielmehr weist der Bericht darauf hin, daß Anhaltspunkte für den Verdacht verfassungsfeindlicher Bestrebungen vorliegen. In Abweichung zum Bundesbericht ermöglichen §§ 3 Abs. 1 und 15 Abs. 2 des Gesetzes über den Verfassungsschutz Nordrhein-Westfalen das Sammeln und Auswerten von Informationen sowie die Aufklärung der Öffentlichkeit bereits dann, wenn tatsächliche Anhaltspunkte für den Verdacht extremistischer Bestrebungen vorliegen.“

2. April 1998: Der parlamentarische Staatssekretär im Bundesverteidigungsministerium, Klaus Rose, rechtfertigt in einem Schreiben an den CDU-Bundestagsabgeordneten Heinrich Lummer interne Warnungen der Bundeswehr vor dem Bezug der JUNGEN FREIHEIT durch Soldaten, insbesondere Wehrpflichtige in Kasernen damit, daß nach „Auffassung“ des NRW-Verfassungsschutzes „Anhaltspunkte für den Verdacht auf Bestrebungen gegen die freiheitlich-demokratische Grundordnung“ vorlägen. Zuvor war öffentlich geworden, daß der Militärische Abschirmdienst in Informationen für Sicherheitsbeauftragte der Bundeswehr gestützt auf den NRW-Verfassungsschutz die JF als „Beispiel rechtsextremistischer Periodika“ nannte.

26. März 1999: Die JF (Nr. 13/99) veröffentlicht ihr erstes Interview mit Jörg Schönbohm, damals Landesvorsitzender und Spitzenkandidat der brandenburgischen CDU. Das Interview löst helle Empörung bei der regierenden SPD und bei den Medien aus. „Brandenburgs SPD spircht von einem 'Skandal‘“ („Tagesspiegel“), „Schönbohm verteidigt 'Junge Freiheit‘-Interview“ („Berliner Zeitung“) lauten einige der Schlagzeilen. Skandalös sei das Interview mit der JF, weil diese vom NRW-Verfassungsschutz beobachtet werde.

18. Juni 1999: Die JF publiziert ein Interview mit Hans Matthias Kepplinger, Professor für Publizistik und Kommunikationswissenschaft am Institut für Publizistik in Mainz und geschäftsführender Leiter des Instituts zum Ausgang der Europawahlen. Kepplinger wird vom Allgemeinen Studentenausschuß (AStA) in Mainz massiv attackiert. In einer Pressemitteilung (Überschrift: „Institutsleiter gibt rechtsextremer Publikation Interview“) erklärt der AStA am 8. Juli 1999: „Auf Anregung des AStAs der Johannes Gutenberg-Universität Mainz beschloß das Studierendenparlament auf seiner gestrigen Sitzung ohne Gegenstimmen einen Brief an den Präsidenten der Universität, um seinen Protest gegen ein Interview auszudrücken, das der Leiter des Instituts für Publizistik an der Mainzer Universität, Hans Matthias Kepplinger, der als rechstextrem geltenden Wochenzeitung JUNGE FREIHEIT gegeben hatte. Die Studierendenvertretung sieht in diesem Interview eine gedankenlose Verharmlosung demokratiefeindlicher

Tendenzen und eine potentielle Schädigung der wissenschaftlichen Reputation des Studienfaches Publizistik in Mainz, zumal sich nicht 'irgendein' Dozierender, sondern der Institutsleiter gegenüber der JUNGEN FREIHEIT geäußert hat. Das Studierendenparlament sieht darin auch potentielle Einbußen der Studierenden bei ihrer späteren Berufswahl aufgrund einer konstruierbaren Nähe des Institutes zum Rechtsextremismus. Die Studierendenvertretung fordert daher vom Präsidenten der Universität eine schriftliche Stellungnahme sowie den umgehenden Hinweis an alle Lehrenden der Universität Mainz auf ihren Amtseid, wonach sie der Verfassung zu dienen haben. Das Wochenblatt JUNGE FREIHEIT wird von Verfassungsschutzbehörden gelesen und in NRW mit nachrichtendienstlichen Mitteln überprüft.“ Gegenüber der Presse bleibt Kepplinger jedoch standhaft. So schreibt die „Mainzer Rhein-Zeitung“ (MRZ) am 14. Juli 1999: „Für 'völlig aus der Luft gegriffen' hält Professor Hans Mathias Kepplinger die Vorwürfe, die StuPa und AStA der Uni gegen ihn erheben. Die Studentenvertreter hatten den Leiter des Institutes für Publizistik der Mainzer Uni wegen eines Interviews in der rechtsgerichteten Wochenzeitung JUNGE FREIHEIT attackiert. (...) 'Wenn mir jemand vernünftige Fragen stellt, gebe ich auch Antworten', rechtfertigt er auf MRZ-Anfrage das Gespräch zum Thema Europawahl. Obschon er ganz sicher nicht im Sinne des Fragestellers geantwortet habe, sei das Interview einwandfrei abgedruckt worden. 'Bei Rundfunk- und Fernsehsendern habe ich in dieser Beziehung schon schlechtere Erfahrungen gemacht.'“ Nicht immer können Interviewpartner der JF dem massiven Druck von linksradikalen Gruppen und Medien standhalten, wenn zudem der Vorwurf im Raum steht, der NRW-Verfassungsschutz belaste die JF.

Juli 1999: In einer Broschüre „50 Jahre Verfassungsschutz und politischer Extremismus in Nordrhein-Westfalen“ legt der NRW-Innenminister offen, sich jahrelang bemüht zu haben, auch andere Landesämter zur Beobachtung der „Neuen Rechten“ (auf gut deutsch: der JUNGEN FREIHEIT) zu bewegen, dabei aber erfolglos gewesen zu sein: „Seit 1992 (waren) Abstimmungsversuche des Innenministeriums NRW vorausgegangen, mit dem Bund und den Landesbehörden zu einer einheitlichen Auffassung zu gelangen. Ein bundesweiter Konsens wurde bis heute nicht gefunden.“

7. Januar 2000: Die JF publiziert ein Interview mit dem baden-württembergischen CDU-Landtagsabgeordneten Arnold Tölg zur Frage deutscher Zwangsarbeiter im Zweiten Weltkrieg. Tölg erntet für dieses Interview einen Sturm des Protestens seitens der Grünen und der SPD im Stuttgarter Landtag. Tölg habe den „Konsens der Demokraten“ verlassen, so die Fraktion der Grünen. Tölg wird massiv kritisiert, sich gerade in der JF geäußert zu haben, weil diese vom NRW-Verfassungsschutz beobachtet werde. Die „Stuttgarter Zeitung“ und die „Sindelfinger Zeitung“ hatten in diesem Zusammenhang einen linksgerichteten Stuttgarter Historiker mit der Aussage zitiert, die JF schmücke sich mit fremden Federn, ohne die Autoren um die Zustimmung zum Abdruck der Texte gebeten zu haben. Die JF verklagte sowohl den Wissenschaftler als auch die Zeitungen auf Unterlassung dieser Behauptung und obsiegte auf ganzer Linie. Die FAZ berichtete in einem Beitrag im Feuilleton am 3. Juli 2000 ausführlich darüber („Fremde Federn vor Gericht – nie war sie mit solcher Genugtuung Kläger: Die JUNGE FREIHEIT prozessiert um Meinungen“). Dieser FAZ-Beitrag ist übrigens ein Musterbeispiel für den Unernst, mit dem sich Redaktionen, die sich bürgerlich nennen, mit der Problematik der Pressefreiheit im Fall der JF umgehen. Der FAZ-Redakteur befragte für seinen dreispaltigen Artikel zwar den Beklagten, Gerhard Hirschfeld, Direktor der Bibliothek für Zeitgeschichte in Stuttgart, nicht aber Dieter Stein, den Kläger. Entsprechend einseitig fiel der Artikel aus.

Februar 2000: Der Rektor der Universität Potsdam, Wolfgang Loschelder, untersagt die Verbreitung der Studentenzeitung „Gaudeamus", weil sie eine Werbeanzeige der JF enthält. Als Begründung für das Verbot verweist der Rektor auf den Verfassungsschutz NRW, der „die JUNGE FREIHEIT ... in die Rubrik 'Rechtsextremismus' eingeordnet" habe. Die JF erhebt Klage gegen die Universität Potsdam vor dem Verwaltungsgericht. Der Antrag auf den Erlaß einer Einstweiligen Verfügung gegen den Unirektor wurde vom Verwaltungsgericht Potsdam am 4. Mai 2000 abgewiesen. Der Ausgang des Hauptsacheverfahrens ist bis heute offen.

28. April 2000: Der ehemalige Generalbundesanwalt Alexander von Stahl kritisiert in der JF die neuerlichen Vorwürfe des NRW-Verfassungsschutzes in seinem Jahresbericht 1999. Stahl stellt fest, es gehe „bei der Auseinandersetzung zwischen der JF und den kleinen Metternichs aus NRW um die Meinungs- und Pressefreiheit, die es als Urrecht aller demokratischen Freiheiten gegen die politisch Korrekten zu verteidigen gilt. Gerade in diesem unserem Lande müssen wir als Betroffene im Hinblick auf unsere jüngste Vergangenheit den Anfängen wehren. Tun wir es und seien wir mit der JF im Kampf um die Meinungs- und Pressefreiheit solidarisch."

18. August 2000: Der Präsident der Deutschen Akademie für Sprache und Dichtung, Christian Meier, wird für sein Interview in der JF in den Medien scharf angegriffen, Darmstädter Stadtverordnete sprechen bezüglich der dort ansässigen Akademie unter Berufung auf den NRW-Verfassungsschutz von einer „skandalösen Veröffentlichung" „angesichts der wachsenden Bedrohung durch gewalttätigen Rassismus und Neonazismus".

August 2000: Potsdamer und Berliner Zeitungen berichten über Boykott-Aktionen von Linksextremisten gegen den freien Verkauf der JUNGEN FREIHEIT an den Kiosken. Der „Tagesspiegel" berichtet am 24. August 2000: „Zwölf junge Leute der Potsdamer Kampagne „Stoppt Nazi-Zeitungen“ rollen vor dem Zeitungskiosk im Nuthe-Havel-Center ein Plakat aus. „Rassistische und faschistische Propaganda stoppen“ prangt darauf. (...) Die Jugendlichen wollen die Kioskbesitzer dazu bewegen, Zeitungen des rechten Spektrums wie die 'National-Zeitung', das NPD-Organ 'Deutsche Stimme' und das Intellektuellen-Blatt JUNGE FREIHEIT aus dem Sortiment zu nehmen. (...) Die Beharrlichkeit der jungen Leute zahlte sich aus. Viele der angeschriebenen Kioske beugten sich dem Druck und stoppten den Verkauf der rechten Gazetten. Eine Inhaberin habe zwar von 'linkem Terror' gesprochen, die Zeitungen nahm sie trotzdem aus dem Laden.“

6. September 2000: Sachsens Justizminister Steffen Heitmann wird im Zuge einer Pressekampagne gegen ihn auch deshalb angegriffen, weil er sich früher in der JF geäußert hatte. Als skandalös wird dies erachtet, weil die JF vom NRW-Verfassungsschutz beobachtet werde. In einer Presseerklärung nimmt Generalbundesanwalt a. D. Alexander von Stahl Heitmann in Schutz: „Heitmann vorzuwerfen, daß er in der JUNGEN FREIHEIT geschrieben hat, stellt einen Angriff auf die Pressefreiheit dar.“

22. September 2000: Christoph Zöpel (SPD), Staatsminister im Auswärtigen Amt, wird von zahlreichen Medien massiv angegriffen, weil er sich in einem Interview in der JF geäußert hat. Die FAZ schreibt zu der Affäre: „Zöpel sagt im Gespräch mit dieser Zeitung, er habe mit dem Interview 'keinerlei Probleme': 'Ich halte das weiterhin für richtig.' Kritiker warfen Zöpel vor, die Zeitung JUNGE FREIHEIT werde in Nordrhein-Westfalen vom Verfassungsschutz beobachtet.“ Die „taz“ gibt Zöpel, der auch jahrelang Landesminister in Nordrhein-Westfalen war und sogar zur SPD-Linken zu zählen ist, folgendermaßen wieder: „Daß der nordrhein-westfälische Verfassungsschutz die JF in seinem Jahresbericht erwähnt, habe ihn nicht davon abgehalten, das Interview zu geben. (...) Zöpel verwies darauf, daß die Formulierungen des Verfassungsschutzberichtes keine eindeutigen Zuordnungen zum Rechtsextremismus seien. Was dort stehe, sei früher auch über Publikationen der Linken geschrieben worden." Die BILD-Zeitung kommentiert den Vorgang: „Wenn die Bundesregierung glaubwürdig bleiben will, müssen Schröder und Fischer jetzt handeln."

28. September 2000: Selbst in einer Bundestagsdebatte wird das JF-Interview thematisiert. Der damalige FDP-Generalsekretär Guido Westerwelle greift dort massiv die Bundesregierung an: „Man muß sich auch überlegen, wo man etwas sagt. Es gibt mehrere Mitglieder dieses Hauses, die dem vom Verfassungsschutz beobachteten Zeitungsorgan JUNGE FREIHEIT Interviews gegeben haben. Ich bedaure das. *(Beifall bei Abgeordneten der PDS)* Diese Zeitung ist im Verfassungsschutzbericht genannt worden, und es wäre spätestens jetzt weiß Gott nicht mehr notwendig gewesen, diesem Blatt eine solche Aufmerksamkeit zukommen zu lassen. Ich muß der Bundesregierung, Herrn Minister Schily und den anderen Mitgliedern des Kabinetts sagen: Es ist nicht in Ordnung, daß ein Staatsminister dieser Bundesregierung der JUNGEN FREIHEIT in der vorvergangenen Woche ein Interview gegeben hat und damit diesem Blatt sogar noch das regierungsamtliche Siegel verleiht und der Eindruck entsteht, man könne sich mit einer solchen Zeitung normal unterhalten. *(Beifall bei der FDP sowie bei Abgeordneten der SPD, der CDU/CSU und des Bündnis 90/Die Grünen)* Es geht nicht darum, was er gesagt hat. Es geht darum, daß er ein solches Blatt aufwertet. Das sollten Sie zurücknehmen, davon sollten Sie sich distanzieren. Das Interview war nicht nur ein Akt politischer Ungeschicklichkeit, sondern ich glaube, es war eine politische Aufwertung, die nicht sinnvoll ist."

11. Oktober 2000: Der AStA der Universität Osnabrück greift den Hochschullehrer Manfred Spieker unter Berufung auf den NRW-Verfassungsschutz an, er habe in einer „Nazi-Zeitung" veröffentlicht. Von Spieker war am 28. April 2000 ein Forum-Aufsatz in der JF erschienen. Unter dem massiven Druck von Kollegen, Studenten und Presse distanziert sich Spieker schließlich von der JF. Gegen die „Neue Osnabrücker Zeitung" erhebt die JF Klage, weil sie behauptet, die JF sei ein „Organ, das vom Verfassungsschutz als rechtsextremistisch eingestuft wird". (*siehe Meldung vom 29. März 2001*)

13. Oktober 2000: Die stellvertretende Vorsitzende des Zentralrates der Juden in Deutschland, Charlotte Knobloch, wird wegen eines Interviews mit der JF von zahlreichen Zeitungen massiv angegriffen. Es kommt zu einem Beschluß des Zentralrates, daß der JF keine Interviews mehr gegeben werden sollen. Vizepräsident Michel Friedman begründet dies damit, daß es problematisch sei, „einer Zeitung, die vom Verfassungsschutz beobachtet wird, weil sie als rechtsradikal eingestuft ist, ein Gespräch anzubieten".

27. Oktober 2000: In einem Interview mit der JF äußert sich Friedhelm Farthmann, 1975 bis 1985 NRW-Sozialminister, von 1985 bis 1995 Fraktionsvorsitzender der SPD im nordrhein-westfälischen Landtag. Dort äußert er sich freimütig zum Thema Einwanderung und der „Leitkultur-Debatte" und äußert dann: „Es ist natürlich ein Mangel an Demokratie, wenn nicht das ganze Meinungsspektrum zum Ausdruck kommt. Deshalb ist auch die sogenannte *political correctness*, zumindest deren extreme Ausprägung, so verderblich." Mit Christoph Zöpel und Friedhelm Farthmann haben sich damit schon zwei langjährige sozialdemokratische Landesminister aus NRW zur JF als publizistischer Plattform bekannt.

November 2000: An der Universität Jena entbrennt eine politische Kampagne gegen den dort lehrenden Philosophieprofessor

Günter Zehm, weil er für die JUNGE FREIHEIT wöchentlich seine berühmte „Pankraz“-Kolumne verfaßt. Unter Berufung auf den nordrhein-westfälischen Verfassungsschutz werfen linksextreme Studenten Zehm Unterstützung des „Rechtsextremismus“ vor.

5. Januar 2001: Mit einem sechszeiligen Schreiben kündigt die Deutsche Postbank der JUNGEN FREIHEIT ihr Hauptgeschäftskonto zum 8. April 2001, weil es „derzeit keine ausreichende Grundlage für eine Geschäftsbeziehung“ gebe. Erst auf Nachfrage von Journalisten erklärt ein Sprecher der Postbank, Joachim Strunk, den Grund für die Kündigung: „Wir möchten mit extremen Organisationen keine Kundenbeziehung.“ Wie sich in den folgenden Tagen herausstellt, stützt sich die Postbank bei ihrem Vorwurf auf die haltlosen Verdächtigungen des NRW-Verfassungsschutzes.

16. Januar 2001: Die JF stellt beim Landgericht Berlin Antrag auf Erlaß einer Einstweiligen Verfügung gegen die Deutsche Postbank AG wegen der Kontokündigung.

22. Januar 2001: Die Maßnahme der Postbank wertete der Vorsitzende des Journalisten-Verbandes Berlin, Alexander Kulpok, als „Angriff auf die Pressefreiheit“. Gegenüber dem Nachrichtenmagazin „Focus“ erklärt er: „Eine Bank kann kein Medienunternehmen in den Ruin treiben, nur weil ihr dessen politische Richtung nicht paßt.“

25. Januar 2001: Gegenüber der FAZ wertet Postbank-Sprecher Joachim Strunk die Kontokündigung gegenüber der JF „als Beitrag für die Demokratie“ und als „Zeichen gegen Gewalt und Fremdenhaß“.

1. Februar 2001: In großformatigen Anzeigen erscheint in FAZ, „Süddeutscher Zeitung“, „Berliner Morgenpost“ und „Bonner Generalanzeiger“ ein „Appell für die Pressefreiheit – Gegen die von der Postbank ausgesprochene politisch motivierte Kündigung des

Appell für die Pressefreiheit

Gegen die von der Postbank ausgesprochene politisch motivierte Kündigung des Hauptgeschäftskontos der Wochenzeitung JUNGE FREIHEIT

Die Postbank AG hat mit Schreiben vom 5. Januar 2001 der Berliner Wochenzeitung JUNGE FREIHEIT aus politischen Gründen zum 8. April 2001 das Hauptgeschäftskonto gekündigt. Dies bedeutet, gerade für eine kleine Zeitung, die Bedrohung der wirtschaftlichen Existenz. Eine Bank kann kein Medienunternehmen in den Ruin treiben, nur weil ihr dessen politische Richtung nicht paßt. Eine Bank, insbesondere ein Unternehmen wie die Postbank, das mittelbar zu fast 100 Prozent in Staatsbesitz ist, darf die Pressefreiheit nicht beeinträchtigen. Wir protestieren gegen diesen Grundrechtseingriff in die Pressefreiheit und fordern die Postbank auf, die Kontenkündigung gegen die Wochenzeitung JUNGE FREIHEIT wieder zurückzunehmen.

V.i.S.d.P.: Generalbundesanwalt a. D. Alexander von Stahl

ERSTUNTERZEICHNER: Dr. Franz Alt, Fernsehjournalist, **Herbert Ammon**, Publizist, **Roland Baader**, Publizist, **Helmut Bärwald**, Publizist, **Manfred Brunner**, Rechtsanwalt, **Gernot Facius**, Redakteur der Tageszeitung *Die Welt*, **Dr. Herbert Fleissner**, Geschäftsführer der Buchverlage Herbig Langen Müller, **Dr. Peter Gauweiler**, Rechtsanwalt, Staatsminister a. D. und CSU-Landtagsabgeordneter, **Prof. Dr. Eberhard Hamer**, Leiter des Mittelstandsinstituts Niedersachsen, **Martin Hohmann**, CDU-Bundestagsabgeordneter, **Prof. Dr. Klaus Hornung**, Politikwissenschaftler, **Nadira Hurnaus**, Chefredakteurin des *Deutschland Magazins*, **Prof. Dr. Hans-Helmuth Knütter**, Politikwissenschaftler, **Detlef Kühn**, ehemals Präsident des Gesamtdeutschen Institutes und Direktor der Sächsischen Landesanstalt für Rundfunk und neue Medien, **Prof. Dr. Konrad Löw**, Politikwissenschaftler und Vorstandsmitglied der Internationalen Gesellschaft für Menschenrechte (IGFM), **Gerhard Löwenthal**, Publizist und langjähriger Leiter des ZDF-Magazins, **Michael Ludwig**, Verleger der Tageszeitung *Pfaffenhofener Kurier* und Herausgeber der Kulturzeitschrift *Gegengift*, **Heinrich Lummer**, Innensenator a. D. von Berlin, **Helmut Markwort**, Chefredakteur des Nachrichtenmagazin *Focus*, **Helmuth Matthies**, Chefredakteur der evangelischen Nachrichtenagentur IDEA, **Dr. jur. Hans Merkel**, Ministerialdirigent a. D., **Prof. Dr. Klaus Motschmann**, Politikwissenschaftler und Chefredakteur der evangelischen Zeitschrift *Erneuerung und Abwehr*, **Heiko Peters**, Kaufmann, **Prof. Dr. Gerhard Radnitzky**, Wissenschaftstheoretiker, **Prof. Andreas Graf Razumovsky**, langjähriger Auslandskorrespondent der *FAZ*, **Ulrich Schacht**, Schriftsteller, **Joachim Schäfer**, Hauptgeschäftsführer des Bundes der Selbständigen (BDS) in Nordrhein-Westfalen, **Prof. Dr. Erwin K. Scheuch**, Professor für Soziologie an der Universität Köln, **Gerd Schultze-Rhonhof**, Generalleutnant a. D., **Alexander von Stahl**, ehemaliger Generalbundesanwalt, **Rolf Stolz**, Publizist und Mitbegründer der „Grünen“, **Dr. Carl-Gustaf Ströhm**, langjähriger Osteuropakorrespondent der Tageszeitung *Die Welt*, **Dr. Hans-Peter Uhl**, CSU-Bundestagsabgeordneter, **Dr. Karlheinz Weißmann**, Historiker, **Dieter Wellershof**, Admiral a. D. und Generalinspekteur der Bundeswehr von 1986-1991, **Dr. Paul Wilhelm**, CSU-Landtagsabgeordneter, **Hans-Eberhard Zahn**, Ehrenvorsitzender „Bund Freiheit der Wissenschaft“, **Prof. Dr. Günter Zehm**, Philosophieprofessor in Jena

Solidaritätskonto: „Appell für die Pressefreiheit“, Volksbank Solling eG, Kto. 45 25 21 01, BLZ 262 616 93

✂---

❑ Ja, auch ich unterstütze den Appell für die Pressefreiheit!

Bitte zurückfaxen oder senden an:

Herrn
Alexander von Stahl
Generalbundesanwalt a. D.
Hohenzollerndamm 27 a

10713 Berlin

Fax: 030-86 49 53 14

Hier Ihre Anschrift und Telefonnummer bitte in deutlich lesbarer Schrift angeben. Danke!

Vor- und Zuname ______

Beruf ______

Straße, Hausnummer ______

PLZ, Ort ______

Telefonnummer ______

FAZ 1-01

Anzeige (Format 1/4 Seite) in der FAZ vom 1. Februar 2001

Hauptgeschäftskontos der Wochenzeitung JUNGE FREIHEIT". Noch am Tag des Erscheinens des Appells zieht die Postbank gegenüber der JUNGEN FREIHEIT die Kontenkündigung zurück.

2. Februar 2001: Die „taz" schreibt: „Zivilcourage hat Konjunktur. Anfang Januar kündigte die Postbank der rechtsgerichteten JUNGEN FREIHEIT das Geschäftskonto. Der Journalistenverband sah darin einen Angriff auf die Grundrechte. Gestern veröffentlichten außerdem Ex-Generalbundesanwalt Alexander von Stahl, Focus-Chef Helmut Markwort, CSU-Politiker Peter Gauweiler und 35 weitere Unterzeichner in FAZ und Süddeutscher Zeitung einen 'Appell für die Pressefreiheit'. (...) Die Reaktion der Postbank folgte prompt, das Konto bleibt bestehen. 'Wir haben unsere Entscheidung sachlich überprüft', begründete Sprecher Ralf Palm gestern den Rückzieher. (...) Die Berichte der Landesämter für Verfassungsschutz böten keine ausreichende Grundlag für die Kündigung, so Palm. Tatsächlich klagt die JF dagegen, daß der Verfassungsschutz NRW sie in seinem Bericht erwähnt hat."

2. Februar 2001: Helmut Markwort kritisiert öffentlich massiv die Praxis des NRW-Verfassungsschutzes: „Ich sehe eine Tendenz, daß man rechte Positionen immer mit rechtsextremen in einen Topf wirft. (...) Für mich ist die JUNGE FREIHEIT ein Medium, das innerhalb des demokratischen Systems steht." „Der Verfassungsschutz in NRW beobachtet alles, was nicht auf dem linken Flügel der SPD beheimatet ist." („Tagesspiegel", 02.02.01 und Nachrichtenagentur DDP vom 02.02.2001)

9. März 2001: Andreas von Bülow, 1976–1980 Staatssekretär im Verteidigungsministerium, Bundesforschungsminister von 1980–1982 und langjähriger SPD-Bundestagsabgeordneter, hatte der JUNGEN FREIHEIT ein Interview gegeben, das am 1. Februar 2002 in der JF erschienen war. Gegenüber der „Frankfurter Rundschau", die daraufhin von einer Ausladung (die wiederum mit den Verdächtigungen des NRW-Verfassungsschutzes begründet wurde) von Bülows von einer Veranstaltung berichtet hatte, äußerte sich von Bülow folgendermaßen: „Die ihm zugesandten Belegexemplare der JUNGEN FREIHEIT ... lassen eine Verfassungswidrigkeit auch nicht im Ansatz erkennen, schrieb von Bülow an die FR."

23. März 2001: In einem Interview mit der JUNGEN FREIHEIT äußert sich Ephraim Kishon, für den Literatur-Nobelpreis nominierter israelischer Bestseller-Autor, zu den Vorwürfen des Verfassungsschutzes: „Sie sind 'rechtsgerichtet', weil Sie nicht linksgerichtet sind. Ihr niveauvolles Blatt ist nicht radikal, es ist nicht einmal, was man 'rechts' nennt, sonst hätte ich Ihnen kein Interview gegeben."

29. März 2001: Das Oberlandesgericht Braunschweig bestätigt im Rechtsstreit der JUNGEN FREIHEIT gegen die „Neue Osnabrücker Zeitung" ein Urteil des Landgerichtes Göttingen vom 22. November 2000. Die „Neue Osnabrücker Zeitung" hatte in einem Artikel vom 10. Oktober 2000 behauptet, die JUNGE FREIHEIT sei ein „Organ, das vom Verfassungsschutz als rechtsextremistisch eingestuft wird". Die JUNGE FREIHEIT hatte hiergegen Klage auf Unterlassung erhoben unter Verweis auf das Urteil des Verwaltungsgericht Düsseldorf vom 14. Februar 1997, in dem festgehalten wurde, daß NRW die JF explizit nicht als rechtsextremistisch einordnet. Das Landgericht Göttingen urteilte jedoch, die Behauptung, die JF werde vom Verfassungsschutz als rechtsextremistisch eingestuft, enthalte einen „Tatsachenkern" und sei deshalb zulässig.

April 2001: Im Verfassungsschutzbericht für das Jahr 2000 verwirft der sächsische Innenminister die NRW-Praxis, unter dem Titel „Neue Rechte" unter anderem die JF des Extremismus zu verdächtigen: „In diesem Zusammenhang wird häufig der Begriff 'Neue Rechte' verwendet. Er ist aber nicht allgemein verbindlich definiert. Mit ihm werden sowohl die Intellektualisierung des Rechtsextremismus als auch Vertreter demokratisch konservativer Position in Verbindung gebracht. Wegen der Unschärfe eignet sich der Begriff nicht für die Arbeit der Verfassungsschutzbehörden."

22. Mai 2001: Nach geschlagenen vier Jahren fällt das Oberverwaltungsgericht Münster im Verfahren der JF gegen das Land NRW den Beschluß, den Antrag der JUNGEN FREIHEIT auf Zulassung der Berufung gegen das Urteil des Verwaltungsgerichts Düsseldorf von 1997 nicht zuzulassen (Az 5 A 2055/97). Angesichts der vorangegangenen, mit größter Not abgewendeten Kündigung des Hauptgeschäftskontos ist es Hohn, wenn das Gericht in seiner Urteilsbegründung zu dem durch den NRW-Verfassungsschutz verursachten wirtschaftlichen Schaden bei der JF schreibt: „Selbst wenn die Klägerin durch die Veröffentlichung in den Verfassungsschutzberichten des Beklagten wirtschaftliche Nachteile erlitten hätte, die durch einen verstärkten Zulauf von Lesern aus dem rechtsextremistischen Spektrum nicht kompensiert worden wären, käme diesem Umstand für die rechtliche Bewertung keine Bedeutung zu. Hierbei würde es sich, wie das Verwaltungsgericht zutreffend ausgeführt hat, lediglich um faktische Folgewirkungen handeln, die einer Organisation, welche sich am politischen Willensbildungsprozeß beteiligt, durch zulässige öffentliche Kritik an ihrem Standpunkt entstehen."

Juni 2001: Die JF feiert ihr 15jähriges Bestehen. Anläßlich dieses Jubiläums schreibt die „Welt" zum Thema NRW-Verfassungsschutz: „Beweise für eine rechtsextremistische Tendenz hat er nie gefunden, nur 'Anhaltspunkte'."

23. Juni 2001: Die JUNGE FREIHEIT reicht Verfassungsbeschwerde gegen die Entscheidung des OVG Münster vor dem Bundesverfassungsgericht Karlsruhe ein. Das Verfahren ist seitdem in Karlsruhe anhängig.

12. Juli 2001: Die Kölner Boulevardzeitung „Express“ schlagzeilt: „Geheimdienst warnt vor der JUNGEN FREIHEIT – Innen-Experte ging Rechten auf den Leim“. Hintergrund: Der SPD-Bundestagsabgeordnete Peter Enders hatte der JF ein Interview gegeben.

18. Juli 2001: Gegen den CDU-Bundestagsabgeordneten Axel F. Fischer kommt es zu einer Pressekampagne, weil dieser auf seiner Internetseite ein Link (Verbindung) zur JUNGEN FREIHEIT geschaltet hat. Die „Badischen Neusten Nachrichten“ empfinden dies als skandalös, weil „das Blatt vom nordrhein-westfälischen Verfassungsschutz beobachtet“ wird. Der Abgeordnete wird jedoch von der Zeitung zitiert, er habe das „geprüft“, die JF sei aber „eine konservative Zeitung“ und der Link bleibe bestehen.

16. August 2001: Götz Kubitschek, seit Jahren freier Autor und zeitweise Ressortleiter der JF, Oberleutnant der Reserve, wird völlig überraschend vom Personalamt der Bundeswehr aus einer laufenden Wehrübung entlassen. In dem ihm zugestellten Schreiben von Generalmajor von Scotti hieß es: „In der Zeit vom 23.06.1995 bis 24.01.1997 waren Sie verantwortlicher Redakteur des Ressorts 'Sicherheit und Militär' der Publikation JUNGE FREIHEIT. Auch danach sind Veröffentlichungen von Ihnen, u. a. am 21.04.2000, in der Publikation JUNGE FREIHEIT erschienen. Sie haben sich somit an rechtsextremistischen Bestrebungen beteiligt.“ Die JF initiiert daraufhin einen „Appell an die Bundeswehr – Gegen die Entlassung konservativer Soldaten“, den weit über 2.000 Bürger unterzeichnen.

Januar 2002: Hamburger Medien greifen den der Schill-Partei angehörenden Bausenator Mario Mettbach massiv an, weil er im Oktober 2000 einen Beitrag für die JF schrieb. Zeitungen und die

Opposition fordern seinen Rücktritt. Grund für den Skandal? „Die Zeitung wird im Verfassungsschutzbericht des Landes Nordrhein-Westfalen mit Anhaltspunkten für einen Verdacht auf rechtsextremistische Tendenzen erwähnt." („Die Welt", 26.01.2002). BILD: „In der gestern neu bekannt gewordenen Presse-Affäre hatte Mettbach zunächst abgestritten, jemals einen Artikel für die von Verfassungsschützern als rechtsextremistisch eingestufte Zeitung JUNGE FREIHEIT geschrieben zu haben. Jetzt gibt er es zu. Angeblich hatte er auch das vergessen."

30. Januar 2002: Die „Affäre Mettbach" bricht abrupt ab, als die „taz" berichten muß, daß die ehemalige Vorstandssprecherin der Grün-Alternativen Liste (GAL), Kordula Leites, ebenfalls sogar vor Mettbach im Juli 2000 einen Kurzbeitrag für die JF geschrieben hatte.

4. Februar 2002: Der Extremismusforscher und Politikprofessor der TU Chemnitz, Eckhard Jesse, schreibt in einem Beitrag für die „Welt" („Die Tabuisierung des Extremismusbegriffs – Die Gefahr von rechts wird vielfach hochgespielt, die von links hingegen verharmlost") über die JF: „Offenkundig wird mit zweierlei Maß gemessen. Als linksextremistisch gilt vielfach nur noch eine gewalttätige Variante, als rechtsextremistisch hingegen bereits jede Form der 'neuen Rechten'. Wer im 'Neuen Deutschland' einen Artikel schreibt, kommt 'ungeschoren' davon; wer der JUNGEN FREIHEIT ein Interview gibt, provoziert eine Kampagne. Die Erosion der Abgrenzung zwischen demokratisch und extremistisch geschieht am linken, nicht am rechten Rand, wie gemeinhin behauptet."

13. Februar 2002: Nach erfolglosem Gegendarstellungsbegehren gegen die „Hamburger Morgenpost", die behauptet hatte, die JF werde von „mehreren Landesämtern für Verfassungsschutz als rechtsextremistisch eingestuft" bzw. geschrieben hatte, die JF sei eine „als rechtsextremistisch eingestufte NPD-nahe Zeitung", erhebt die JF Klage vor dem Landgericht Hamburg im Einstweiligen Verfügungsverfahren. Die Klage wird abgewiesen, trotz der ausdrücklichen Erklärung des NRW-Verfassungsschutzes im Prozeß der JF gegen NRW, die JF werde nicht als rechtsextremistisch eingeordnet, es bestünden lediglich „Anhaltspunkte für den Verdacht". Dem Landgericht Hamburg genügt es, daß die JF „unter dem Oberbegriff Rechtsextremismus" im Verfassungsschutzbericht zu finden ist, die diskriminierende Wertung sei deshalb zulässig.

19. Februar 2002: In einer Rezension des von Hans-Helmuth Knütter herausgegebenen Buches „Der Verfassungsschutz – Auf der Suche nach dem verlorenen Feind" schreibt die „Welt": „Seit jüngstem äußert sich auch eine fundierte konservative und 'rechte' Kritik am Verfassungsschutz. Sie entzündet sich an der schwer nachvollziehbaren und offenbar parteipolitisch motivierten Einstufung der konservativen Wochenzeitung JUNGEN FREIHEIT durch den nordrhein-westfälischen Verfassungsschutz. Hier wurde zum ersten Mal die Beobachtung eines rechten, aber sich zur Demokratie bekennenden Mediums problematisiert. Der Fall, den der nationalliberale Jurist Manfred Brunner akribisch dokumentiert, steht deshalb auch nicht umsonst in der Mitte des Sammelbandes. Die JF wurde über Jahre vom Verfassungsschutz NRW als 'rechtsextremistisch' beziehungsweise 'dessen verdächtig' bezeichnet. Brunner sieht in diesem Vorgehen einen Verstoß gegen das Demokratieprinzip (Art. 20 II GG), weil so die Publikation aus dem demokratischen Diskurs herausgedrängt wird."

März 2002: Um die Klage der JF gegen den NRW-Verfassungsschutz zu stärken, tritt der ehemalige Generalbundesanwalt Alexander von Stahl als Prozeßbevollmächtigter in das Verfahren ein und löst damit den Münchner Rechtsanwalt Manfred Brunner ab.

21. März 2002: Die Wochenzeitung „Die Zeit" veröffentlicht einen sensationellen Aufmacher ihres Redakteurs Jens Jessen. Er schreibt dort offensichtlich auch mit Blick auf den „Fall NRW“: „Wer heute eine wirklich kontroverse Position formuliert, wird sogleich Skandalgeschrei vernehmen, wenn nicht gefährlichen Tabubruchs verdächtigt werden. Die liberale Öffentlichkeit neigt dazu, andere als liberale Meinungen gar nicht mehr zuzulassen. (...) Kritiker Amerikas gelten als Antiamerikaner, Euroskeptiker als Nationalisten.“ Und weiter schreibt Jessen: „Der Liberalismus hat gesiegt, aber dieser Sieg besteht darin, daß er seine Toleranz verloren hat. Es ist ein verfolgender Liberalismus entstanden, der alles Denken unter Radikalismusverdacht stellt, das nach Alternativen zu den bestehenden Verhältnissen sucht. Linkes Denken gilt immer schon als linksextrem, rechtes Denken als rechtsextrem. Der siegreiche Liberalismus hat die Mentalität eines Staatsschutzes angenommen, der überall Verfassungsfeinde sieht. Denn Staatsräson ist zum Kern des Liberalismus geworden, nachdem er den Staat erfolgreich gekapert hat. Heilig ist der Status quo der Bundesrepublik; wer an ihm rüttelt, gilt schon als totalitär. (...) Als Faschist gilt heutzutage jemand schneller, als er blinzeln kann.“ Jessen, der eine Intoleranz nach links und nach rechts konstatiert, kommt zu dem Ergebnis: „Wir müssen wieder lernen, daß abweichende Meinungen nicht unbedingt der Bosheit entspringen, sondern auch Argumenten, vielleicht nur einem anderen Lebensgefühl. Eine kämpferische Demokratie darf nicht nur gegen ihre Feinde, sondern muß auch für die Freiheit kämpfen. Wenn es bloß darum ginge, alle Meinungen auf die Mitte des politischen Spektrums zu begrenzen, was wäre der Unterschied zur Diktatur?“ Ob diese Zeilen in Düsseldorf verstanden worden sind?

April 2002: Der „Appell an die Bundeswehr“ und die zahlreichen Proteste von Lesern der JF beim Bundesverteidigungsministerium haben Erfolg: Das Personalamt der Bundeswehr widerruft die Vorwürfe, die sich auf die Verleumdungen des NRW-Verfassungsschutzes stützten, gegenüber Götz Kubitschek in allen Punkten, er kann wieder an Wehrübungen teilnehmen und ist voll rehabilitiert.

11. April 2002: In einem siebenseitigen persönlichen Brief fordert der ehemalige Berliner Innensenator Heinrich Lummer Ministerpräsident Wolfgang Clement auf, die Verdächtigungen gegen die JF durch den NRW-Verfassungsschutz zu stoppen: „Sehr geehrter Herr Ministerpräsident, überprüfen Sie bitte diesen Fall und sorgen Sie dafür, daß diese diskriminierende, elementare Grundrechte verletzende Behandlung einer unbequemen Zeitung beendet wird. Sorgen Sie dafür, daß die Berichterstattung über die JUNGE FREIHEIT im veröffentlichten Verfassungsschutzbericht des Landes Nordrhein-Westfalen eingestellt wird!" Nach zwei Monaten, am 12. Juni 2002, antwortet der Chef der Staatskanzlei in einem achtzeiligen Brief, daß sich an der Praxis des NRW-Verfassungsschutzes nichts ändern werde.

3. Mai 2002: Die JF veröffentlicht ein Interview mit dem aus den Grünen ausgetretenen NRW-Landtagsabgeordneten Jamal Karsli und seine Übertrittsabsichten zur FDP. Wochenlang beschäftigt der „Fall Karsli" die deutsche Innenpolitik und wird im Verlaufe des folgenden Bundestagswahlkampfes zum „Fall Möllemann", der den Übertritt des Deutsch-Syrers betrieben hat. Unter Berufung auf die Verdächtigungen des NRW-Verfassungsschutzes schreiben zahlreiche Blätter vom angeblichen „Extremismus" der JF.

17. Mai 2002: Die „Rhein-Neckar Zeitung" tituliert die JUNGE FREIHEIT in einem Bericht zur „Karsli-Affäre" als wortwörtlich „Neonazi-Zeitschrift". Die JF erhebt Klage vor dem Landgericht Mannheim und dem Oberlandesgericht Karlsruhe gegen diese Zeitung. Das Gericht hält es unter Berufung auf die Erwähnung der JF im Verfassungsschutzbericht im Rahmen der Meinungsfreiheit für zulässig, die JF in dieser Weise zu bezeichnen.

27. Mai 2002: Stuttgarter Zeitungen setzen den Präsidenten des Studienzentrum Weikersheim, Klaus Hornung, unter Druck, weil er für die „vom Verfassungsschutz NRW beobachtete" JF schrei-

Anzeige

Appell an Ministerpräsident Wolfgang Clement

Appell für die Pressefreiheit

Gegen die Verletzung demokratischer Grundrechte durch den NRW-Verfassungsschutz

Auf Initiative des Innenministeriums Nordrhein-Westfalen wird seit 1995 die Berliner Wochenzeitung JUNGE FREIHEIT vom dortigen Landesamt für Verfassungsschutz in seinen Berichten „erwähnt". Der schwerwiegende Vorwurf der „tatsächlichen Anhaltspunkte für den Verdacht auf rechtsextremistische Bestrebungen" gegen eine auf dem Boden des Grundgesetzes stehende Zeitung stellt eine Verletzung demokratischer Grundrechte dar. Die durch eine staatliche Behörde erhobenen Vorwürfe setzen eine politisch unbequeme Wochenzeitung unter massiven Druck. Die vom NRW-Verfassungsschutz publizierten Vorwürfe haben konkrete wirtschaftliche und politische Diskriminierungen zur Folge. Interviewpartner, Autoren, Anzeigenkunden und Vertriebspartner geraten unter öffentlichen Druck, wenn sie mit der JUNGEN FREIHEIT in Verbindung stehen.

Seit 1996 führt die JUNGE FREIHEIT ein aufwendiges Verwaltungsstreitverfahren gegen das Land Nordrhein-Westfalen. Seit Juni 2001 liegt der Fall im Rahmen einer Verfassungsbeschwerde beim Bundesverfassungsgericht in Karlsruhe. Die JUNGE FREIHEIT faßt in dieser Verfassungsbeschwerde die wesentlichen Grundrechtsverstöße zusammen, die durch die verfassungswidrige Erwähnung der JUNGEN FREIHEIT im NRW-Verfassungsschutzbericht ausgelöst werden:

„Verletzung der Meinungsfreiheit (Art. 5 I 1, 1.Alt.GG) und der Pressefreiheit (Art. 5 I 2, 1. Alt. GG), des Persönlichkeitsrechts (Art. 2 I i. V. m. 1 I bzw. 5 I 2 oder 12 I GG), der Berufsfreiheit (Art. 12 I GG) und des Gleichheitssatzes / Willkürverbots (Art.3 I GG)"

(Verfassungsbeschwerde JF ./. NRW, S. 1)

Wir fordern den Ministerpräsidenten von Nordrhein-Westfalen, Wolfgang Clement, auf, dafür zu sorgen, daß die diskriminierenden Maßnahmen des NRW-Innenministeriums gegen die Wochenzeitung JUNGE FREIHEIT unverzüglich gestoppt werden, daß die JUNGE FREIHEIT nicht mehr im Verfassungsschutzbericht des Landes NRW erwähnt wird und daß es der NRW-Verfassungsschutz unterläßt, die JUNGE FREIHEIT in den Verdacht des Extremismus zu setzen.

Erstunterzeichner: Dr. Franz Alt, Journalist, Baden-Baden; Dr. Herbert Fleissner, Geschäftsführer der Buchverlage Herbig Langen Müller, München; Manfred Graf von Schwerin, Geschäftsführer, Berlin; Wolf-Dieter Graf Yorck von Wartenburg, Bergassessor, Wittibreut; Martin Hohmann, Bundestagsabgeordneter, Neuhof; Prof. Dr. Klaus Hornung, Universitätsprofessor, Reutlingen; Prof. Dr. Hans-Helmut Knütter, Universitätsprofessor, Bornheim-Rösberg; Gerhard Löwenthal, Journalist, Wiesbaden; Heinrich Lummer, Innensenator a. D. von Berlin, Berlin; Prof. Wolfgang Mattheuer, Bildermacher, Leipzig; Prof. Dr. Klaus Motschmann, Hochschullehrer, Berlin; Prof. Dr. Gerard Radnitzky, Wissenschaftstheoretiker, Korlingen; Prof. Dr. Bernd-Thomas Ramb, Universitätsprofessor, Linden; Prof. Andreas Graf Razumovsky, Langjähriger Auslandskorrespondent der *FAZ*, Wien; John Schäfer, Landesvorsitzender JU Mecklenburg-Vorpommern, Rostock; Prof. Dr. Erwin K. Scheuch, Professor für Soziologie, Köln; Prof. Dr. W. Schmitt-Glaeser, Hochschullehrer, Bayreuth; Prof. Dr. Wolfgang Seiffert, Hochschullehrer, Hamburg; Prof. Dr. Robert Spaemann, Universitätsprofessor, Stuttgart; Dr. Carl-Gustaf Ströhm, Osteuropakorrespondent, Wien, Adolf-Heinrich von Arnim, Dirigent i.R., Gerswalde; Otto von Habsburg, Schriftsteller, Pöcking; Prof. Dr. Günter Zehm, Philosophieprofessor, Bonn

Weitere Unterzeichner:

... und weitere über 500 von 1600 Unterzeichnern.

☐ **Ja, auch ich unterstütze den Appell für die Pressefreiheit – Gegen die Verletzung demokratischer Grundrechte durch den NRW-Verfassungsschutz!**

Ich bin mit der Veröffentlichung meines Namens in Anzeigen einverstanden.

Bitte faxen oder senden an:

Herrn
Dieter Stein
JUNGE FREIHEIT
Hohenzollerndamm 27 a
10713 Berlin
Fax: 030-86 49 53 14

Vor- und Zuname ____________
Beruf ____________
Straße, Hausnummer ____________
PLZ, Ort ____________
Telefonnummer ____________
Datum, Unterschrift ____________

FAZ

Diese Anzeige wird durch Spenden finanziert. Solidaritätskonto JUNGE FREIHEIT Postbank Berlin, Kto. 26 27 29 – 101, BLZ 100 100 10

Ganzseitige Anzeige in der FAZ vom 3. Juni 2002

be. Die „Stuttgarter Nachrichten" fragen Hornung in einem Interview: „Werden Sie trotz mancher Proteste weiterhin für die umstrittene Zeitung JUNGE FREIHEIT schreiben?" Hornung antwortet darauf: „Ich werde weiter als Autor für die Zeitung tätig sein. Die Proteste sind eine Kampagne und der Versuch, mich in die rechtsextreme Ecke zu drängen. Die JUNGE FREIHEIT ist nicht weiter rechts, als die 'taz' links. Die Zeitung steht im Einklang mit der Verfassung, egal, was der rot-grüne Verfassungsschutz in Nordrhein-Westfalen dazu sagt."

Juni 2002: Am 3. Juni erscheint in der FAZ ganzseitig, am 5. Juni in der „Süddeutschen Zeitung" halbseitig der von der JF initiierte „Appell für die Pressefreiheit – Gegen die Verletzung demokratischer Grundrechte durch den NRW-Verfassungsschutz", den bis April 2003 über 3.000 Menschen unterschrieben haben. Bezeichnenderweise lehnt die FAZ – im Gegensatz zur „Süddeutschen Zeitung"! – eine Schaltung der Anzeige im ersten, politischen Teil der Zeitung ab – aus altbekannten Gründen, nämlich der Angst vor dem NRW-Verfassungsschutz (*siehe 5. Juni 1996*). In über 200 persönlichen Schreiben protestieren Bürger direkt bei Ministerpräsident Wolfgang Clement gegen die Praxis des NRW-Verfassungsschutzes.

November 2002: Eine riesige Pressekampagne bricht über den brandenburgischen Innenminister und stellvertretenden Ministerpräsidenten Jörg Schönbohm herein, der der JF (Ausgabe 47/02, 15. November) ein langes Interview gegeben hat. PDS und Grüne fordern öffentlich seinen Rücktritt. Zentraler Vorwurf: Die JF werde „vom Verfassungsschutz NRW beobachtet". Bundestagspräsident Wolfgang Thierse erklärt in einem Interview mit dem Berliner „Tagesspiegel" am 21. November auf die Frage, ob er der JF ein Interview geben würde: „Nein. Warum sollte ich einer Zeitung ein Interview geben, die nach Auskunft des Verfassungsschut-

Rücktritt Schönbohms gefordert

Innenminister gab Junger Freiheit umstrittenes Interview

PDS will Schönbohms Rücktritt

Debatte um Nebeneinander von Extremismus-Gremien geht weiter

Brandenburg **Schönbohm-Rücktritt verlangt**

Grüne und PDS kritisieren Verharmlosung rechten Gedankenguts

PARTEIEN

Thierse erhebt nach Interview Vorwürfe gegen Schönbohm

Kritik an Schönbohm

Thierse hält Innenminister Interview vor

Nach Interview mit umstrittener Wochenschrift

Rücktrittsforderung gegen Minister Schönbohm

Potsdamer CDU-Politiker brachte Engagement gegen Extremismus und Anstieg rechter Gewalt in Zusammenhang

Paul Spiegel greift Schönbohm an

Harte Kritik nach Interview in rechtsradikalem Wochenblatt

Jörg Schönbohm provoziert mit markigen Sprüchen

In einem Interview gibt der brandenburgische Innenminister übertriebenem Moralismus die Mitschuld an rechten Straftaten

„Schönbohm schwächt Kampf gegen Rechts"

Thierse kritisiert Äußerungen des brandenburgischen Innenministers über die Gründe extremistischer Gewalt

SCHÖNBOHM LÄSST SICH MIT RADIKALER ZEITUNG EIN

Rechts draußen

Behm: Schönbohm entlassen

Interview des brandenburgischen CDU-Chefs mit der Wochenzeitung „Junge Freiheit" sorgt für Wirbel zes zwischen rechtsextremistischer und konservativer Grundhaltung angesiedelt ist und mich zum Feindbild erkoren hat?" In einer heftigen Landtagsdebatte, in der die PDS erneut Schönbohms Rücktritt fordert, stellt sich Ministerpräsident Matthias Platzeck vor Schönbohm.

23. Januar 2003: Im Halle/Saale kommt es zu Ausschreitungen während eines Vortrages des JF-Chefredakteurs Dieter Stein auf einem Verbindungshaus. Dieter Steins Auto wird schwer demoliert, Front-, Heck- und zwei Seitenscheiben durch Pflastersteine zertrümmert. Alarmierte Anrufer benachrichtigten die Polizei. Ein weiteres Auto eines Unbeteiligten wird von den linksextremen Tätern ebenfalls schwer beschädigt, vermutlich weil es ebenfalls ein auswärtiges Kennzeichen hatte. Das „Ermittlungsverfahren" gegen Unbekannt aufgrund der Strafanzeige der JF wird von der Staatsanwaltschaft Halle ohne Ermittlungen eingestellt.

April 2003: Auch in seinem Jahresbericht für 2002 erneuert der NRW-Innenminister seine Vorwürfe gegen die JF. In einem weiteren ergänzenden Schriftsatz an das Bundesverfassungsgericht fordert die JF die baldige Verhandlung der Verfassungsbeschwerde, die seit 2001 anhängig ist. In einem weiteren Schritt wird ein neues Verwaltungsstreitverfahren gegen NRW vorbereitet, um auch gegen den aktuellen Verfassungsschutzbericht zu klagen. Seit nunmehr neun Jahren verbreitet der NRW-Innenminister, es lägen „Anhaltspunkte für den Verdacht auf rechtsextremistische Bestrebungen" bei der JF vor, neun Jahre, in denen es dem Innenminister nicht gelang, diesen „Verdacht" zu erhärten oder zu entkräften. Warum auch? Das Ziel der Denunziation ist ja erreicht. Stattdessen beklagt der Innenminister im Verfassungsschutzbericht die breite Unterstützung für die JUNGE FREIHEIT bei ihrem Kampf um die Pressefreiheit. Zitat: „In mehreren Wellen hat die JF im Jahr 2002 versucht, Leser, Sympathisanten und prominente Persönlichkeitengegen den NRW-Verfassungsschutz zu mobilisieren.

Sie startete dazu eine umfangreiche Kampagne, in der sie ihre Leser forderte, den 'Appell für die Pressefreiheit. Gegen die Verletzung demokratischer Grundrechte durch den NRW-Verfassungsschutz' zu unterzeichnen. Nach ihrem Scheitern im Verwaltungsstreitverfahren gegen das Land Nordrhein-Westfalen, in dem die Bewertung der JUNGEN FREIHEIT durch den nordrhein-westfälischen Verfassungsschutz bestätigt wurde, versucht die JF nun mit der Behauptung, ihr Grundrecht auf Pressefreiheit werde verletzt, Unterstützer auch im demokratischen Spektrum zu gewinnen." Womit wieder nebenbei der Eindruck erweckt wurde, die JF gehöre nicht zum demokratischen Spektrum ...

Alexander von Stahl

war von 1990 bis 1993 Generalbundesanwalt. Der 1938 in Berlin geborene Jurist trat 1961 in die FDP ein und war von 1970 bis 1975 Fraktionsgeschäftsführer der Liberalen im Berliner Abgeordnetenhaus. Vor seiner Berufung zum obersten Ankläger der Bundesrepublik Deutschland war er 14 Jahre Staatssekretär in der Berliner Senatsverwaltung für Justiz. Heute lebt er als Rechtsanwalt in Berlin und im badischen Ettlingen. Im Sommer 2002 übernahm er von dem Rechtsanwalt und ehemaligen FDP-Landeschef in Bayern, Manfred Brunner, die Führung der Verfassungsbeschwerde der JUNGEN FREIHEIT gegen das Landesamt für Verfassungsschutz in Nordrhein-Westfalen.

„Mangel an Intellektualität"

Der ehemalige Generalbundesanwalt Alexander von Stahl über den NRW-Verfassungsschutz und die Klage der JF

Herr von Stahl, seit 1996 führt die JUNGE FREIHEIT *Klage gegen das Land Nordrhein-Westfalen auf Unterlassung der Beobachtung dieser Zeitung durch das dortige Landesamt für Verfassungsschutz (VS) wegen angeblicher „Anhaltspunkte für den Verdacht rechtsextremistischer Bestrebungen in der* JUNGEN FREIHEIT*". Inzwischen ist das Verfahren als Verfassungsbeschwerde beim Bundesverfassungsgericht anhängig und für das Jahr 2003 ist nun voraussichtlich mit einer Entscheidung zu rechnen. Vor kurzem haben Sie die Beschwerdeführung übernommen. Warum haben Sie sich dazu entschlossen?*

von Stahl: Ich kenne Manfred Brunner, der den Verwaltungsprozeß geführt und die Verfassungsbeschwerde eingereicht hat, schon seit langem persönlich. Er ist, wie ich, Mitglied in der FDP. Ich habe das Verfahren schon verfolgt, als es noch beim Oberverwaltungsgericht Münster anhängig war. Nun habe ich die Sache übernommen. Denn das, was das Landesamt für Verfassungsschutz Nordrhein-Westfalen mit der JUNGEN FREIHEIT anstellt, empfinde ich als ungerecht und gefährlich für die Meinungsfreiheit in Deutschland. Zwar haben die Parteien den verfassungsmäßigen Auftrag, sich an der politischen Willensbildung zu beteiligen. Der Staat aber hat dabei wertungsneutral zu bleiben. Die Parteien dürfen also nicht über den Umweg der Mittel des Staates, dessen Ämter sie besetzen, in den Meinungskampf eingreifen. Doch genau dieser Sachverhalt liegt im Falle der Beobachtung der JUNGEN FREIHEIT vor. Eine klassische Gefahr für demokratische Grundrechte. Und da die Meinungsfreiheit sozusagen die „Mutter aller Freiheiten" ist, ist es im Sinne unserer freiheitlich-demokratischen Grundordnung, sich dagegen zur Wehr zu setzen.

Also hat der Prozeß gegen die JF eine über den konkreten Fall hinausreichende Bedeutung.

von Stahl: Ja, denn man muß sich im klaren darüber sein, daß der Aufstand der Anständigen – ausgerufen vom Bundeskanzler und getragen von der rot-grünen Bundesregierung – im Grunde darauf zielt, eine andere Republik zu schaffen, eine nicht-bürgerliche Republik! Dazu müssen aber diejenigen, die völlig legitim rechts von der Mitte stehen, stigmatisiert und diskriminiert werden.

Zu diesem Zweck werden zentrale Begriffe wie Volk und Nation über den Verfassungsschutz politisch kontaminiert, um die Grundlagen der konservativen Positionen grundsätzlich in den Geruch der Verfassungsfeindlichkeit zu bringen. Wird so über die JF das bürgerliche Lager unter Druck gesetzt?

von Stahl: So ist es und daß dies zutrifft, kann man daran erkennen, daß aus dem „Kampf gegen den Rechtsextremismus" pauschal ein „Kampf gegen Rechts" geworden ist. Und das, obwohl in puncto Linksextremismus, sogar während der

Hochzeit des RAF-Terrors, die Begriffe „links“ und „linksextremistisch“ nie in einen Topf geworfen wurden.

Ausgerechnet das ewig SPD-regierte NRW beobachtet die JUNGE FREIHEIT *nun schon seit 1995. Und dabei hat die Zeitung ihren Sitz in Berlin.*

von Stahl: Die Fragwürdigkeit dieses Unterfangens beginnt schon damit, daß ein Landesverfassungsschutzamt eine überregionale, also bundesweit erscheinende Zeitung mit Sitz in Berlin beobachtet. Nach meiner Auffassung hat ein Landesverfassungsschutzamt dazu gar nicht die „Verbandskompetenz“. Wenn es denn schon notwendig wäre, das zu tun, dann müßte das durch das Bundesamt für Verfassungsschutz geschehen.

Offenbar irritiert das NRW überhaupt nicht, sondern man scheint sich dort sogar als eine Art Avantgarde zu empfinden, die früher als alle anderen erkennt, wo „rechtsextremistische“ Bestrebungen lauern.

von Stahl: Das Problem ist, daß der ursprünglich dafür verantwortliche ehemalige nordrhein-westfälische Innenminister Herbert Schnoor nach meiner Erinnerung zu jenen gehört hat, die mit der Auffassung hervortraten, der Rechtsextremismus erwachse aus der Mitte der Gesellschaft. In dieser Logik liegt es, die JF ins Visier zu nehmen, um die Plausibilität der These scheinbar unter Beweis zu stellen. Inzwischen ist er zwar nicht mehr Innenminister, aber bekanntlich tun sich Bürokratien – haben sie einmal Fahrt aufgenommen – schwer, den Kurs wieder zu ändern.

Der JF wird unter anderem unter dem Rubrum der Verfassungsfeindlichkeit vorgehalten: ihr Eintreten gegen die Doppelte Staats-

bürgerschaft, wie es Roland Koch in Hessen 1998 getan hat, ihr Engagement gegen die ursprüngliche Wehrmachtsausstellung, die bekanntlich später zurückgezogen wurde, oder auch ihr Einsatz gegen die Einführung der Neuen Rechtschreibung, die dann ebenso die FAZ als Fehler erkannt hat. Ist die JF der Sack, den man prügelt, während man eigentlich den Esel, das bürgerliche Lager in Deutschland, meint?

von Stahl: Zumindest kann man an der Kampagne gegen die JF den Grad der Bewußtseinsveränderung unserer Gesellschaft ablesen. Erinnern Sie sich doch nur an die Einführung des Begriffes „Leitkultur“ durch Friedrich Merz – ein Begriff, der, soweit ich weiß, zunächst von dem deutsch-arabischen Professor Bassam Tibbi in die politische Debatte eingeführt wurde – sofort wurde die Union dafür in den Medien abgestraft. Bald stand Merz in der eigenen Partei alleine da. Frau Merkel hat dagegen sofort „klargestellt“, daß die Leitkultur der CDU die „internationale Solidarität“ sei. Hier wird deutlich, wie ungehemmt Rot-Grün das bürgerliche Lager inzwischen vor sich hertreibt.

Genaugenommen wird der JF nicht vorgeworfen „rechtsextremistisch“ zu sein, sondern lediglich, solchen „Bestrebungen“ angeblich „in“ der Zeitung ein Forum zu bieten. Was ist von so einer Argumentation zu halten?

von Stahl: Man findet mit Sicherheit auch in der *Frankfurter Rundschau*, der *FAZ* oder jeder anderen deutschen Zeitung von Format immer wieder den ein oder anderen Artikel, der mit der Verfassung nicht ganz konform ist. Was bedeutet es denn, wenn eine Zeitung sich nur in 99 Prozent ihrer Beiträge an die Verfassung hält, wie es überall vorkommt? Verkannt wird, daß es in der Natur einer Zeitung liegt, daß sie nicht mit jedem abgedruckten Beitrag zu identifizieren ist. Wie sollen denn sonst Debatten möglich sein? Gilt außerdem nicht sogar „von Natur aus" die Meinungsfreiheit als Maßstab für die Beurteilung einer Zeitung und als einzige Grenze nur das Strafgesetzbuch, weil sonst der Artikel 5 des Grundgesetzes, der die Meinungsfreiheit garantiert, ausgehebelt wird?

Dieses eine Prozent der Artikel in der JF halten aber auch Sie für „rechtsextremistisch"?

von Stahl: Nein, sonst hätte ich die Beschwerdeführung nicht übernommen. Tatsächlich enthält der NRW-Verfassungsschutzbericht in den letzten Jahren keine konkreten Aussagen, es handelt sich lediglich um Vermutungen, Wertungen, ohne das mit Fakten belegen zu können. Obwohl ich einschränkend hinzufügen möchte, daß ich natürlich auch nicht jede Meinung teile, die in der JUNGEN FREIHEIT verfochten wird.

Eine Gesamtbetrachtung zeigt, daß sich auffallend viele ehemalige Innen- und Rechtspolitiker der JF als Autoren oder Interviewpartner zur Verfügung stellen. Erwähnt sei nur als Beispiel der ständige Mitarbeiter Heinrich Lummer, ehemaliger CDU-Innensenator von Berlin. Also gerade ein Personal, das sich der angeblichen Problematik des Extremismus doch besonders bewußt sein müßte?

von Stahl: Entlarvend ist, daß gegen diese Tatsache NRW bekanntlich argumentiert, gerade darin liege die besondere Gefahr, die von der JUNGEN FREIHEIT ausgeht: Der angebliche Rechtsextremismus werde so demokratisch verschleiert. Dabei offenbart gerade das die ganze Absurdität der Vorwürfe. Schon die Tatsache, daß der Innenminister von NRW die JF beobachten läßt, während der Innenminister von Brandenburg, Jörg Schönbohm (JF 47/02), die Zeitung nutzt, um dort den Mißbrauch der wehrhaften Demokratie durch einige rot-grüne Politiker anzugreifen, zeigt doch die völlige Verwirrung, in der sich der „Rechtsextremismus"-Vorwurf befindet. Es ist wohl so, wie es *Focus*-Chefredakteur Helmut Markwort einmal in Bezug auf die JUNGE FREIHEIT auf den Punkt gebracht hat: „Der Verfassungsschutz in NRW beobachtet alles, was nicht auf dem linken Flügel der SPD beheimatet ist."

Die Beobachtung der JUNGEN FREIHEIT dauert nun sieben Jahre an. Es war in dieser Zeit offenbar nicht möglich, vom Verdacht zum Beweis zu kommen.

von Stahl: Das ist es, was der Sache ihren rechtswidrigen Charakter gibt. Natürlich hat der Verfassungsschutz vor der ultima ratio eines Verbots das Recht einer Veröffentlichung seiner Ergebnisse, aber nur, wenn er sich über sie auch hundertprozentig sicher ist. Allein die Entscheidung des Oberverwaltungsgerichts Münster, das Rechtsmittel der Berufung, nach der Niederlage der JF in erster Instanz, nicht zuzulassen, hat vier Jahre gedauert. Das ist für mich im Prinzip Rechtsverweigerung. Beim Bundesverfassungsgericht ist die Beschwerde nun seit über einem Jahr anhängig. Bekanntlich ist das Gericht sehr überlastet, so habe ich hier Verständnis.

Das Oberverwaltungsgericht Münster ist für seine umstrittenen Urteile bekannt.

von Stahl: So drastisch formuliert, möchte ich dem widersprechen. Aber Richter werden nun einmal durch Richterwahlausschüsse berufen, auf die die Parteien durch ihre Abgeordneten einen erheblichen Einfluß haben. Zu meiner Zeit, so war es zumindest in Berlin, wurde die Ebene der Verwaltungsgerichtsbarkeit vom Nachwuchs bevorzugt angestrebt. Daher wurde hier Richter, wer die besten Examina hatte und entsprechend „linksgestrickt“ war. Nach dreißig Jahren SPD-Herrschaft in NRW wird man in führenden Positionen der dortigen Verwaltungsgerichtsbarkeit wohl kaum Richter finden, die sich selbst als konservativ bezeichnen würden.

Wie ist der Stand des Verfahrens derzeit?

von Stahl: Die Beschwerde muß noch zugelassen werden, damit ist in der ersten Jahreshälfte 2003 zu rechnen, dann wird die Gegenseite Gelegenheit zur Stellungnahme bekommen. Ich hoffe dann auf ein Urteil Ende 2003.

Sie waren selbst einst Vertreter des Staates auch gegen politische Extremisten. Sie waren von 1990 bis 1993 Generalbundesanwalt und damit oberster Ankläger der Bundesrepublik Deutschland, haben also mit Verfassungsschutzämtern zusammengearbeitet. Heute vertreten Sie eine vom NRW-Verfassungsschutz „beobachtete“ Zeitung gegen diese Institution.

von Stahl: Ich habe schon damals den Verfassungsschutzämtern mit Skepsis gegenübergestanden, weil ich leider einen Mangel an Intellektualität und sogar an Professionalität bei den Kollegen feststellen mußte. Der Dienst dort ist nicht allzu beliebt, ergo waren da nicht die besten Juristen anzutreffen. Tatsächlich existiert ein Qualitätsgefälle zwischen Staatsanwaltschaft und Kriminalpolizei auf der einen und Verfassungsschutz auf der anderen Seite. Ich habe als Generalbundesanwalt einige Fälle erlebt, die brenzlig für mich geworden sind, weil in den Verfassungsschutzämtern nicht professionell gearbeitet worden war. Aber meine Skepsis nährt sich nicht nur aus meiner Zeit als Generalbundesanwalt, sondern auch durch meine Erfahrungen in den 14 Jahren, in denen ich in Berlin Staatssekretär für Justiz war.

Heute genießen die Verfassungsschutzämter – wegen Ihres Einsatzes „gegen Rechts" – vordergründig hohes Ansehen, dabei war das nicht immer so.

von Stahl: Ganz und gar nicht. Als die Verfassungsschutzämter noch vor allem den Linksextremismus bekämpften, waren sie die Schmuddelkinder der Nation. Kaum ein Journalist schätzte die Ämter, und sie wurden in den Medien regelmäßig angegriffen. Denn „klammheimlich" galt die Sympathie vieler linker Journalisten der RAF, oder zumindest der linken Szene. Darunter hat der VS natürlich gelitten. Dazu kam, daß den Ämtern mit der Wende 1989 ihr „natürlicher Feind" abhanden gekommen war. In dieser Situation stellten die Mordtaten von Mölln und Solingen Anfang der neunziger Jahre an türkischen Familien – die ich beide als Generalbundesanwalt noch aufgeklärt habe – einen Wendepunkt dar. Der Kampf gegen wirkliche und vermeintliche Ausländerfeindlichkeit und gegen wirklichen und vermeintlichen Rechtsextremismus erhöhte im Zusammenhang mit dem *mainstream* der Politischen Korrektheit schlagartig die Akzeptanz der Verfassungsschutzbehörden und sicherte damit zugleich die Arbeitsplätze, die sonst vom Abbau bedroht gewesen wären.

Welche Rolle spielt der Marsch der Achtundsechziger durch die Institutionen?

von Stahl: Natürlich sind diese Mitbürger inzwischen auch in den Verfassungsschutzämtern angekommen.

Grundsätzlich bejahen Sie aber die Institution eines Verfassungsschutzes?

von Stahl: Grundsätzlich brauchen wir diese Einrichtungen. Denken Sie zum Beispiel nur an die wachsende Gefahr des islamischen Fundamentalismus in Deutschland. Ich bin ziemlich sicher, daß wir in Deutschland angesichts unseres außenpolitisches Kurses – denken Sie nur daran, daß wir ab 15. Februar voraussichtlich Führungsnation in Afghanistan werden und das Afghanistan Taliban- bzw. Al-Qaida-Land ist – nicht ungeschoren von direkten Angriffen auf uns bleiben werden. Natürlich wird es auch weiterhin einen aggressiven Rechts- und Linksextremismus geben, aber die große Gefahr wird in naher Zukunft vom Islamismus ausgehen.

Was passiert, wenn wir in Karlsruhe scheitern?

von Stahl: Dann gehen wir bis zum Europäischen Gerichtshof für Menschenrechte.

Sie sind aber zuversichtlich, daß das Verfassungsgericht in unserem Sinne entscheiden wird?

von Stahl: Ja, denn unser Trumpf ist der Primat der Meinungsfreiheit, der die Argumentation einer wie auch immer formal gerechtfertigten Meinungslenkung überwiegen wird, weil der Gedanke der Freiheit den Kern unserer Verfassung darstellt.

(Das Interview führten Dieter Stein und Moritz Schwarz, erstveröffentlicht in JUNGE FREIHEIT 02/03, 3. Januar 2003)

Heinrich Lummer

war von 1981 bis 1986 Bürgermeister von Berlin und Senator für Inneres. Der 1932 in Essen geborene Diplompolitologe trat 1953 der CDU bei, war Mitglied des Berliner Abgeordnetenhauses von 1967 bis 1986, von 1965 bis 1969 Fraktionsgeschäftsführer der CDU, von 1969 bis 1980 Fraktionsvorsitzender, 1980 bis 1981 Parlamentspräsident. Von 1987 bis 1998 war Lummer Mitglied des Deutschen Bundestages.

„Stoppen Sie diese Diskriminierung“

Ein Brief von Heinrich Lummer, 1981-1986 Innensenator von Berlin, an Wolfgang Clement

Sehr geehrter Herr Ministerpräsident,

es gehört immer noch zu meinen Gepflogenheiten, die Verfassungsschutzberichte des Bundes und der Länder zu lesen. Mit besonders großem Mißbehagen habe ich den letzten Bericht des Verfassungsschutzes NRW gelesen.

An einer Stelle werde ich ohne Namensnennung, aber eindeutig identifizierbar erwähnt. Das stört mich wenig, obwohl es ebenso blöd wie falsch und feige ist.

Ungemein störend und ärgerlich finde ich hingegen die Ausführungen über die Wochenzeitung JUNGE FREIHEIT. Dieser Ärger ist so beachtlich, daß ich Ihnen diesen Brief schreibe und auch noch erwarte, daß Sie sich mit ihm beschäftigen, obwohl ich weiß, was Minister und Ministerpräsidenten alles zu tun haben. Will sagen: Ich hätte Sie gerne verschont. Leider geht es in diesem Falle nicht.

Im Verfassungsschutzbericht des Landes Nordrhein-Westfalen 2001 widmen sich die verantwortlichen Autoren auf sage und schreibe fast 8 Seiten (incl. Berichterstattung zum 11. September 2001) der Wochenzeitung JUNGE FREIHEIT, für die ich seit Jahren als Kolumnist tätig bin.

Es ist ein schier unglaublicher Vorgang, wie im NRW-Verfassungsschutzbericht eine auf dem Boden des Grundgesetzes stehende Wochenzeitung, ihre Autoren, Interviewpartner und Leser in einem Atemzug mit Neonazis und Brandstiftern warnend einsortiert und verleumdet werden, während Vertreter der auch von den Verfassungsschutzämtern beobachteten PDS gemeinsam mit Sozialdemokraten in einer Regierung sitzen. Das reimt sich nicht und offenbart ein Messen mit zweierlei Maß.

Der NRW-Verfassungsschutzbericht ordnet die JUNGE FREIHEIT unter einer Rubrik „Neue Rechte" im Kapitel „Rechtsextremismus" ein. Diese Einordnung ist höchst umstritten. Ihr Bundesland hat hier einen waghalsigen Alleingang beschritten, um politisch unliebsame Positionen zu ächten. Dieser Umstand wird sogar in der von Ihrem Innenministerium herausgegebenen Broschüre „50 Jahre Verfassungsschutz und politischer Extremismus in Nordrhein-Westfalen" (Juli 1999) freimütig eingeräumt. Offen bekennt das Innenministerium dort, daß die Konstruktion eines Beobachtungsobjekts „Neue Rechte" unter den Innenministern der Länder und des Bundes höchst umstritten und ein Alleingang von NRW war:

> „Seit 1992 (waren) Abstimmungsversuche des Innenministeriums NRW vorausgegangen, mit dem Bund und den Landesbehörden zu einer einheitlichen Auffassung zu gelangen. **Ein bundesweiter Konsens wurde bis heute nicht**

gefunden.“ („50 Jahre Verfassungsschutz und politischer Extremismus in Nordrhein-Westfalen“, S. 21)

Diese Bewertung bestätigt u. a. auch der Verfassungsschutzbericht des Freistaates Sachsen, in dem es für das Jahr 2000 im Kapitel „rechtsextremistische Verlage“ heißt:

> „In diesem Zusammenhang wird häufig der Begriff 'Neue Rechte' verwendet. Er ist aber nicht allgemein verbindlich definiert. Mit ihm werden sowohl die Intellektualisierung des Rechtsextremismus als auch Vertreter demokratisch konservativer Position in Verbindung gebracht. **Wegen der Unschärfe eignet sich der Begriff nicht für die Arbeit der Verfassungsschutzbehörden.**“ (VS-Bericht 2000 Sachsen, S. 53)

Der unbrauchbare und umstrittene Begriff einer „Neuen Rechten“ dient in NRW, wie der Verfassungsschutzbericht des Freistaates Sachsen richtig formuliert, allein dazu, „Vertreter demokratisch konservativer Positionen“ unter den Extremismus-Verdacht zu setzen.

> „Die Wochenzeitung JUNGE FREIHEIT (JF) ist der „Neuen Rechten“ zuzurechnen, einer um Intellektualisierung bemühten geistigen Strömung innerhalb des Rechtsextremismus.“ (VS-Bericht NRW 2001, S. 91)

Die JUNGE FREIHEIT ordnet sich jedoch selbst politisch explizit nicht ein, bezeichnet sich lediglich gelegentlich als „konservative Wochenzeitung“ (so wurde sie auch u. a. von der „Frankfurter Allgemeinen Zeitung“ eingeordnet), als die man sie auch mit Recht bezeichnen kann. Alles, was der Verfassungsschutzbericht zu einer von ihm selbst erfundenen „Neuen Rechten“ ausführt, muß und kann sich die JUNGE FREIHEIT nicht zurechnen lassen.

Empörend ist, daß es dem Verfassungsschutz in NRW gestattet ist, überhaupt aufgrund bloßer „Anhaltspunkte für den Verdacht“ negative und diskriminierende Wertungen über eine Zeitung zu verbreiten. Der Verfassungsschutzbericht meldet nämlich:

> „Auch im Jahr 2001 enthielten Veröffentlichungen der JF Anhaltspunkte für den Verdacht rechtsextremistischer Bestrebungen.“ (VS-Bericht NRW 2001, S. 95)

„Anhaltspunkte für den Verdacht“ – mit anderen Worten: nichts ist bewiesen! Dies reicht aus, um eine Zeitung öffentlich an den Pranger zu stellen?

Die Belege, die der Verfassungsschutzbericht für diese skandalöse Vorverurteilung anführt, sind bescheiden und lächerlich. Da werden „fortgesetzte Versuche der Delegitimation des demokratischen Rechtsstaats“ ausgemacht. Als Beleg herhalten muß die rührende Tatsache, daß die JUNGE FREIHEIT sich immer wieder gegen „Political Correctness“ wendet:

> „Der Delegitimierung des demokratischen Rechtsstaats dient insbesondere die von der JF seit 1996 betriebene Kampagne gegen eine angeblich vorherrschende ‚Political Correctness‘ (PC).“ (VS-Bericht NRW 2001, S. 95)

Polemik gegen „Political Correctness“ gehört von Rudolf Augstein bis Harald Schmidt zum Standardrepertoire intelligenter Publizisten in Deutschland! Der Verfassungsschutzbericht verschweigt zudem, daß Prof. Dr. Friedhelm Farthmann, von 1975 bis 1985 Minister für Arbeit, Gesundheit und Soziales in Nordrhein-Westfalen und 1985 bis 1995

Fraktionsvorsitzender der SPD-Landtagsfraktion, in einem Interview mit der JUNGEN FREIHEIT explizit hierzu äußerte:

> „Es ist natürlich ein Mangel an Demokratie, wenn nicht das ganze Meinungsspektrum zum Ausdruck kommt. Deshalb ist auch die sogenannte political correctness, zumindest deren extreme Ausprägung, so verderblich." (Interview mit der JUNGEN FREIHEIT, 44/2000, 27. Oktober 2000)

Da zitiert der Verfassungsschutz geheimnisvoll „einen ständigen JF-Mitarbeiter aus Bonn" (S. 96) und verschweigt dabei, daß es sich hier um den renommierten Extremismusexperten Prof. Dr. Hans-Helmuth Knütter handelt. Als scheinbaren „Beleg" für die „extremistische Ausrichtung" der JF zitiert der Bericht aus einem Beitrag von Prof. Knütter folgenden Satz:

> „Die offizielle Volksverhetzung, verharmlosend Ausgrenzung genannt, bewirkt ein Klima der Denunziation, Feigheit und Freiheitseinschränkung. Wenn sich aber diese Verhetzung nur gegen ‚Rechts' richtet, während ‚Links' aber akzeptiert und legitimiert wird, entsteht eine ‚andere Republik'. Noch ist sie nicht fest etabliert, obwohl sich die Konturen der Unfreiheit, Bevormundung, Reglementierung, Verbotspolitik deutlich abzeichnen. Widerstand ist das Gebot der Situation. Paßt bloß auf!" (VS-Bericht NRW 2001, S. 96)

Da kann man doch Prof. Knütter gerade nach Lektüre des NRW-Verfassungsschutzberichtes nur voll zustimmen! Was soll, bitte schön, an diesem Zitat ein Beleg für „rechtsextremistische Bestrebungen" sein?

Sie sollten wissen, daß Prof. Knütter Herausgeber eines bedeutenden Buches über den Verfassungsschutz ist, das großes Aufsehen erregt hat. Die Berliner Tageszeitung „Die Welt“ schrieb über dieses Buch:

> „Seit jüngstem äußert sich auch eine fundierte konservative und 'rechte' Kritik am Verfassungsschutz. Sie enzündet sich an der **schwer nachvollziehbaren und offenbar parteipolitisch motivierten Einstufung der konservativen Wochenzeitung JUNGEN FREIHEIT durch den nordrhein-westfälischen Verfassungsschutz.** Hier wurde zum ersten Mal die Beobachtung eines rechten, aber sich zur Demokratie bekennenden Mediums problematisiert. Der Fall, den der nationalliberale Jurist Manfred Brunner akribisch dokumentiert, steht deshalb auch nicht umsonst in der Mitte des Sammelbandes. Die JF wurde über Jahre vom Verfassungsschutz NRW als 'rechtsextremistisch' beziehungsweise 'dessen verdächtig' bezeichnet. Brunner sieht in diesem Vorgehen einen Verstoß gegen das Demokratieprinzip (Art. 20 II GG), weil so die Publikation aus dem demokratischen Diskurs herausgedrängt wird.“ (Die Welt, 19.02.2002)

Ich wiederhole: Die „Welt“ bezeichnet die Einstufung durch den NRW-Verfassungsschutz als „schwer nachvollziehbar“ und als „offenbar parteipolitisch motiviert“. Die „Welt“ urteilt über die JUNGE FREIHEIT, sie sei „konservativ“ und ein „zur Demokratie bekennendes Medium“. Das sollte man gefälligst im NRW-Innenministerium einmal zur Kenntnis nehmen.

Ebenfalls in der „Welt“ schrieb der Extremismusforscher Eckhard Jesse („Die Tabuisierung des Extremismusbegriffs“) am 4. Februar 2002:

„Offenkundig wird mit zweierlei Maß gemessen. Als linksextremistisch gilt vielfach nur noch eine gewalttätige Variante, als rechtsextremistisch hingegen bereits jede Form der 'neuen Rechten'. Wer im 'Neuen Deutschland' einen Artikel schreibt, kommt 'ungeschoren' davon; wer der JUNGEN FREIHEIT ein Interview gibt, provoziert eine Kampagne. **Die Erosion der Abgrenzung zwischen demokratisch und extremistisch geschieht am linken, nicht am rechten Rand, wie gemeinhin behauptet.**"

Die Autoren des Verfassungsschutzberichtes sind ferner zu feige, namentlich zu erwähnen, daß ich als ehemaliger Innensenator Berlins, selbst lange Chef der dortigen Verfassungsschutzbehörde, zu den Stammautoren der JUNGEN FREIHEIT zähle. Man verbirgt dies hinter folgendem lächerlichen Zitat:

> „Soweit bekannt ist, konnte jedoch die Absicht, zusammen mit der Organisation ‚Die Deutschen Konservativen e. V.', deren Ehrenpräsident gleichzeitig ständiger JF-Mitarbeiter ist, regelmäßig eine eigene Zeitung erscheinen zu lassen, nicht verwirklicht werden. Lediglich im Oktober 2001 gab die JF eine Sonderausgabe für die ‚Deutschen Konservativen e. V.' heraus." (VS-Bericht NRW 2001, S. 94f)

Alle weiteren „Belege" sind in unqualifizierter Weise aus dem Zusammenhang gerissene Zitate, mit denen versucht wird, einen Extremismus-Verdacht an den Haaren herbeizuziehen.

Im Verfassungsschutzbericht wird hingegen verschwiegen, wie umstritten die Praxis der Verleumdung der JUNGEN FREIHEIT ist. Verschwiegen wird die aufsehenerregende

Affäre um das Interview, das Christof Zöpel, 1978-1990 NRW-Landesminister, 1977–1995 stellvertretender Landesvorsitzender der nordrhein-westfälischen SPD und derzeitige Staatsminister im Auswärtigen Amt, der JUNGEN FREIHEIT gegeben hat. Die Berliner „tageszeitung" schrieb dazu:

> „Daß der nordrhein-westfälische Verfassungsschutz die JF in seinem Jahresbericht 1999 erwähnt, habe ihn nicht davon abgehalten, das Interview zu geben. (...) **Zöpel verwies darauf, daß die Formulierungen des Verfassungsschutzberichtes keine eindeutigen Zuordnungen zum Rechtsextremismus seien.** Was dort stehe, sei früher auch über Publikationen der Linken geschrieben worden." („taz", 27.09.2000)

Der NRW-Verfassungsschutzbericht verschweigt, zu welchem Eklat es im Januar 2001 gekommen war, als die Deutsche Postbank AG das Hauptgeschäftskonto der JUNGEN FREIHEIT gekündigt hatte und sich dabei allein auf den Verfassungsschutzbericht des Landes NRW berief. Aus Protest gegen diesen Eingriff in die Pressefreiheit und die politische Instrumentalisierung der Postbank kündigten Hunderte von Postbank-Kunden ihre Konten. Die Postbank erlitt dank des stümperhaften NRW-Verfassungsschutzberichtes eine Niederlage. Nach der Veröffentlichung eines von zahllosen Prominenten unterzeichneten „Appells für die Pressefreiheit" konnte man in der Zeitung lesen:

> „Anfang Januar kündigte die Postbank der rechtsgerichteten Jungen Freiheit (JF) das Geschäftskonto. Der Journalistenverband sah darin einen Angriff auf die Grundrechte. Gestern veröffentlichten außerdem Ex-Generalbundesanwalt Alexander von Stahl, Focus-Chef Helmut Markwort, CSU-

Politiker Peter Gauweiler und 35 weitere Unterzeichner in FAZ und Süddeutscher Zeitung einen 'Appell für die Pressefreiheit'. (...) Die Reaktion der Postbank folgte prompt, das Konto bleibt bestehen. 'Wir haben unsere Entscheidung sachlich überprüft', begründete Sprecher Ralf Palm gestern den Rückzieher. (...) Die Berichte der Landesämter für Verfassungsschutz (VS) böten keine ausreichende Grundlage für die Kündigung, so Palm. Tatsächlich klagt die JF dagegen, daß der Verfassungsschutz NRW sie in seinem Bericht erwähnt hat." („taz", 02.02.01)

Ebenfalls verschweigt der Verfassungsschutzbericht, was Helmut Markwort, der Herausgeber des Nachrichtenmagazins „Focus", in diesem Zusammenhang öffentlich geäußert hat:

> „Ich sehe eine Tendenz, daß man rechte Positionen immer mit rechtsextremen in einen Topf wirft. (...) Für mich ist die JUNGE FREIHEIT ein Medium, das innerhalb des demokratischen Systems steht." „Der Verfassungsschutz in NRW beobachtet alles, was nicht auf dem linken Flügel der SPD beheimatet ist." (Tagesspiegel, 02.02.01 und Nachrichtenagentur DDP vom 02.02.2001)

Sie sollten, sehr geehrter Herr Ministerpräsident, zur Kenntnis nehmen, wie die Praxis des NRW-Verfassungsschutzes, die JUNGE FREIHEIT auf lächerliche Weise zu diskriminieren, über alle politischen und geistigen Lager hinweg als sachlich ungerechtfertigt und empörend wahrgenommen wird.

In einem Interview mit der JUNGEN FREIHEIT äußerte sich beispielsweise Ephraim Kishon, für den Literatur-Nobelpreis nominierter israelischer Bestseller-Autor, zu den Vorwürfen des Verfassungsschutzes:

„Sie sind 'rechtsgerichtet', weil Sie nicht linksgerichtet sind. Ihr niveauvolles Blatt ist nicht radikal, es ist nicht einmal, was man 'rechts' nennt, sonst hätte ich Ihnen kein Interview gegeben." (JF 23.03.2001)

Erst vor kurzem gab Andreas von Bülow, 1976-1980 Staatssekretär im Verteidigungsministerium, Bundesforschungsminister von 1980-1982 und langjähriger SPD-Bundestagsabgeordneter, der JUNGEN FREIHEIT ein Interview. Gegenüber der „Frankfurter Rundschau", die daraufhin von einer Ausladung (die wiederum mit den Verdächtigungen des NRW-Verfassungsschutzes begründet wurde) von Bülows von einer Veranstaltung berichtet hatte, äußerte sich von Bülow folgendermaßen:

„Die ihm zugesandten Belegexemplare der JUNGEN FREIHEIT ... lassen eine Verfassungswidrigkeit auch nicht im Ansatz erkennen, schrieb von Bülow an die FR." („Frankfurter Rundschau", 09.03.2002)

Ist Ihnen eigentlich überhaupt bekannt, daß die JUNGE FREIHEIT sich seit 1996 in einem für eine kleine Zeitung enorm aufwendigen Verwaltungsstreitverfahren gegen den Verfassungsschutz zur Wehr setzt und alle Anschuldigungen zurückweist?

Ist Ihnen bekannt, daß die JUNGE FREIHEIT gegenüber dem NRW-Innenministerium nie die Gelegenheit hatte, jeweils zu Verdächtigungen Stellung zu nehmen und eventuell Unterstellungen zu korrigieren?

Ist Ihnen bekannt, daß die wirtschaftliche Existenz der JUNGEN FREIHEIT aufgrund der Wertungen des Verfassungsschutzes NRW stark gefährdet ist, daß große Verlagshäuser unter Berufung auf den NRW-Verfassungsschutzbericht seit 1995 Anzeigen der JUNGEN FREIHEIT ablehnen, daß Anzeigenkunden Aufträge stornieren aufgrund des NRW-Verfassungsschutzberichtes, daß Autoren und Interviewpartner von Arbeitgebern unter Druck gesetzt werden wegen des NRW-Verfassungsschutzberichtes?

Ist Ihnen bekannt, daß ein Oberleutnant der Reserve von der Bundeswehr alleine wegen seiner Tätigkeit für die JUNGE FREIHEIT und wegen der Erwähnung der JUNGEN FREIHEIT im Verfassungsschutzbericht von NRW von einer laufenden Wehrübung ausgeschlossen wurde und daß gegen diesen Ausschluß seit Monaten eine Beschwerde läuft?

Ist Ihnen bekannt, daß sich die JUNGE FREIHEIT in mittlerweile mehreren dutzend Zivilrechtsverfahren gegen Presseorgane zur Wehr setzt, die fälschlicherweise sinnentstellend behaupten, die JUNGE FREIHEIT werde vom NRW-Verfassungsschutz als „rechtsextrem" eingeordnet? Obwohl das Verwaltungsgericht Düsseldorf in seinem Urteil vom 14. Februar 1997 entschieden hatte:

> „Am 16. August 1996 hat die Klägerin Klage erhoben und um einstweiligen Rechtsschutz nachgesucht. Im vorläufigen Rechtsschutzverfahren (1 L 3150/96) hat sie beantragt, dem Beklagten zu untersagen, ... die JUNGE FREIHEIT rechtsextremistisch zu bezeichnen. (Urteil VG Düsseldorf, 14.02.97, S. 5)

Daraufhin hatte der Prozeßbevollmächtigte von NRW erklärt, und dies macht das Urteil aktenkundig:

> „Der Beklagte macht ... geltend, die Klägerin zu keinem Zeitpunkt als rechtsextremistisch im Sinne eines endgültigen Werturteils bezeichnet zu haben." (VG Düsseldorf, 14.02.97, S. 5)

Na also! Warum dann die seitenlange Berichterstattung? Trotz dieser Klarstellung halten es Gerichte in Zivilrechtsverfahren der JUNGEN FREIHEIT allein aufgrund der „Erwähnung" im Verfassungsschutzbericht für zulässig, daß andere Medien verkürzend über die JUNGE FREIHEIT behaupten, sie werde doch vom NRW-Verfassungsschutz explizit als „rechtsextrem" eingeordnet!

Darin besteht die verleumderisch wirkende Praxis des NRW-Verfassungsschutzes: Als Wertung kommt man über „Anhaltspunkte für den Verdacht rechtsextremistischer Bestrebungen" nicht hinaus, aber eingeordnet wird unter „rechtsextrem".

Als ehemaliger Innensenator habe ich Verständnis dafür, auch solche Bestrebungen rechts und links zu beobachten und zu bewerten, die sich nicht oder noch nicht im extremen Bereich befinden. Da die Grenzen fließend sein können, muß auch diese Grenzregion beachtet und beobachtet werden. Man muß gewissermaßen das Gras wachsen hören, um nicht eines tages überrascht zu sein. Ihre Leute sollten also ruhig das „Neue Deutschland" und die JUNGE FREIHEIT lesen.

Aber gerade solche Gruppen und Publikationen, die allenfalls und womöglich noch fragwürdige „Anhaltspunkte für den Verdacht" bieten, darf man nicht durch Ausführungen im publizierten Bericht des Amtes diskreditieren. Und genau das tut ihr Amt in NRW.

In Berlin zu meiner Zeit haben wir solche Erkenntnisse bewußt nicht publiziert. Sie dienen der Information des Ministeriums – und damit basta. NRW will den Rechtsextremismus bekämpfen – und das ist gut so und da bin ich dabei, aber mit der Praxis des Amtes diskreditiert das Land Konservative und verfassungstreue Rechte – und das ist nicht gut so.

Das Oberlandesgericht Münster hat die Zulassung einer Berufung gegen das Urteil des VG Düsseldorf nach 4 Jahren abgelehnt. Daraufhin hat die JUNGE FREIHEIT am 23.06.2001 Verfassungsbeschwerde in Karlsruhe eingereicht, um eine Zulassung der Berufung zu erzwingen.

Ich halte die Entscheidungen des Verwaltungsgerichts Düsseldorf und die Ablehnung der Zulassung der Berufung durch das Oberverwaltungsgericht Münster im Verwaltungsstreitverfahren der JUNGEN FREIHEIT gegen das Land Nordrhein-Westfalen für äußerst fragwürdig. Sie werden meines Erachtens einer Prüfung vor dem Bundesverfassungsgericht nicht standhalten.

Die JUNGE FREIHEIT faßt in dieser Verfassungsbeschwerde die wesentlichen Grundrechtsverstöße zusammen, die durch die rechtswidrige Erwähnung der JUNGEN FREIHEIT im NRW-Verfassungsschutzbericht ausgelöst werden:

> „Verletzung der Meinungsfreiheit (Art. 5 I 1, 1.Alt.GG)und der Pressefreiheit (Art.5 I 2, 1.Alt.GG), des Persönlichkeitsrechts (Art.2 I i.V.m.1 I bzw.5 I 2 oder 12 I GG), der Berufsfreiheit (Art.12 I GG) und des Gleichheitssatzes/ Willkürverbots (Art.3 I GG)“ (Verfassungsbeschwerde JF ./. NRW, S. 1)

Der Prozeßbevollmächtigte der JUNGEN FREIHEIT, Rechtsanwalt Manfred Brunner, trägt in der Klageschrift überzeugend vor:

> „Die Erwähnung der Beschwerdeführerin in den Verfassungsschutzberichten ... des Landes Nordrhein-Westfalen verstößt gegen die Grundrechte der Beschwerdeführerin aus Art.5 I GG (Meinungs-und Pressefreiheit), Art.2 I i.V.m.1 I GG (Persönlichkeitsrecht) sowie Art.12 I GG (Berufsfreiheit). Die Verfassungsschutzbehörde des Landes Nordrhein-Westfalen hat das Instrument des Verfassungsschutzberichts, das eigentlich dazu dienen soll, die freiheitliche demokratische Grundordnung zu verteidigen, gegen die Zeitung JUNGE FREIHEIT eingesetzt, um ein unbequemes Publikationsorgan mundtot zu machen. Die JUNGE FREIHEIT verfolgt keine verfassungsfeindlichen Ziele, sondern steht mit ihrer publizistischen Tätigkeit auf dem Boden des Grundgesetzes. Der nordrhein-westfälische Verfassungsschutz prangert sie im Verfassungsschutzbericht als angeblich 'rechtsextremistisch' an, obwohl dies nicht zutrifft. Auf diese Weise bekämpft die nordrhein-westfälische Verfassungsschutzbehörde nicht eine verfassungsfeindliche Bestrebung, sondern eine mißliebige Zeitung, deren Richtung mit ihrer Auffassung von 'politischer Korrektheit' im Widerstreit steht." (Verfassungsbeschwerde JF ./. NRW, S. 2)

Die jahrelange Verschleppung des Prozesses, das Ignorieren der vorgetragenen Argumente, das bürokratische Festhalten an dieser rechtswidrigen Einordnung der JUNGEN FREIHEIT ist ein Skandal.

Sehr geehrter Herr Ministerpräsident, überprüfen Sie bitte diesen Fall und sorgen Sie dafür, daß diese diskriminierende, elementare Grundrechte verletzende Behandlung einer unbequemen Zeitung beendet wird. Sorgen Sie dafür, daß die Berichterstattung über die JUNGE FREIHEIT im veröffentlichten Verfassungsschutzbericht des Landes Nordrhein-Westfalen eingestellt wird!

Diesem Brief beigefügt sind die Verfassungsbeschwerde der JUNGEN FREIHEIT und eine Ausgabe der JUNGEN FREIHEIT, damit Sie sich selbst einen Eindruck verschaffen können.

Mit freundlichen Grüßen

Heinrich Lummer
Senator a. D.

Berlin, den 11. April 2002

Zwei Monate später ...

Der Chef der Staatskanzlei des Landes Nordrhein-Westfalen

Postanschrift: Staatskanzlei NRW · 40190 Düsseldorf

Dienstgebäude und Lieferanschrift:
Stadttor 1, 40219 Düsseldorf

Telefon (0211) 837-01
Durchwahl (0211) 837-1419
Telefax (0211) 837-1150
Durchwahl (0211) 837-

e-mail: poststelle@stk.nrw.de

Herrn
Heinrich Lummer

Datum 12. Juni 2002
Aktenzeichen (bei Antworten bitte angeben)
II.4

Junge Freiheit

Sehr geehrter Herr Lummer,

zu Ihrem Brief an Herrn Ministerpräsident Clement vom 11.04.2002 teile ich Ihnen mit, dass die Beobachtung der Zeitung „JUNGE FREIHEIT" durch den nordrhein-westfälischen Verfassungsschutz sowie die Erwähnung im Verfassungsschutzbericht des Landes Nordrhein-Westfalen erforderlich und – zuletzt bestätigt durch Urteil des Verwaltungsgerichts Düsseldorf vom 14.02.1997 und Beschluss des Oberverwaltungsgerichts für das Land Nordrhein-Westfalen vom 22.05.2001 – auch rechtmäßig ist.

Mit freundlichen Grüßen
Im Auftrag

Dr. Wolfram Försterling

An das Bundesverfassungsgericht Erster Senat
Schreiben vom 23. Juni 2001

Verfassungsbeschwerde

der JUNGE FREIHEIT Verlag GmbH & Co., vertreten durch den Geschäftsführer, Herrn Dieter Stein, Hohenzollerndamm 27 a, 10713 Berlin,

– Beschwerdeführerin –

Prozeßbevollmächtigter:
Rechtsanwalt Manfred Brunner (ab 2002: Alexander von Stahl)

wegen

Verletzung der Meinungsfreiheit (Art. 5 I 1, 1. Alt. GG) und der Pressefreiheit (Art. 5 I 2, 1. Alt. GG), des Persönlichkeitsrechts (Art. 2 I i.V.m. 1 I bzw. 5 I 2 oder 12 I GG), der Berufsfreiheit (Art. 12 I GG) und des Gleichheitssatzes/Willkürverbots (Art. 3 I GG) durch die Verfassungsschutzberichte 1994 und 1995 des Landes Nordrhein-Westfalen, durch das Urteil des Verwaltungs-gerichts Düsseldorf vom 14. 2. 1997 – 1 K 9318/96 – sowie durch den Beschluß des Oberverwaltungs-gerichts für das Land Nordrhein-Westfalen vom 22.5.2001 – 5 A 2055/97 –

und wegen

Verletzung der Rechtsschutzgarantie (Art. 19 IV 1 GG), des Rechts auf faires Verfahren (Art. 2 I GG i.V.m. dem Rechtsstaatsprinzip, Art. 20 III GG) und des Willkürverbots (Art. 3 I GG) durch den Beschluß des Oberverwaltungs-gerichts für das Land Nordrhein-Westfalen vom 22. 5. 2001 – 5 A 2055/97 –
Namens und kraft Vollmacht der Beschwerdeführerin erhebe ich

Verfassungsbeschwerde.

Ich mache geltend, daß folgende Grundrechte der Beschwerdeführerin durch die Verfassungsschutzberichte 1994 und 1995 des Landes Nordrhein-Westfalen, durch das Urteil des Verwaltungsgerichts Düsseldorf vom 14. 2. 1997 – 1 K 9318/96 – sowie durch den Beschluß des Oberverwaltungsgerichts für das Land Nordrhein-Westfalen vom 22.5.2001 – 5 A 2055/97 – verletzt worden sind: die Meinungsfreiheit (Art. 5 I 1, 1. Alt. GG) und die Pressefreiheit (Art. 5 I 2, 1. Alt. GG), das Persönlichkeitsrecht (Art. 2 I i.V.m. 1 I bzw. 5 I 2 oder 12 I GG), die Berufsfreiheit (Art. 12 I GG) und der Gleichheitssatz/Willkürverbot (Art. 3 I GG).

Außerdem mache ich geltend, daß durch den Beschluß des Oberverwaltungsgerichts für das Land Nordrhein-Westfalen vom 22.5.2001 – 5 A 2055/97 – die Beschwerdeführerin in ihrem Grundrecht aus Art. 19 IV 1 GG (Rechtsschutzgarantie), ihrem Recht auf faires Verfahren (Art. 2 I GG i.V.m. dem Rechtsstaatsprinzip, Art. 20 III GG) und in ihrem Recht aus Art. 3 I GG unter dem Aspekt des Willkürverbots verletzt worden ist.

Begründung:

Zusammenfassung

Die Erwähnung der Beschwerdeführerin in den Verfassungsschutzberichten 1994 und 1995 des Landes Nordrhein-Westfalen verstößt gegen die Grundrechte der Beschwerdeführerin aus Art. 5 I GG (Meinungs- und Pressefreiheit), Art. 2 I i.V.m. 1 I GG (Persönlichkeitsrecht) sowie Art. 12 I GG (Berufsfreiheit). Die Verfassungsschutzbehörde des Landes Nordrhein-Westfalen hat das Instrument des Verfassungsschutzberichts, das eigentlich dazu dienen soll, die freiheitliche demokratische Grundordnung zu verteidigen, gegen die Zeitung JUNGE FREIHEIT eingesetzt, um ein unbequemes Publikationsorgan mundtot zu machen. Die JUNGE FREIHEIT verfolgt keine verfassungsfeindlichen Ziele, sondern steht mit ihrer publizistischen Tätigkeit auf dem Boden des Grundgesetzes. Der nordrhein-westfälische Verfassungsschutz prangert sie im Verfassungsschutzbericht als angeblich „rechtsextremistisch" an, obwohl dies nicht zutrifft. Auf diese Weise bekämpft die nordrhein-westfälische Verfassungsschutzbehörde nicht eine verfassungsfeindliche Bestrebung, sondern eine mißliebige Zeitung, deren Richtung mit ihrer Auffassung von „politischer Korrektheit" im Widerstreit steht.

Im einzelnen seien die rechtlichen Gesichtspunkte, aus denen sich die Verfassungswidrigkeit der nordrhein-westfälischen Verfassungsschutzberichte 1994 und 1995 sowie der sie bestätigenden Entscheidungen des VG Düsseldorf und des OVG Nordrhein-Westfalen ergeben, ohne Anspruch auf Vollständigkeit wie folgt zusammengefaßt:

1. Die Erwähnung der Beschwerdeführerin in den Verfassungsschutzberichten 1994 und 1995 greift in die oben genannten Grundrechte ein.

2. Dieser Eingriff ist schon deshalb nicht gerechtfertigt, weil er formell verfassungswidrig ist. Dem Land Nordrhein-Westfalen fehlt nämlich die Verbandskompetenz, über die Beschwerdeführerin in ihrem Verfassungsschutzbericht zu berichten.

3. Die Rechtfertigung des Eingriffs setzt im übrigen voraus, daß er auf einer verfassungsmäßigen Ermächtigungsgrundlage beruht. Ermächtigungsgrundlage ist hier § 15 II Verfassungsschutzgesetz Nordrhein-Westfalen (VSG NW). Diese Vorschrift ist in der Auslegung des OVG Nordrhein-Westfalen und des VG Düsseldorf mit den Grundrechten der Beschwerdeführerin unvereinbar. Die Gerichte hätten diese Vorschrift verfassungskonform auslegen müssen. Sie haben bei Auslegung und Anwendung dieser Vorschrift die Grundrechte der Beschwerdeführerin verkannt. Der Bericht über extremistische Bestrebungen im Verfassungsschutzbericht ist ein politisches Kampfinstrument, das der Verteidigung der freiheitlichen demokratischen Grundordnung dient. Für diejenigen, die im Bericht als „extremistisch" eingeordnet werden, hat es Sanktionscharakter. Unter Berücksichtigung der Pressefreiheit, der Meinungsfreiheit und des Persönlichkeitsrechts darf ein solches Instrument nur eingesetzt werden, wenn es sich bei dem Betroffenen tatsächlich, d.h. nachweisbar, um eine extremistische, d.h. verfassungswidrige Ziele verfolgende Bestrebung handelt. Bloße Verdachtsmomente können nicht ausreichen.

4. Würde man demgegenüber annehmen, daß es mit dem Grundgesetz vereinbar ist, daß bereits bei einem bloßen – auf tatsächliche Anhaltspunkte gestützten – Verdacht eine „Bestrebung" im Verfassungsschutzbericht erwähnt werden darf, dann verstößt es jedenfalls gegen den Verhältnismäßigkeitsgrundsatz, daß die Beschwerdeführerin im Verfassungsschutzbericht in dem mit braunem Rand markierten Kapitel „Rechtsextremismus" in einer Reihe mit erwiesenermaßen rechtsex-

tremistischen Organisationen aufgeführt wird, mit deren politischer Zielsetzung die Beschwerdeführerin nichts zu tun hat.

5. Schon aus den bisher genannten Gründen sind die Verfassungsschutzberichte und die angegriffenen Gerichtsurteile also verfassungswidrig. Zusätzlich ergibt sich ihre Verfassungswidrigkeit auch daraus, daß die Verfassungsschutzbehörde und die Gerichte unter einer Reihe unterschiedlicher Gesichtspunkte bei der Anwendung des Verfassungsschutzgesetzes auf den vorliegenden Fall die Grundrechte der Beschwerdeführerin mißachtet haben.

6. Ein zentraler Grundrechtsverstoß besteht darin, daß die Verfassungsschutzbehörde und die Gerichte als angebliche „Anhaltspunkte für den Verdacht einer verfassungsfeindlichen Bestrebung" Texte aus der JUNGEN FREIHEIT verwenden, deren Inhalt nicht verfassungswidrig ist. Sie prangern damit politische Meinungen, die sie als politisch unkorrekt empfinden, als angeblich verfassungsfeindlich an, und stützen darauf ihre Einschätzung, die JUNGE FREIHEIT verfolge verfassungsfeindliche Ziele. Dies ist ein Angriff auf die Meinungs- und Pressefreiheit.

7. Ein typisches Argumentationsmuster dabei ist folgendes: In der JUNGEN FREIHEIT geäußerte Kritik an einer Politik, die in großem Maße die Zuwanderung von Ausländern zuläßt, wird als „ausländerfeindlich" bzw. „fremdenfeindlich" bezeichnet, obwohl die JUNGE FREIHEIT nichts gegen die Ausländer gesagt hat, sondern gegen die deutsche Zuwanderungspolitik. Aus der angeblichen Fremdenfeindlichkeit wird dann unvermittelt auf die Verfassungsfeindlichkeit – auf die angebliche Mißachtung der Menschenwürde und der fundamentalen Grundrechte der Ausländer – geschlossen. Auf diese Weise werden die in der JUNGEN FREIHEIT publizierten Meinungen in willkürlicher Weise verdreht und sodann unter Verkennung der Bedeutung der Elemente der freiheitlichen demokratischen Grundordnung zu Unrecht als verfassungsfeindlich eingestuft. Auf diese Weise will der nordrhein-westfälische Verfassungsschutz eine ihm nicht genehme politische Richtung isolieren und aus dem politischen Diskurs ausgrenzen. Es liegt auf der Hand, daß die Wirkung dieses Vorgehens nicht auf die JUNGE FREIHEIT beschränkt bleibt, sondern sich gegen die betreffenden Meinungen als solche richtet: Die amtliche Anprangerung der JUNGEN FREIHEIT und der in ihr publizierten Meinungen als „rechtsextremistisch" hat Signalwirkung, für jeden, der diese

Meinungen teilt. Er muß sich hüten, seine Meinung öffentlich zu äußern, um nicht seinerseits als Extremist zu gelten. – Diese Vorgehensweise des nordrhein-westfälischen Verfassungsschutzes ist nicht mehr Rechtsanwendung, sondern Mißbrauch des Rechts.

8. Selbst wenn es Anhaltspunkte für den Verdacht gäbe, daß die JUNGE FREIHEIT verfassungsfeindliche Ziele verfolgt (was zumindest voraussetzen würde, daß eine erhebliche Zahl von in dieser Zeitung publizierten Texten nachgewiesen würde, die eindeutig verfassungsfeindlichen Inhalt haben), verstieße die Erwähnung der JUNGEN FREIHEIT in die Verfassungsschutzberichte 1994 und 1995 gegen das Grundgesetz. Denn sie wäre auch unter dieser Voraussetzung mit dem Verhältnismäßigkeitsgrundsatz unvereinbar, wie in der Begründung der Verfassungsbeschwerde im Hinblick auf die Geeignetheit, die Erforderlichkeit und die Verhältnismäßigkeit im engeren Sinne eingehend dargelegt wird.

9. Der Beschluß des OVG Nordrhein-Westfalens, die Berufung nicht zuzulassen, verstößt außerdem gegen die Rechtsschutzgarantie (Art. 19 IV 1 GG), das Recht auf faires Verfahren (Art. 2 I GG i.V.m. Art. 20 III GG) und das Willkürverbot (Art. 3 I GG).

A. Sachverhalt

Die Klägerin verlegt die Wochenzeitung JUNGE FREIHEIT (JF). Die JUNGE FREIHEIT wurde vor etwa 10 Jahren von Studenten zunächst als zweimonatlich, dann monatlich erscheinende Zeitung gegründet. Seit 1994 erscheint sie als Wochenzeitung. Sie pflegt einen unorthodoxen, jugendlich-frechen, respektlosen journalistischen Stil. Politisch versteht sie sich als freiheitlich, konservativ und national, jedoch offen für eine Vielzahl von Positionen und Meinungen. Sitz von Verlag und Redaktion war zunächst Kirchzarten bei Freiburg im Breisgau, dann Potsdam und ist seit Herbst 1995 Berlin.

Der Beklagte hat erstmals in seinem Verfassungsschutzbericht 1994 und jetzt wieder in seinem Verfassungsschutzbericht 1995 die JUNGE FREIHEIT erwähnt. Er hat sie dort als „rechtsextremistisch" bezeichnet und in die entsprechende Rubrik eingeordnet.

Verfassungsschutzbericht des Landes Nordrhein-Westfalen über das Jahr 1994. Hrsg.: Innenministerium des Landes Nordrhein-Westfalen, Abt. Verfassungsschutz, 1995, S. 22, 115, 139-144

Verfassungsschutzbericht des Landes Nordrhein-Westfalen über das Jahr 1995. Hrsg.: Innenministerium des Landes Nordrhein-Westfalen, Abt. Verfassungsschutz, 1996, S.16f., 105-126, 131, 132, 137, 175

Die Verfassungsschutzberichte sind in die Hauptkapitel „Rechtsextremismus" und „Linksextremismus" gegliedert, die durch einen braunen bzw. roten Randstreifen für den Leser deutlich unterscheidbar hervorgehoben werden. Diesen Kapiteln geht ein Einführungskapitel über „Entwicklungen im Extremismus" voraus, und ihnen folgen Kapitel über Ausländerextremismus, Spionageabwehr, Wirtschaft- und Geheimschutz.

Die die Beschwerdeführerin betreffenden Auszüge aus den Verfassungsschutzberichten sind in der Anlage beigefügt.

Gegen ihre Erwähnung in den Verfassungsschutzberichten 1994 und 1995 hat die Beschwerdeführer nach Veröffentlichung des Verfassungsschutzberichts 1995 beim Verwaltungsgericht Düsseldorf Klage erhoben und folgende Anträge gestellt:

1. Der Beklagte wird verurteilt, die Verbreitung der Verfassungsschutzberichte 1994 und 1995 zu unterlassen, wenn nicht zuvor die Passagen über die JUNGE FREIHEIT entfernt oder unleserlich gemacht worden sind.

2. ...

3. Der Beklagte ist nicht befugt, die JUNGE FREIHEIT in Verfassungsschutzberichten in die Rubrik „Rechtsextremismus" einzuordnen, solange er insoweit nur einen Verdacht hat und nicht den entsprechenden Beweis führt.

4. Der Beklagte wird verurteilt, in seinem nächsten Verfassungsschutzbericht richtigzustellen, daß die Einordnung der JUNGEN FREIHEIT in die Rubrik „Rechtsextremismus" in den Verfassungsschutzberichten 1994 und 1995 nicht gerechtfertigt war.

5. Der Beklagte wird verurteilt, folgende Behauptungen zu widerrufen:

   a) die Behauptung, die Redaktion der JUNGEN FREIHEIT bemühe sich, extremistische Positionen zu tarnen bzw. zu verschleiern; es gebe ein arbeitsteiliges, also bewußt gewolltes Zusammenwirken der JUNGEN FREIHEIT mit ihren Leserkreisen sowie der JF-Sommeruniversität dahingehend, daß die Zeitung extremistische

Ziele verschleiert bzw. nur in Anspielungen transportiert, während die Leserkreise sie deutlicher zum Ausdruck bringen;

b) ...

c) ...

d) die Behauptung, in zahlreichen JF-Artikeln würden den in der Bundesrepublik Deutschland lebenden Ausländern elementare Freiheits- und Gleichheitsrechte abgesprochen;

e) ...

6. Der Beklagte ist nicht befugt, die JUNGE FREIHEIT (Verlag und Redaktion) mit nachrichtendienstlichen Mitteln zu beobachten.

Den Klageantrag und einen weiteren zentralen Schriftsatz zur Begründung der Klage füge ich bei.

Die Klage wurde mit Urteil vom 14.2.1997 – 1 K 9318/96 – (Kopie anbei) abgewiesen. Mit Schriftsatz vom 17.4.1997 hat die Beschwerdeführerin Antrag auf Zulassung der Berufung gegen dieses Urteil gestellt. Den Antragsschriftsatz sowie weitere, der Erläuterung des Antrags dienende Schriftsätze füge ich bei.

Mit dem Antrag auf Zulassung der Berufung wurden drei nebensächliche Klageanträge nicht weiterverfolgt, weil es dort um die Unterlassung von Äußerungen ging, die das Verwaltungsgericht nicht als Tatsachenbehauptungen, sondern als Werturteile qualifiziert hatte. Der ursprüngliche Klageantrag Nr. 2, der darauf gerichtet war, das beklagte Land zu verurteilen, die Klägerin nicht als „rechtsextremistisch" zu bezeichnen, wurde fallengelassen, nachdem das beklagte Land im Verfahren vor dem Verwaltungsgericht behauptet hatte, es habe die Klägerin noch nie als „rechtsextremistisch" bezeichnet; in der Presse war dies immer wieder unzutreffend dargestellt worden.

Mit dem am 23. 5. 2001 zugestellten Beschluß vom 22.5.2001 – 5 A 2055/97 – (Kopie anbei) hat das OVG Nordrhein-Westfalen den Antrag auf Zulassung der Berufung zurückgewiesen.

Gegen diesen Beschluß sowie gegen das Urteil des Verwaltungsgerichts und gegen die erwähnten Verfassungsschutzberichte richtet sich diese Verfassungsbeschwerde.

Die Beschwerdeführerin hat bereits im Verfahren vor dem Verwaltungsgericht sowie vor dem Oberverwaltungsgericht geltend gemacht, daß ihre Erwähnung in den Verfassungsschutzberichten mit ihren Grundrechten aus Art. 5 I, 2 I, 12 und 3 I GG unvereinbar sei.

Vgl. Klageschrift v. 9.8.1996, S. 3f., 20, 51, 56, 57, 59 sowie zum Verhältnismäßigkeitsgrundsatz S.20f.; Schriftsatz vom 28. 1. 1997 (Stellungnahme zur Klageerwiderung) S. 9ff., 59ff.; Antrag auf Berufungszulassung v. 17.4.1997, S. 3ff.; Schriftsatz vom 22.1.1998, S. 3ff.; Schriftsatz vom 6.4.1999, S. 14ff.

Die Beschwerdeführerin hat das OVG auch ausdrücklich auf die Entscheidung des BVerfG (2. Kammer des Ersten Senats) v. 23.6.2000 – 1BvR 830/00 – aufmerksam gemacht, also auf die verfassungsrechtlichen Anforderungen, die bei der Auslegung und Anwendung des Kriteriums „ernstliche Zweifel" i.S. von § 124 II Nr. 1 VwGO zu stellen sind.

Vgl. Schriftsatz v. 18. 12. 2000

Das Land Nordrhein-Westfalen hat nach Einreichung der Klageschrift auch in den Folgejahren die Beschwerdeführerin in ihren Verfassungsschutzberichten in dem Kapitel „Rechtsextremismus" aufgeführt. Gegen diese weiteren Berichte wurde nur deshalb nicht Klage erhoben, weil in dem vorliegenden Verfahren zunächst die verfassungsrechtlichen Grundsatzfragen geklärt werden sollen.

B. Zulässigkeit

Die Verfassungsbeschwerde ist zulässig.

Der Beschluß des Oberverwaltungsgericht Nordrhein-Westfalen vom 22. Mai 2001 ist unanfechtbar. Er wurde der Beschwerdeführerin am 23. Mai 2001 zugestellt.
Die Beschwerdeführerin macht die gegenwärtige und unmittelbare Verletzung ihrer eigenen oben genannten Grundrechte durch Akte der öffentlichen Gewalt geltend. Die Grundrechtsverletzung, die in den Verfassungsschutzberichten 1994 und 1995 liegt und die durch die angegriffenen Gerichtsentscheidungen aufrechterhalten wird, dauert an, da die in der Publikation dieser Berichte liegende Beeinträchtigung zwischenzeitlich nicht aus der Welt geschaffen wurde. – Daß die Beeinträchtigung nicht von vornherein als unmöglich erscheint, ergibt sich aus den Ausführungen, die unten zur Begründetheit gemacht werden.

Neben den in den Verfassungsschutzberichten liegenden und durch die Gerichte aufrechterhaltenen Grundrechtsverletzungen macht die Beschwerdeführerin auch eine selbständige Grundrechtsverletzung durch das OVG Nordrhein-Westfalen geltend, nämlich eine Verletzung der Rechtsschutzgarantie (Art. 19 IV GG), des Rechts auf faires Verfahren (Art. 2 I GG i.V.m. dem Rechtsstaatsprinzip, Art. 20 III GG) und des Willkürverbots (Art. 3 I GG). Auch dies ist eine gegenwärtige, unmittelbare Verletzung eines eigenen Grundrechts, die – wie die Ausführungen zur Begründetheit zeigen – nicht als unmöglich erscheint.

Die geltend gemachten Grundrechtsverletzungen betreffen spezifisches Verfassungsrecht. Soweit es um die gerichtliche Überprüfung der Verfassungsschutzberichte geht, wird nämlich geltend gemacht, daß die Gerichtsurteile gerade darauf beruhen, daß die Gerichte die Bedeutung der Grundrechte der Beschwerdeführerin für die Auslegung und Anwendung des einfachen Rechts verkannt haben. Hinsichtlich Art. 19 IV GG und des Recht auf ein faires Verfahren ist von vornherein nur ein grundrechtlicher Maßstab relevant.

Somit ist die Beschwerdeführerin unter allen Aspekten beschwerdebefugt.

Auch die sonstigen Zulässigkeitsvoraussetzungen sind zweifelsfrei gegeben.

C. Annahme zur Entscheidung

Auch die Voraussetzungen für die Annahme zur Entscheidung gemäß Art. 93a BVerfGG sind erfüllt.

1. Der Verfassungsbeschwerde kommt grundsätzliche Bedeutung i.S. von § 93a II lit. a) BVerfGG zu.

Das Bundesverfassungsgericht hat bislang noch nicht entschieden, ob die Erwähnung eines Presseorgans in einem Verfassungsschutzbericht und seine Einordnung als „extremistisch“ mit der Pressefreiheit vereinbar ist. Auch gibt es noch keine Entscheidung zu der Frage, ob es mit der Meinungsfreiheit vereinbar ist, wenn bestimmte Äußerungen im Verfassungsschutzbericht als Belege für eine verfassungsfeindliche Zielsetzung zitiert und damit amtlich aus dem politischen Diskurs verbannt werden, obwohl ihr Inhalt nicht gegen die freiheitliche demokratische Grundordnung verstößt.

Zwar gibt es eine mittlerweile sehr alte Entscheidung des Bundesverfassungsgerichts zur Frage, ob ein Verfassungsschutzbericht, der eine politische Partei als extremistisch kategorisiert, mit dem Parteienstatus des Art. 21 GG vereinbar ist[1]. Jedoch ist diese Entscheidung nicht präjudiziell für die hier zu entscheidenden Fragen. Denn die Frage, ob in den Status der Parteien eingegriffen wird, weist eine Reihe von Besonderheiten auf, die sich auf Grundrechtseingriffe nicht übertragen lassen. Die diesbezügliche Rechtsprechung läßt sich nur mit Problemen erklären, die aus dem Parteienprivileg resultieren[2]. Außerdem behandelt die Entscheidung nicht alle oben angesprochenen Probleme.

Selbst wenn man aber von der Voraussetzung ausginge, daß die Rechtsprechung zur Frage, ob Verfassungsschutzberichte in den Status politischer Parteien eingreifen, Rückschlüsse auf die Frage zulassen, ob Entsprechendes für die Grundrechte gilt, und wenn man weiterhin – was hier nachdrücklich in Abrede gestellt wird – der Ansicht wäre, daß trotz der gravierenden Unterschiede zwischen Parteienstatus und Grundrechten die auf den Parteienstatus bezogene Rechtsprechung hier als einschlägig anzusehen ist, wäre dennoch die Klärungsbedürftigkeit gegeben. Denn seit der diesbezüglichen Entscheidung des Bundesverfassungsgerichts, die schon weit über 20 Jahre zurückliegt, hat sich die Rechtsprechung zur Frage des Eingriffscharakters mittelbar einwirkenden Staatshandelns – insbesondere des Eingriffs durch Warnungen und Kritik – fundamental gewandelt. Da die Grundrechtsdogmatik sich in diesen Fragen unter maßgeblichem Einfluß der Rechtsprechung des Bundesverwaltungsgerichts entscheidend weiterentwickelt hat[3], kann jedenfalls der damals zugrunde gelegte dogmatische Ansatz des Bundesverfassungsgerichts heute nicht mehr aufrechterhalten werden[4]. Im Lichte dieser neuen Rechtsprechung ist davon auszugehen, daß das Bundesverfassungsgericht heute –

---

1 *BVerfGE* 40, 287 v. 29. 10. 1975

2 Vgl. *Murswiek* DVBl. 1997, S. 1021 (1029).

3 Zum Grundrechtseingriff durch Warnungen und Kritik vgl. *BVerwGE* 71, 183 (189ff.) – Transparenzlistenurteil; *BVerwGE* 82, 76 – Transzendentale Meditation („Jugendsekten"-Urteil); *BVerwGE* 87, 37 – Glykol; *BVerwGE* 90, 112 (118ff.) – Osho; *BVerfG* (K), 15. 8. 1989, NJW 1989, 3289f. – TM: *BVerwG*, 11.12.01996, NJW 1997, 1996ff.

4 Dazu eingehend Murswiek, DVBl. 1997, S. 1021ff., insb. S. 1027ff.

zwar im damals entschiedenen Fall sicherlich nicht im Ergebnis, aber doch in der dogmatischen Konzeption und daraus folgend in den Anforderungen an die Eingriffsrechtfertigung – anders entscheiden würde. Aufgrund der Weiterentwicklung der Rechtsprechung und Dogmatik muß also selbst dann die grundsätzliche Klärungsbedürftigkeit der Verfassungsrechtsfrage bejaht werden, wenn man die Rechtsprechung zum Eingriff in den Parteienstatus als hier relevant ansehen sollte.
Die Frage, ob der Verfassungsschutzbericht in die Presse- und Meinungsfreiheit eingreift, ist klärungsbedürftig, weil insoweit Zweifel bestehen. Während das Oberverwaltungsgericht diese Frage verneint hat, wird sie im rechtswissenschaftlichen Schrifttum bejaht[5]. Aus der neueren Rechtsprechung zum Eingriff durch Warnung und Kritik läßt sich folgern, daß insoweit das Oberverwaltungsgericht wie schon zuvor das Verwaltungsgericht im vorliegenden Fall sich in Widerspruch zu der in der Rechtsprechung jetzt vorherrschenden Grundrechtsdogmatik setzen. Die Klärungsbedürftigkeit der Rechtsfrage ließe sich somit nur dann verneinen, wenn man sie aufgrund der zitierten Rechtsprechung[6] bereits als im Sinne der Beschwerdeführerin geklärt ansähe. Dann aber müßte die Verfassungsbeschwerde zur Durchsetzung der Grundrechte der Beschwerdeführerin zur Entscheidung angenommen werden, weil es dann evident wäre, daß die Verfassungsbeschwerde begründet ist.

Grundsätzliche Bedeutung hat auch die Frage der Verbandskompetenz, die verfassungsrechtlich noch ungeklärt ist.

Ebenso sind die Fragen von grundsätzlicher Bedeutung, ob der Verfassungsschutz im Verfassungsschutzbericht bereits vor solchen Bestrebungen warnen darf, hinsichtlich derer nur der Verdacht einer verfassungsfeindlichen Zielsetzung besteht, und wenn ja, ob dann die Verdachtsfälle von den Fällen einer nachweislich verfassungsfeindlichen Zielsetzung im Verfassungsschutzbericht deutlich unterschieden werden müssen. Gegebenenfalls stellt sich dabei die Frage, ob dies im Hinblick auf Presseorgane anderes zu beurteilen ist als in Hinblick auf politische Parteien. Auch diese Fragen – die wie alle anderen hier genannten im Rahmen der Begründetheit (unten D.) eingehend erörtert werden – sind bislang höchstrichterlich nicht geklärt.

---

5 Vgl. Murswiek, DVBl. 1997, S. 1021 (1028ff).

6 Fn. 3.

Auch diese Fragen sind klärungsbedürftig, weil die Rechtsprechung sie bislang übergeht und in dieser Verfassungsbeschwerde gewichtige Argumente zu diesen Fragen vorgetragen werden.

In jeder Hinsicht besteht auch ein über den Einzelfall hinausweisendes Klärungsinteresse. Denn jeder überregionalen Zeitung droht das Risiko, im Falle politisch unkorrekter Äußerungen auf verfassungswidrige Weise vom nordrhein-westfälischen Verfassungsschutz als extremistisch gebrandmarkt zu werden.

2. Im übrigen ist die Annahme zur Entscheidung i. S. von § 93a II lit. b) BVerfGG zur Durchsetzung der Grundrechte der Beschwerdeführerin angezeigt.

a) Die Grundrechte der Presse- und Meinungsfreiheit werden vom nordrhein-westfälischen Verfassungsschutz grundlegend verkannt. Der nordrhein-westfälische Verfassungsschutz instrumentalisiert das zur Verteidigung der freiheitlichen demokratischen Grundordnung gedachte Instrument des Verfassungsschutzberichts, um ein politisch unerwünschtes Presseorgan aus dem demokratischen Diskurs auszuschließen und seine Vorstellung von „political correctness“ mit hoheitlichen Mitteln durchzusetzen. Die angerufenen Verwaltungsgerichte waren nicht willens, diesem Mißbrauch Einhalt zu gebieten. Es handelt sich um einen schwerwiegenden Grundrechtsverstoß, der den freien demokratischen Willensbildungsprozeß beeinträchtigt.

b) Auch unter dem Aspekt der Rechtsschutzgarantie des Art. 19 IV GG ist die Annahme zur Entscheidung angezeigt, weil ein klarer Verstoß gegen dieses Grundrecht durch das OVG Nordrhein-Westfalen vorliegt und weil die Anwendung der Vorschriften über die Berufungszulassung durch das Oberverwaltungsgericht das Berufungszulassungsverfahren zur Farce werden läßt. Das Oberverwaltungsgericht hat hier rechtsstaatliche Grundsätze krass verkannt.

c) Ist somit die Annahme zur Entscheidung schon aus den unter a) und

d) genannten Gründen angezeigt, so besteht ein zusätzlicher Grund für die Annahme zur Entscheidung darin, daß der Beschwerdeführerin durch die Versagung der Entscheidung zur Sache ein besonders schwerer Nachteil entstünde. Die Beschwerdeführerin wird durch die angegriffene Brandmarkung im Verfassungsschutzbericht nämlich in schwerer Weise in ihren Rechten verletzt. Für ein Presseorgan, das sich zur freiheitlichen demokratischen Grundordnung bekennt und aktiv für sie eintritt, gibt es keine größere Schmach, als von Amts wegen in der Öffentlichkeit als „extremistisch", also verfassungsfeindlich, denunziert zu werden. Schon dies allein ist ein schwerer Nachteil, der noch dadurch verstärkt wird, daß der Verfassungsschutz Nordrhein-Westfalen mit seiner verfassungswidrigen Praxis in seinen jährlichen Verfassungsschutzberichten fortfährt, solange er nicht vom Bundesverfassungsgericht gestoppt wird.

Darüber hinaus hat die Einordnung der Beschwerdeführerin in die Spalte „Rechtsextremismus" des Verfassungsschutzberichts auch Folgen für den Vertrieb der Zeitung, für ihre Möglichkeit Leser zu gewinnen und nicht zuletzt auch für ihre Möglichkeit, Gewinne zu erzielen und die ökonomische Basis für die Zeitung zu sichern. Es liegt auf der Hand, daß viele potentielle Leser es meiden, eine im Verfassungsschutzbericht genannte Zeitung zu abonnieren, weil sie fürchten, auf diese Weise selbst ins Visier des Verfassungsschutzes zu geraten. Am Kiosk aber ist die JUNGE FREIHEIT fast nirgends mehr erhältlich, weil Kioskbesitzer nach terroristischen Drohungen von Linksextremisten Angst haben, die JUNGE FREIHEIT im Angebot zu führen. Die Möglichkeit, neue Abonnenten zu gewinnen, wird infolge der Erwähnung im Verfassungsschutzbericht insbesondere auch dadurch erschwert, daß überregionale Tageszeitungen, die als Werbeträger in Betracht kämen, sich weigern, Inserate der JUNGEN FREIHEIT zu publizieren. Auch unter diesen Aspekten liegt also ein schwerer Nachteil i.S. von § 93a II lit. b) BVerfGG vor.

D. Begründetheit

Die Verfassungsbeschwerde ist auch begründet. Die vom VG Düsseldorf und vom OVG Nordrhein-Westfalen aufrechthaltenen Verfassungsschutzberichte 1994 und 1995 des Landes Nordrhein-Westfalen verletzen die Beschwerdeführerin in ihren Grundrechten aus Art. 5 I 1 und 2, Art. 2 I i.V.m. 1 I und Art. 12 I GG. Der Beschluß des Oberverwaltungsgericht Nordrhein-Westfalen vom 22.5.2001 verletzt die Beschwerdeführerin außerdem in ihren Grundrechten aus Art. 19 IV GG, Art. 2 I GG i.V.m. Art. 20 III GG und Art. 3 I GG.

Vorbemerkung zur Terminologie:

Die Verfassungsschutzbehörde des Landes Nordrhein-Westfalen verwendet in den Verfassungsschutzberichten (wie dies allgemein üblich ist) den Begriff des Extremismus, um die Bestrebungen und Tätigkeiten zusammenfassend zu bezeichnen, über die sie gemäß § 15 II VSG NW berichten darf, nämlich die in § 3 I VSG NW bezeichneten Bestrebungen und Tätigkeiten. Der Begriff des Extremismus ist kein Rechtsbegriff, sondern entstammt der politischen Sprache. Es ist rechtlich unschädlich, ihn als Sammelbegriff für die Bestrebungen und Tätigkeiten i.S. von § 3 I VSG NW zu verwenden, solange bei seiner Verwendung in Verfassungsschutzberichten streng darauf geachtet wird, daß als „extremistisch" nur solche Bestrebungen und Tätigkeiten bezeichnet werden, für die die rechtlichen Tatbestandsmerkmale des § 3 I VSG NW erfüllt sind. Es wäre nicht nur rechtswidrig, sondern auch verfassungswidrig, wenn die Verfassungsschutzbehörde nicht anhand dieser rechtlichen Tatbestandsmerkmale, sondern aufgrund politischer Wertungen Personen oder Organisationen im Verfassungsschutzbericht als „extremistisch" einstufte. – Als „verfassungsfeindlich" oder als „auf verfassungswidrige Ziele gerichtet" können solche Bestrebungen bezeichnet werden, die sich gegen die freiheitliche demokratische Grundordnung richten. Der Begriff des Extremismus ist also weiter als derjenige der Verfassungsfeindlichkeit. Soweit es um die Extremismusvorwürfe geht, die das Land Nordrhein-Westfalen gegen die Beschwerdeführerin richtet, geht es allein darum, daß diese sich nach der unzutreffenden Meinung der nordrhein-westfälischen Verfassungsschutzbehörde gegen die freiheitliche demokratische Grundordnung richtet. – Wenn hier von „Extremismus" oder von „Verfassungsfeindlichkeit" die Rede ist, kann es also nur darum gehen, ob gegen die freiheitliche demokratische Grundordnung gerichtete Ziele bzw. mit ihr unvereinbare Auffassungen vorliegen.

Verfassungsschutzrechtlich kommt es darauf an, ob eine gegen die freiheitliche demokratische Grundordnung gerichtete „Bestrebung" vorliegt. Da es sich um Personenzusammenschlüsse handeln muß, wird im folgenden – wenn es nicht speziell um die Beschwerdeführerin geht, sondern allgemein um (rechtlich mögliche) Berichtsobjekte des Verfassungsschutzberichts – gelegentlich von „Gruppe(n)" gesprochen.

I. Verletzung von Art. 5 I 1, 2, Art. 2 I i.v.m. 1 I und Art. 12 I GG

1. Schutzbereich

a) Meinungsfreiheit, Art. 5 I 1 GG

Mit der Erwahnung der Beschwerdeführerin im Verfassungsschutzbericht werden bestimmte in der JUNGEN FREIHEIT publizierte Meinungen sanktioniert. Die Einordnung einer politischen Gruppe oder – wie hier – eines Presseorgans in das Kapitel „Rechtsextremismus" des Verfassungsschutzberichts hat abschreckende Wirkung. Mit dem Verfassungsschutzbericht wird – wenn auch ohne Zwang – hoheitlich darauf hingewirkt, daß solche Meinungen nicht vertreten werden. (Dazu näher unter dem Aspekt des Eingriffs unten unter Gliederungspunkt 2.)

Somit ist durch die angegriffenen Verfassungsschutzberichte die Meinungsfreiheit der Beschwerdeführerin betroffen. Die angegriffenen Berichte erschweren der Beschwerdeführerin die Betätigung im Schutzbereich von Art. 5 I 1 GG.

b) Pressefreiheit, Art. 5 I 2 GG

Wie schon erwähnt, hat der Verfassungsschutzbericht eine Sanktionsfunktion, außerdem eine Warnfunktion. (Auch hierzu näher unter dem Aspekt des Eingriffs unten unter Gliederungspunkt 2.) Die Öffentlichkeit wird vor den im Verfassungsschutzbericht erwähnten Presseorganen gewarnt. Durch ihre Erwähnung in den Verfassungsschutzberichten des Landes Nordrhein-Westfalen wird der Beschwerdeführerin die Betätigung im Schutzbereich des Grundrechts auf Pressefreiheit erschwert. Denn auf diese Weise wird es ihr schwerer gemacht, Leser zu gewinnen, Abonnenten zu werben, Informationen zu erhalten, Interviewpartner oder Autoren und Mitarbeiter zu gewinnen. Wie schon erwähnt, kann die Beschwerdeführerin auch keine wirksame Werbung mehr machen, weil wegen der Erwähnung im Verfassungsschutzbericht die in Betracht kommenden Werbeträger, die überregionalen Tageszeitungen, die Veröffentlichung von Inseraten der Beschwerdeführerin ablehnen.

Somit ist der Schutzbereich der Pressefreiheit berührt.

c) Das Persönlichkeitsrecht, Art. 2 I i.V.m. 1 I (oder 5 I 2 bzw. 12 I)

Das allgemeine Persönlichkeitsrecht steht auch juristischen Personen zu. Auch wenn man annimmt, daß es sich nicht wie bei natürlichen Personen auf die Menschenwürdegarantie stützen läßt (Art. 2 I i.V.m. 1 I GG), so ist es jedenfalls in Art. 2 I GG (ohne die zusätzliche Abstützung in Art. 1 I GG) geschützt. Im Falle eines Presseunternehmens könnte man es auch als Ausfluß der Pressefreiheit (Art. 5 I 2 GG) verstehen, oder man könnte es bei einem Wirtschaftsunternehmen in Art. 12 I GG ansiedeln. Unzweifelhaft ist jedenfalls, daß auch der gute Ruf eines Unternehmens geschützt ist, zumal jedenfalls im vorliegenden Fall die Personen, die hinter der juristischen Person stehen, nämlich Geschäftsführung des Verlags und Redakteure der Zeitung, von der Diffamierung der Zeitung betroffen sind. Wie immer man das Persönlichkeitsrecht einer juristischen Person auch einordnet – an dem grundrechtlichen Schutz des sozialen Geltungsanspruchs, des guten Rufs der Beschwerdeführerin gibt es keinen Zweifel. Die Verfassungsschutzberichte 1994 und 1995 des Landes Nordrhein-Westfalen enthalten negative Werturteile über die Beschwerdeführerin. Sie berühren also ihr Persönlichkeitsrecht.

d) Die Berufsfreiheit, Art. 12 I GG

Die Berufsfreiheit steht auch juristischen Personen zu. Die Beschwerdeführerin gibt die Zeitung JUNGE FREIHEIT nicht als Hobby bzw. Liebhaberei heraus, sondern gewerbswirtschaftlich. Als Presseunternehmen ist die Publikation einer Zeitung ihr Beruf.

Aus den bereits unter dem Aspekt der Pressefreiheit erwähnten Gründen, wird der Beschwerdeführerin die Ausübung ihres Berufs, also die Betätigung im Schutzbereich von Art. 12 I GG erschwert. Somit ist auch der Schutzbereich der Berufsfreiheit berührt.

2. Eingriff

Die angegriffenen Verfassungsschutzberichte und somit auch die sie aufrechterhaltenden Gerichtsurteile greifen in die Grundrechte der Beschwerdeführerin ein.

a) Hinsichtlich des Persönlichkeitsrechts ist ein Eingriff völlig unproblematisch gegeben. Die Veröffentlichung negativer Werturteile durch eine Behörde ist eindeutig ein Eingriff in das Persönlichkeitsrecht.

b) Ein Eingriff in die Meinungsfreiheit, die Pressefreiheit und die Berufsfreiheit ist unter denselben sachlichen Aspekten gegeben und wird im folgenden für die drei Grundrechte gemeinsam begründet.

aa) Durch die angegriffenen Verfassungsschutzberichte wird der Beschwerdeführerin kein Verhalten im Schutzbereich ihrer Grundrechte geoder verboten. Es liegt somit kein „klassischer", imperativer Eingriff vor.

bb) In Rechtsprechung und Literatur herrscht jedoch heute Einvernehmen darüber, daß der sogenannte klassische Eingriffsbegriff zu eng gefaßt ist. Unter einem Eingriff wird heute nicht nur ein Rechtsakt verstanden, durch den ein Verhalten ge- oder verboten wird, sondern auch jede hoheitliche Maßnahme, durch die das Verhalten im Schutzbereich eines Grundrechts faktisch unmöglich gemacht oder erschwert wird. Schon die bloß „faktische" Erschwerung des Verhaltens im Schutzbereich eines Grundrechts also ist ein Eingriff, zumindest dann, wenn sie gezielt erfolgt.

„Eingriff ist *jedes staatliche Handeln, das dem einzelnen ein Verhalten, das in den Schutzbereich eines Grundrechts fällt, ganz oder teilweise unmöglich macht*, gleichgültig ob diese Wirkung final oder unbeabsichtigt, unmittelbar oder mittelbar, rechtlich oder tatsächlich (faktisch, informal), mit oder ohne Befehl oder Zwang erfolgt."[7]

Völlig unstreitig ist heute, daß auch bloß „faktische" Einwirkungen als Grundrechtseingriffe zu qualifizieren sind, wenn es sich um staatliche Maßnahmen handelt, die die Grundrechtsausübung erschweren[8] .

---

7 Pierot/Schlink, Grundrechte. Staatsrecht 11. 16. Aufl. 2000, Rn. 240.

8 Vgl. neben *Pieroth/Schlink*, Grundrechte. Staatsrecht II. 16. Aufl. 2000, Rn. 240, z.B. *Hans-Ullrich Gallwas*, Faktische Beeinträchtigungen im Bereich der Grundrechte, 1970, *Bleckman/Eckhoff*, DVBI. 1988, S. 373; *Gertrude Lübbe-Wolff*, Grundrechte als Eingriffsabwehrrechte, 1988, *R. Eckhoff*, Der Grundrechtseingriff, 1992; *Beatrice Weber-Dürler*, Der Grundrechtseingriff, VVDStRL 57 (1998), S..57 (insb. S. 66 ff., 74 ff., 85 ff.); *Horst Dreier*, in: ders. (Hg.), Grundgesetz-Kommentar Bd. 1, Vorb. Rn. 82 m.w.N.; *Siekmann/Duttge*, Staatsrecht I: Grundrechte, 1998, Rn. 154ff.; *Michael Sachs*, in: ders. (Hg.), Grundgesetz. Kommentar, 2. Aufl. 1999, Vor Art. 1 Rn. Uff. m.w.N.; zum Teil wird vorgeschlagen, hier auf den Begriff des Eingriffs zu verzichten, dennoch aber die grundrechtliche Rechtfertigungsbedürftigkeit anzunehmen, vgl. *Jörn Ipsen*, Staatsrecht II (Grundrechte), 1997, Rn. 123 ff.

cc) Dies gilt insbesondere auch für Eingriffe durch staatliches Informationshandeln. Der moderne Staat wirkt auf das Verhalten seiner Bürger nicht nur durch die klassischen „obrigkeitsstaatlichen“ Maßnahmen ein, sondern bedient sich zur Verhaltenssteuerung in zunehmendem Maße sogenannter „weicher“ Maßnahmen, die nicht im Sinne strikter Ge- oder Verbote wirken, sondern mit (z. B. finanziellem) Anreiz oder Abschrekkung, mit Warnung oder Empfehlung auf das Verhalten der Menschen einwirken. Derartige Mittel der Verhaltenslenkung sind insofern freiheitsschonend, als sie bestimmte Verhaltensalternativen nicht völlig ausschließen. Dennoch wirken sie auf das Verhalten der Grundrechtssubjekte im Schutzbereich der Grundrechte ein; sie sind geradezu dazu bestimmt, die Freiheitsausübung zu beeinflussen. Die Intensität der Grundrechtsbeeinträchtigung durch derartige Maßnahmen kann sehr groß sein, in Einzelfällen sogar größer als bei imperativen Maßnahmen. Deshalb müssen auch sie an den jeweils betroffenen Freiheitsrechten gemessen werden[9]. Dies ist in Rechtsprechung und Literatur inzwischen ziemlich einhellig anerkannt, auch wenn es noch in einigen Einzelfragen Meinungsunterschiede hinsichtlich der dogmatischen Konsequenzen – etwa hinsichtlich der Anforderungen an die Beachtung des Vorbehalts des Gesetzes – gibt.

Die Rechtsprechung des Bundesverwaltungsgerichts zu den Fällen, in denen es um staatliche Einwirkung auf die Freiheitsausübung durch hoheitliche Warnungen, Empfehlungen oder Kritik geht[10], ist hier wegweisend[11]. Ihre Maßstäbe müssen auch für die grundrechtsdogmatische Einordnung von Verfassungsschutzberichten herangezogen werden.

---

9 Vgl. z. B. *Udo Di Fabio*, Grundrechte im präzeptdralen Staat am Beispiel hoheitlicher Informationstätigkeit, JZ 1993, S. 689 ff; *Dietrich Murswiek*, Staatliche Warnungen, Wertungen, Kritik als Grundrechtseingriffe, DVBl. 1997, S. 1021 ff.

10 *BVerwGE 71*, 183 (189 ff) – Transparenzlistenurteil; *BVerwGE 82*, 76 – Transzendentale Meditation („Jugendsekten“-Urteil); *BVerwG*, 4.5.1993, NVwZ 1994, 162 (163); *BVerwGE* 87, 37 – Glykol; *BVerwGE* 90, 112 (118 ff) – Osho; *BVerwG*, 7.12.1995, DVBl. 1996, 807 – Warentests; *BVerwG*, 11. 12. 1996, NJW 1997, 1996 ff. – Forschungskritik.

11 Zusammenfassende Darstellung dieser Rechtsprechung bei *Murswiek*, Staatliche Warnungen, Wertungen, Kritik als Grundrechtseingriffe, DVBl. 1997, S. 1021 (1023f).

(1) Eine Fallgruppe innerhalb dieser Rechtsprechung ist die *Warnung* vor bestimmten Sekten durch Staatsorgane oder durch vom Staat zu diesem Zweck finanzierte gesellschaftliche Gruppen. In solchen Warnungen sieht das Bundesverwaltungsgericht zu Recht einen Eingriff in die Religionsfreiheit (Art. 4 I, II GG), nicht etwa nur in das Persönlichkeitsrecht oder das informationelle Selbstbestimmungsrecht:

> „Die hier streitigen Äußerungen ... haben ... den Charakter einer öffentlichen Warnung und greifen damit in die ... Grundrechte der Kläger aus Art. 4 Abs. 1 GG ein. Es bedarf keiner näheren Darlegung, daß derartige öffentliche Äußerungen des Staates nicht zuletzt wegen der mit ihnen in Anspruch genommenen Staatsautorität für die Ausbreitung der angesprochenen Religions- oder Weltanschauungsgemeinschaft und ihre Rolle in der religiös-weltanschaulichen Auseinandersetzung, mithin für den von Art. 4 Abs. 1 GG geschützten Freiheitsraum (BVerfGE 24, 236 [245]; BVerwGE 30, 29 [30 f.]) schwerwiegende Folgen haben können. Diese Folgen sind, soweit sie das Verhalten der gewarnten Öffentlichkeit betreffen, beabsichtigt und im übrigen vorhergesehen und in Kauf genommen. Sie müssen daher mit ihrem vollen Gewicht dem Staat zugerechnet und wegen ihrer freiheitsmindernden Bedeutung als Grundrechtseingriffe behandelt werden.“[12]

In den Fällen, in denen ein Staatsorgan die Verbraucher vor bestimmten Produkten wegen Gesundheitsgefahren gewarnt hatte, hat die Rechtsprechung ebenso zutreffend einen Eingriff in die Berufsfreiheit (Art. 12 I GG) des Produzenten bejaht. So hat das Bundesverwaltungsgericht im Glykol-Fall die Veröffentlichung einer Liste mit Dietylenglykol kontaminierter Weine mit den Namen der Weinabfüller durch den Bundesgesundheitsminister als Eingriff in die Berufsfreiheit qualifiziert[13]. Die Rechtsprechung zu den hoheitlichen Produktwarnungen hat ein besonders großes Echo in der Literatur gefunden. Bei aller Kritik im einzelnen – die Entscheidungen des Bundesverwaltungsgerichts erschienen den Kritikern nicht in allen Einzelheiten überzeugend begründet – fand diese Rechtsprechung im grundrechtsdogmatischen Ansatz, daß nämlich die War-

12 *BVerwGE* 82, 76 (79) – TM; vgl. auch BVerwG, 4.5.1993, NVwZ 1994, 162 (163); BVerwGE 90, 112 (118ff.) –Osho.

13 *BVerwGE* 87, 37 (4 1 ff.)

nung vor einem Produkt in die Berufsfreiheit des Produzenten eingreife, nahezu einhellige Zustimmung[14].

(2) Eine zweite Fallgruppe von Grundrechtseingriffen durch staatliches Informationshandeln ist die amtliche, *hoheitliche Kritik*. Sicherlich ist nicht jede öffentliche Kritik ein Grundrechtseingriff, und insbesondere müssen sich im politischen Bereich alle Personen, die sich selbst am politischen Meinungskampf beteiligen, mit kritischen Stellungnahmen auch von Staatsorganen rechnen, wenn sie durch ihre eigenen Stellungnahmen oder durch ihr Verhalten dazu Anlaß gegeben haben. Zum demokratischen Willensbildungsprozeß gehört die kritische Auseinandersetzung, und daran dürfen und müssen sich auch die Staatsorgane – im Rahmen ihrer Kompetenzen – beteiligen. Insoweit ist Kritik kein Grundrechtseingriff.

Anders ist dies jedoch dann, wenn Kritik hoheitlich geübt wird, wenn also negative Werturteile unter Inanspruchnahme staatlicher Amtsautorität sozusagen von Amts wegen ausgesprochen werden und sich das den Grundrechtsträger kritisierende Staatsorgan nicht auf der Ebene der Gleichberechtigung – sozusagen als ein Diskussionspartner unter anderen – am Willensbildungsprozeß beteiligt, sondern von Amts wegen Feststellungen und Wertungen ausspricht. Diese hoheitliche Kritik ist ein Grundrechtseingriff, auch wenn sie den Betroffenen weniger belastet als eine Warnung[15].

Dies hat das Bundesverwaltungsgericht in zwei sehr Fällen klar hervorgehoben. Der eine Fall betraf Warentests, die von einer Landwirtschaftskammer vorgenommen und publiziert wurden. Das Bundesverwaltungsgericht hat hierin einen Eingriff in die Berufsfreiheit gesehen[16].

---

14 Vgl. z. B. *Markus Heintzen*, Staatliche Warnungen als Grundrechtsproblem, VerwArch. 1990, S. 532 ff.; *ders.*, Hoheitliche Warnungen und Empfehlungen im Bundesstaat, NJW 1990, S. 1448 ff.; *Friedrich Schoch,* Staatliche Informationspolitik und Berufsfreiheit, DVBI. 1991, S.667 ff; *Udo Di Fabio,* Information als hoheitliches Gestaltungsmittel, JuS 1997, S. I ff; *Dietrich Murswiek*, Staatliche Warnungen, Wertungen, Kritik als Grundrechtseingriffe, DVBl. 1997, S. 102 ff.

15 Vgl. z. B. *Murswiek*, DVBl. 1997, S. 1021 (1028).

16 *BVerwG,* 7. 12. 1995, DVBL. 1996, 807.

Der andere Fall ist in unserem Zusammenhang besonders instruktiv: In seinem Urteil vom 11.12.1996[17] hatte der 6. Senat des Bundesverwaltungsgerichts über die Frage zu entscheiden, ob eine vom Dekan eines Fachbereichs einer hessischen Universität eingesetzte „ad hoc-Kommission" in die Forschungsfreiheit eines Hochschullehrers eingreift, wenn sie Feststellungen trifft und Forderungen mit dem Ziel erhebt, auf dessen wissenschaftliche Äußerungen Einfluß zu nehmen. Hier lag keine Warnung vor, sondern eine kritische Äußerung, und diese wurde vom Bundesverwaltungsgericht als Eingriff qualifiziert. Es ging um folgenden Sachverhalt: Ein Hochschullehrer hatte ein Verfahren zur diagnostischen Unterscheidung gut- und bösartiger Fehlbildungen der Haut entwickelt und darüber publiziert. Nachdem ein wissenschaftlicher Mitarbeiter den Dekan der Universität darauf hingewiesen hatte, daß die publizierten Meßdaten nicht mit den tatsächlich erhaltenen Daten übereinstimmten, setzte der Dekan eine „ad hoc-Kommission" ein, der außer dem betroffenen Hochschullehrer noch sechs weitere Professoren des Fachbereichs angehörten. Nach sieben Sitzungen traf die Kommission „Feststellungen und Beschlüsse", in denen sie das von dem Hochschullehrer erarbeitete Verfahren kritisierte. Nach ihrer Meinung lagen keine dokumentierten Fälle vor, die geeignet waren, das angewandte Verfahren zu bestätigen. In dem Papier wurde der Hochschullehrer u. a. aufgefordert, seine Aussagen öffentlich zurückzunehmen und etwaige Äußerungen über eine diagnostische Verwendbarkeit seiner Methode so lange zu unterlassen, bis einwandfreie Datensätze und eindeutige Auswertungsergebnisse vorlägen. Das Papier wurde an zahlreiche Institutionen verschickt. Gegen dieses Verfahren wandte sich der Hochschullehrer mit seiner Klage. – Der 6. Senat hat die Entscheidungen der beiden Vorinstanzen, die der Klage stattgegeben haben, bestätigt. Der Senat sah in den „Feststellungen und Forderungen" der ad hoc-Kommission einen unzulässigen Eingriff in die durch Art. 5 III GG geschützte Forschungsfreiheit des Hochschullehrers, auch wenn das Untersuchungsergebnis nicht rechtsverbindlich war und dies nach dem Willen der Kommissionsmitglieder auch nicht sein sollte. Mit der darin geäußerten massiven Kritik an der Forschungsarbeit des Hochschullehrers wurde nach Auffassung des Senats auf diesen ein erheblicher faktischer und moralischer Druck ausgeübt, der zumindest mittelbar auf dessen Forschungstätigkeit einwirkte und sein Ansehen als Wis-

---

17 *BVerwG*, 11. 12. 1996, NJW 1997, 1996 (1998).

senschaftler beschädigte, zumal die Ergebnisse der Untersuchung veröffentlicht wurden.

(3) Selbst wenn der Staat weder vor einem Grundrechtssubjekt warnt noch sein Verhalten kritisiert, kann staatliche Informationstätigkeit ein Grundrechtseingriff sein. Ein Beispiel hierfür bildet das Transparenzlistenurteil des Bundesverwaltungsgerichts[18]. Allein die *hoheitliche Abgabe von Werturteilen* über ein grundrechtlich geschütztes Verhalten (hier die Produktion und den Vertrieb von Arzneimitteln) ist nach dieser Entscheidung ein Grundrechtseingriff (in diesem Fall ein Eingriff in die Berufsfreiheit), wenn sie die Betätigung des Grundrechtssubjekts im geschützten Freiheitsbereich erheblich beeinträchtigt. Im Transparenzlisten-Fall ging es um die Veröffentlichung einer Arzneimittelliste, die unter anderem Qualitätskennzeichen, die von einer Kommission vergeben wurden, enthielt. Das Bundesverwaltungsgericht bejahte eine Grundrechtseingriff, obwohl die Veröffentlichung nur mittelbare Wirkungen entfalten konnte: Sie war für die Ärzte nur „Entscheidungshilfe" und nicht verbindliche Regelung; wirtschaftliche Nachteile für die Arzneimittelhersteller beruhten allein auf dem autonomen Verhalten Dritter, nämlich dem der Ärzte und der Konkurrenten. Hier aber – so führt das Bundesverwaltungsgericht aus – habe der Staat zielgerichtet Rahmenbedingungen verändert, um zu Lasten bestimmter Unternehmen einen im öffentlichen Interesse erwünschten Erfolg herbeizuführen.

In all diesen Fallgruppen hat die Rechtsprechung also Grundrechtseingriffe bejaht, obwohl der Staat nichts verbindlich geregelt, nichts vorgeschrieben hat, sondern lediglich mit Werturteilen, Kritik oder Warnungen die Öffentlichkeit informiert hat. Negative Werturteile greifen nach dieser Rechtsprechung nicht nur in das Persönlichkeitsrecht ein, sondern auch in dasjenige Freiheitsrecht, welches das Verhalten schützt, das vom Staat mit negativen Werturteilen, Warnungen oder Kritik belegt wird.

Voraussetzung dafür, daß staatliches Informationshandeln als Grundrechtseingriff zu qualifizieren ist, ist nach dieser Rechtsprechung, so wurde das in der Literatur zusammengefaßt, daß es

– unter Inanspruchnahme staatlicher Amtsautorität erfolgt *und*

---

18 *BVerwGE* 71, 183 (189 ff.).

- entweder auf die Verhaltenslenkung in dem geschützten Bereich abzielt (Finalität)
- *oder* die Lenkung des Verhaltens Dritter bezweckt, als dessen Kehrseite Nachteile im grundrechtlich geschützen Freiheitsbereich des Grundrechtssubjekts notwendig auftreten
- *oder* wenn sie im geschützten Freiheitsbereich erhebliche (schwerwiegende) Nachteile hervorruft, die vom Staat vorhergesehen werden konnten und in Kauf genommen wurden.[19]

dd) Diese *Voraussetzungen eines Eingriffs* sind *im vorliegenden Fall erfüllt.*

(1) Die Darstellung der Beschwerdeführerin in den Verfassungsschutzberichten durch den Verfassungsschutz des Landes Nordrhein-Westfalen hat – auch – den Charakter einer *hoheitlichen Warnung.*

Eine Warnung im Sinne der Rechtsprechung zum Eingriff durch hoheitliche Warnungen liegt nicht nur dann vor, wenn die Behörde ausdrücklich formuliert: „Wir warnen die Bevölkerung vor ...", sondern auch dann, wenn sich aus dem Kontext der öffentlichen Äußerung, insbesondere wenn es sich um ein negatives Werturteil handelt, die Warnfunktion ergibt.

Dies ist hier der Fall. Denn der Sinn des Verfassungsschutzberichts besteht darin, die Öffentlichkeit über verfassungsfeindliche Bestrebungen zu unterrichten und sie auf diese Weise davon abzubringen, diese zu unterstützen. Der Verfassungsschutzbericht geht aber nach der mit ihm verfolgten Intention über eine herkömmliche Warnung sogar hinaus. Während nämlich die herkömmlichen Warnungen dazu dienen, den Warnungsempfänger in seinen Rechten zu schützen und ihm somit seine freie Entscheidung darüber belassen, ob er das Risiko, vor dem der Staat ihn bewahren will, auf sich nimmt oder nicht, übt der Verfassungsschutzbericht auch auf ihn selber Druck aus: Geschützt werden soll ja nicht der Warnungsempfänger, sondern der Staat und seine Verfassungsordnung, und wer die implizit im Verfassungsschutzbericht enthaltene Warnung, sich nicht mit den dort als „extremistisch" bezeichneten Kräften einzulassen, mitachtet, gerät selbst in das Visier des Verfassungsschutzes und wird selbst des Extremismus verdächtigt. Er wird gezwungen, die Warnung zu befolgen, wenn er sichergehen will, daß er nicht auch unter Beobachtung

19 *Murswiek,* DVBl. 1997, S. 1024 f.

der Verfassungsschutzbehörde gerät oder gar im Verfassungsschutzbericht erwähnt wird. Die Folgerung, wer mit Extremisten verkehrt, ist selber Extremist, ist ein in Verfassungsschutzberichten gängiges Argumentationsmuster. Wer einer vom Verfassungsschutz als extremistisch eingestuften Organisation angehört, ist nach dieser Auffassung – ungeachtet seiner persönlichen Ansichten – selber Extremist. Läßt eine Zeitung einen solchen Extremisten auf ihren Seiten zu Wort kommen, ist dies in den Augen der Verfassungsschutzbehörde ein tatsächlicher Anhaltspunkt für eigenen Extremismus, auch dann, wenn dieser Extremist in dieser Zeitung gar nichts Extremistisches schreibt. Dieser Mechanismus führt dazu, daß die Bewertung als extremistisch durch den Verfassungsschutz einer politischen und gesellschaftlichen Ächtung gleichkommt. Sie tangiert die betroffenen Grundrechte – bei einer Zeitung also neben dem Persönlichkeitsrecht vor allem die Pressefreiheit – in ungleich stärkerem Maße als eine bloße Warnung. Schließlich ist das Urteil der Verfassungsfeindlichkeit in einem Verfassungsstaat das schärfste Unwerturteil, das sich außerhalb des Bereichs des Kriminalstrafrechts denken läßt[20].

(2) Diese und weitere Auswirkungen der Erwähnung im Verfassungsschutzbericht zeigen, daß der Verfassungsschutzbericht neben seiner Warnfunktion auch eine *Sanktionsfunktion* hat. Die Einstufung als „extremistisch" im Verfassungsschutzbericht erfolgt als Sanktion auf vorherige Meinungsäußerungen bzw. die Publikation dieser Meinungsäußerungen, die von der Verfassungsschutzbehörde für verfassungswidrig gehalten werden. Diese Einstufung und ihre Veröffentlichung im Verfassungsschutzbericht ist eine öffentliche Anprangerung. Sie zielt darauf ab, den Betroffenen aus dem demokratischen Diskurs auszugrenzen. Sie hat schwerwiegende Nachteile für den Betroffenen zur Folge, die von der Verfassungsschutzbehörde auch intendiert, zumindest aber vorausgesehen und in Kauf genommen sind. Dazu gehören im Falle eines Zeitungsverlages die Verminderung der Chance, Leser zu gewinnen, Abonnenten und Anzeigenkunden zu werben, Mitarbeiter, Autoren und Interviewpartner zu gewinnen, zu Diskussionsveranstaltungen, Talkshows und anderen öffentlichkeitswirksamen Veranstaltungen in Bildungseinrichtungen, Funkmedien usw. eingeladen zu werden und vieles mehr. Diese Folgen liegen auf der Hand. Was das Bundesverwaltungsgericht hinsichtlich der Sektenwarnung für die Religionsfreiheit gesagt hat, nämlich

20 Vgl. *Murswiek,* DVBl. 1997, S. 1028.

„Es bedarf keiner näheren Darlegung, daß derartige öffentliche Äußerungen des Staates nicht zuletzt wegen der mit ihnen in Anspruch genommenen Staatsautorität für die Ausbreitung der angesprochenen Religions- oder Weltanschauungsgemeinschaft und ihre Rolle in der religiös-weltanschaulichen Auseinandersetzung, mithin für den von Art. 4 Abs. 1 GG geschützten Freiheitsraum ... schwerwiegende Folgen haben können. Diese Folgen sind, soweit sie das Verhalten der gewarnten Öffentlichkeit betreffen, beabsichtigt und im übrigen vorhergesehen und in Kauf genommen. Sie müssen daher mit ihrem vollen Gewicht dem Staat zugerechnet und wegen ihrer freiheitsmindernden Bedeutung als Grundrechtseingriffe behandelt werden."[21],

gilt für die Einstufung als „extremistisch" im Verfassungsschutzbericht erst recht. Die negativen Folgen sind evident, und sie sind intendiert. Der Verfassungsschutzbericht soll ja gerade die Allgemeinheit davon abhalten, sich in irgendeiner Weise mit den dort als „extremistisch" stigmatisierten Gruppen, Personen oder Publikationen einzulassen.

Da also die Verfassungsschutzbehörde als Reaktion auf in der Zeitung der Beschwerdeführerin publizierte Meinungen die Zeitung im Verfassungsschutzbericht als „extremistisch" anprangert, werden diese Meinungen und ihre Publikation durch die Beschwerdeführerin mit dem Verfassungsschutzbericht sanktioniert. Jede Sanktion für ein bestimmtes Verhalten ist zweifellos ein Grundrechtseingriff. Die Sanktion greift in dasjenige Grundrecht ein, in dessen Schutzbereich sie Lenkungswirkung entfaltet. Dies ist hier die Meinungsfreiheit, die Pressefreiheit und die Berufsfreiheit (sofern man nicht annimmt, daß die berufliche Betätigung im Pressebereich allein durch Art. 5 I 2 GG geschützt ist). Die Einstufung als „extremistisch" im Verfassungsschutzbericht „bestraft" nämlich Verhaltensweisen in den Schutzbereichen dieser Grundrechte, indem sie diese mit erheblichen Nachteilen belegt, und sie schreckt zugleich davon ab, solche Verhaltensweisen zu wiederholen: Wer vermeiden will, künftig im Verfassungsschutzbericht als Extremist bezeichnet zu werden, muß die Äußerung der als extremistisch qualifizierten Meinungen unterlassen.

Somit liegt auch unter diesem Aspekt eindeutig ein Eingriff vor.

---

21 *BVerwGE* 82, 76 (79) – Jugendsekten – TM; vgl. auch V*BVerwG*, 4.5.1993, NVwZ 1994, 162 (163); *BVerwGE* 90, 112 (118 ff.) – Osho.

(3) Dies ist besonders evident, wenn man berücksichtigt, daß nach der Rechtsprechung des Bundesverwaltungsgerichts ja Warnung oder Sanktion nicht einmal erforderlich sind, um einen Grundrechtseingriff durch staatliches Informationshandeln zu begründen, sondern daß schon die bloße *hoheitliche Kritik* eines grundrechtlich geschützten Verhaltens einen Eingriff darstellt.

Ich erinnere an das schon oben referierte Urteil des Bundesverwaltungsgerichts zur Forschungskritik durch eine „ad-hoc-Kommission"[22]. Das Gericht sah in den „Feststellungen und Forderungen" der Kommission einen unzulässigen Eingriff in die durch Art. 5 III GG geschützte Forschungsfreiheit: Mit der geäußerten massiven Kritik an der Forschungsarbeit des Hochschullehrers wurde nach Auffassung des Senats auf diesen ein erheblicher faktischer und moralischer Druck ausgeübt, der zumindest mittelbar auf dessen Forschungstätigkeit einwirkte und sein Ansehen als Wissenschaftler beschädigte. Der faktische und moralische Druck, der durch die Abqualifizierung der Beschwerdeführerin als „extremistisch" im Verfassungsschutzbericht hervorgerufen wird, ist noch wesentlich stärker. Und daß dieser Druck geeignet und geradezu dazu bestimmt ist, auf die Tätigkeit der Beschwerdeführerin im Hinblick auf die Publikation von Meinungen und auf ihre Tätigkeit als Presseunternehmen einzuwirken sowie ihr Ansehen als Presseunternehmen zu beschädigen, ist offenkundig.

Unter all diesen Aspekten kann es keinen Zweifel daran geben, daß die Einordnung der Beschwerdeführerin in das Kapitel „Rechtsextremismus" der Verfassungsschutzberichte sich auf die Ausübung ihrer hierdurch betroffenen Grundrechte erschwerend auswirkt und daß somit ein Eingriff in diese Grundrechte vorliegt[23].

Indem das Verwaltungsgericht und das Oberverwaltungsgericht einen Eingriff in die Pressefreiheit, die Meinungs- und die Berufsfreiheit verneint haben, obwohl der Eingriffscharakter der Verfassungsschutzberichte mit den oben dargelegten Argumenten im gerichtlichen Verfahren ausführlich dargelegt worden ist (Schriftsatz vom 28.1.1997, S. 9–12; Antrag auf Zulassung der Berufung vom 17.4.1997, S. 4f.; Schriftsatz vom 22.1.1998, S. 3–6), haben sie die Bedeutung dieser Grundrechte für

22 *BVerwG,* 11. 12. 1996, NJW 1997, 1996 (1998).

23 Zur Eingriffsqualität von Verfassungsschutzberichten ausführlich *Murswiek*, DVBl. 1977, S. 1021 (1028 ff.).

die Auslegung und Anwendung des Gesetzes auf den vorliegenden Fall verkannt.

(4) *Erwähnung, daß Verdacht vorliegt, schließt Eingriff nicht aus*

Diese Funktionen – hoheitliche Warnung, Sanktion und hoheitliche Kritik – hat der Verfassungsschutzbericht nicht nur insoweit, als er behauptet, die Verfassungsfeindlichkeit einer Bestrebung sei nachweisbar. Vielmehr hat er diese Funktionen ebenso, soweit er erwähnt, daß hinsichtlich bestimmter Gruppen tatsächliche Anhaltspunkte für den Verdacht bestehen, daß sie verfassungsfeindliche Ziele verfolgen. Diese Gruppen werden durch den Verfassungsschutzbericht ebenso stigmatisiert wie die Gruppen, die nachweislich verfassungsfeindliche Ziele verfolgen. Der Verfassungsschutzbericht warnt vor allen Gruppen in der gleichen Weise und kritisiert sie wegen ihrer angeblich extremistischen Zielsetzung. Dies entspricht sowohl der Intention als auch der objektiven Funktion und der objektiven Wirkung der Verfassungsschutzberichte. Diese dienen ja dem „Verfassungsschutz durch Aufklärung der Öffentlichkeit", wie die nordrhein-westfälische Verfassungsschutzbehörde ihre mit den Verfassungsschutzberichten wahrgenommene Aufgabe selbst versteht (vgl. z. B. VSB 1994, S. 238; VSB 1995, S. 300), und wie die gesetzliche Ermächtigungsgrundlage (§ 15 II VSG NW) den Zweck der Verfassungsschutzberichte ausdrücklich benennt. Die Öffentlichkeit soll über verfassungsfeindliche Bestrebungen aufgeklärt werden. Sie wird damit vor diesen Bestrebungen gewarnt. Diese Warnfunktion und die Warnwirkung mit ihren oben dargestellten einschneidenden Folgen für die Betroffenen haben die Verfassungsschutzberichte auch für diejenigen Gruppen, von denen der Verfassungsschutzbericht erwähnt, daß im Hinblick auf sie tatsächliche Anhaltspunkte für einen Verdacht bestehen. Dies gilt sowohl für die objektive Zwecksetzung des Verfassungsschutzberichts als auch für seine Wahrnehmung durch die Öffentlichkeit. Der Verfassungsschutzbericht ist ein Mittel zur *Bekämpfung* einer Bestrebung, die die Verfassungsschutzbehörde als verfassungsfeindlich ansieht, auch wenn sie insoweit nur einen Verdacht hat. Dies ist nicht etwa nur eine Bewertung der Funktion des Verfassungsschutzberichts durch die Beschwerdeführerin, sondern dies entspricht auch dem Selbstverständnis der Verfassungsschutzbehörde. So hat das Innenministerium Nordrhein-Westfalen im Verfahren vor dem Verwaltungsgericht ausdrücklich betont, es gehe darum, eine gegen die freiheitliche demokratische Grundordnung gerichtete Bestrebung „in einem frühen Stadium, in dem nur tatsächliche Anhaltspunkte für einen diesbezüglichen Verdacht vorliegen" durch Aufklärung der Öffentlichkeit „zu bekämpfen"[24]. Auch das Verwaltungsgericht hat die „Warnfunktion" des Verfassungsschutzberichts ausdrücklich auch auf diejenigen Bestrebungen bezogen, hinsichtlich derer nur ein Verdacht besteht (S. 20) Für die allgemeine Öffentlichkeit bedeutet die Erwähnung einer Person, Organisation oder sonstigen „Bestrebung" im Verfassungsschutzbericht, daß diese als „extremistisch" geächtet wird. Ein Unterschied zwischen Gruppen, die der Verfassungsschutzbericht als nachweislich extremistisch bezeichnet, und solchen, für die ein Verdacht geltend gemacht wird, wird in der öffentlichen Wahrnehmung der Verfassungsschutzberichte nicht gemacht. Wer dort genannt wird, gilt als „Extremist" und wird aus dem demokratischen Diskurs ausgeschlossen. Es ist offenkundig, daß sich insoweit alle relevanten gesellschaftlichen Gruppen an den Verfassungsschutzberichten orientieren: Einladungen zu Fernsehdiskussionen, zu Beiträgen in Zeitungen, zu Podiumsdiskussionen in Universitäten oder Erwachsenenbildungseinrichtungen usw. kommen für niemanden in Betracht, der im Verfassungsschutzbericht erwähnt wird. (Vgl. dazu auch noch unten 3. b, aa [2]) Die negativen Folgen einer Erwähnung im Verfassungsschutzbericht treffen denjenigen, der des Extremismus verdächtigt wird, ebenso wie denjenigen, der nachweislich extremistische Ziele verfolgt. Der Hinweis, daß hinsichtlich einer im Verfassungsschutzbericht erwähnten Gruppe „tatsächliche Anhaltspunkte für den Verdacht" einer extremistischen Zielsetzung bestehen, kann die Freiheitsbeeinträchtigung, die der Verfassungsschutzbericht für diese Gruppe darstellt, allenfalls geringfügig abmildern. Ein gravierender Grundrechtseingriff ist die Erwähnung einer solchen Gruppe im Verfassungsschutzbericht aber auf jeden Fall.

ee) *Keine präjudizielle Wirkung von BVerfGE 40, 287*

Das Verwaltungsgericht und das Oberverwaltungsgericht haben sich mit den obigen Argumenten nicht einmal auseinandergesetzt, sondern einfach behauptet, ein Eingriff in die Pressefreiheit liege nicht vor. Die Gerichte folgen damit einer verwaltungsgerichtlichen Rechtsprechung, die sich im Anschluß an einen Beschluß des Bundesverfassungsgerichts

24 Schriftsatz vom 8.11.1996 (Klageerwiderung), S. 99. Kopie (Auszug) in der Anlage.

29.10.1975[25] entwickelt hatte. Das Bundesverfassungsgericht hatte in dieser Entscheidung die Ansicht vertreten, die Qualifizierung einer politischen Partei als „rechtsextrem" im Verfassungsschutzbericht sei kein „administratives Einschreiten", und die Verfassungswidrigkeit der Partei werde hier nicht „rechtlich geltend gemacht". Es handele sich um Werturteile, an die keinerlei rechtliche Auswirkungen geknüpft seien. Gegen daraus resultierende „faktische Nachteile" sei die Partei durch Art. 21 GG nicht geschützt[26]. (Dabei hat der Senat allerdings nicht zwischen Eingriff und Eingriffsrechtfertigung unterschieden.)

Diese Rechtsprechung ist erstens nicht einschlägig, und zweitens läßt sie sich ohnehin nicht mehr aufrechterhalten.

(1) Die Rechtsprechung zur Frage, unter welchen Voraussetzungen politische Parteien in einem Verfassungsschutzbericht erwähnt (und als „extremistisch" bezeichnet) werden dürfen, ist hier nicht einschlägig, weil sich der Parteienstatus des Art. 21 GG nicht in jeder Hinsicht mit Grundrechten vergleichen läßt. Vielmehr sind im Hinblick auf politische Parteien Besonderheiten zu berücksichtigen, die im Rahmen der Ausübung individueller Grundrechte keine Rolle spielen und insbesondere für Presseorgane irrelevant sind. Diese Besonderheiten haben mit dem Parteienprivileg des Art. 21 II 2 GG zu tun.[27]

Der Argumentationskontext der Entscheidung ist der politische Wettbewerb der Parteien, die „Auseinandersetzung ... im freien Wettbewerb um die Stimmen der Wähler", die nach Auffassung des Gerichts für die Bundesregierung eine Alternative zum Verbotsantrag darstellt (S. 292). In diesem Kontext meint der Senat, daß die Bewertung der Partei im Verfassungsschutzbericht als „extremistisch" nicht Art. 21 GG verletze (S. 293).

Diese Argumentation läßt sich auf die Bewertung einer Zeitung und auf die Pressefreiheit nicht übertragen. Die durch Art. 21 GG geschützte Tätigkeit der politischen Parteien ist im Kern darauf gerichtet, Mandate in Parlamenten und damit politische Macht zu gewinnen, möglichst natürlich sogar unter Beteiligung an der Regierungsgewalt. Ihre Mitwirkung an der politischen Willensbildung richtet sich darauf, zunächst ge-

25 *BVerfGE* 40, 287.

26 *BVerfGE* 40, 287 (292 f.).

27 Zu diesen Besonderheiten *Murswiek,* DVBl. 1977, S. 1021 (1029 f.).

wählt zu werden und dann mittels der gewonnenen Mandate ihre politischen Vorstellungen in die Staatswillensbildung einzubringen. In dieser Tätigkeit, vor allem in der Vorbereitung und Durchführung von Wahlkämpfen, so könnte man immerhin argumentieren, werde eine politische Partei durch die negative Bewertung im Verfassungsschutzbericht nur mittelbar betroffen. Bei einer Zeitung ist dies anders. Bei ihr ist die Mitwirkung an der öffentlichen Meinungsbildung nicht lediglich Voraussetzung für die eigentliche politische Betätigung (Beteiligung an Wahlen, Errichtung einer entsprechenden Organisation, Mitwirkung in den Parlamenten durch die gewählten Mandatsträger), sondern die Veröffentlichung von Nachrichten und Meinungen ist die eigentliche und einzige Tätigkeit einer Zeitung. Wird diese Tätigkeit im Verfassungsschutzbericht negativ bewertet, dann ist die Pressefreiheit damit unmittelbar betroffen, auch wenn die Bewertung im Verfassungsschutzbericht kein Verbot darstellt. Daher lassen sich die in *BVerfGE* 40, 287 (293) aufgestellten Kriterien nicht auf die Bewertung einer Zeitung übertragen.

(2) Die Begründung der Entscheidung in *BVerfGE* 40, 287 ist aufgrund der Entwicklung der Grundrechtsdogmatik obsolet. Wie oben ausführlich dargestellt, ist es heute Stand der Grundrechtsdogmatik in Literatur und Rechtsprechung, daß hoheitliche Warnungen und Kritik unter bestimmten Voraussetzungen Grundrechtseingriffe sind. Diese Grundrechtsdogmatik hat sich erst lange nach der Entscheidung aus dem Jahre 1975 herausgebildet. Nach dem heutigen Stand der Grundrechtsdogmatik ist es nicht mehr möglich, einfach an *BVerfGE* 40, 287 anzuknüpfen[28].

Außerdem ist zu beachten, daß die Entscheidung vom 29.10.1975 aus einer Zeit stammt, die noch weit vor der „Erfindung" des informationellen Selbstbestimmungsrechts liegt. Die Leitentscheidung, mit der das Bundesverfassungsgericht eine neue Ära des Rechts des informationsbezogenen Persönlichkeitsschutzes eingeleitet hat[29], ist am 15.12.1983 ergangen. Diese Entscheidung hat zu einer völlig neuen rechtlichen Bewertung auch der Tätigkeit der Verfassungsschutzbehörden geführt, und zwar nicht nur im Hinblick auf die Erhebung, Sammlung, Verwertung und Weitergabe personenbezogener Daten, sondern auch im Hinblick auf die Veröffentlichung von Daten und Bewertungen im Verfassungsschutzbe-

---

28 Vgl. dazu *Murswiek,* DVBl. 1977, S. 1021 (1028 ff.).

29 *BVerfGE* 65, 1.V

richt. Sie hat dazu geführt, daß die Verfassungsschutzgesetze des Bundes und der Länder novelliert und daß – vorher nicht als notwendig erachtete – Ermächtigungsgrundlagen für informationelle Eingriffe geschaffen werden mußten. Dies betrifft auch die besondere Ermächtigungsgrundlage, die jetzt für die Veröffentlichung des Verfassungsschutzberichts besteht. Seit dieser Entscheidung nämlich ist die Veröffentlichung negativer Werturteile über einen Grundrechtsträger durch eine staatliche Behörde als Eingriff in sein informationelles Selbstbestimmungsrecht bzw. sein allgemeines Persönlichkeitsrecht anzusehen. Dafür ist eine gesetzliche Grundlage erforderlich, und der Eingriff ist nur nach Maßgabe der Rechtfertigungskritierien für einen solchen Grundrechtseingriff erlaubt.

Die Änderung der Rechtslage seit *BVerfGE* 40, 287 besteht also auch darin, daß die negative Bewertung einer Person oder einer Organisation bzw. Personenmehrheit – auch diese sind durch Art. 2 I i.V.m. 1 I GG geschützt und können sich auf das informationelle Selbstbestimmungsrecht und das allgemeine Persönlichkeitsrecht berufen – einen Eingriff zumindest in das Grundrecht aus Art. 2 I i.V.m. 1 I GG darstellt. Selbst wenn man also annähme, die negative Bewertung der JUNGEN FREIHEIT im Verfassungsschutzbericht stelle keinen Eingriff in die Pressefreiheit dar, wäre auf jeden Fall ein Grundrechtseingriff unter dem Aspekt des Persönlichkeits gegeben.

Dies aber bedeutet, daß man heute nicht mehr die Ansicht vertreten kann, die negative Bewertung im Verfassungsschutzbericht habe „keinerlei rechtliche Auswirkungen“, und die Nachteile, die sich für den Betroffenen daraus ergäben, seien rein „faktische Nachteile“. Vielmehr ist eine unmittelbare rechtliche Auswirkung schon in der Beeinträchtigung des Persönlichkeitsrechts zu sehen. Dieses Recht ist verletzt, wenn sich der Eingriff nicht rechtfertigen läßt. Da wir es nach dem heutigen Stand der Rechtsentwicklung nicht mehr mit einem bloß „faktischen Nachteil“, sondern mit einem Grundrechtseingriff zu tun haben, reicht es nicht aus, daß der Eingriff nicht „willkürlich“ ist und nicht auf völlig „sachfremden Erwägungen“ beruht. Rechtmäßigkeitsvoraussetzung ist hier vielmehr – wie bei anderen Grundrechtseingriffen auch –, daß der Eingriff zur Erreichung eines verfassungsrechtlich legitimen Ziels geeignet und erforderlich ist und außerdem dem Verhältnismäßigkeitsprinzip i.e.S. entspricht. Die Voraussetzungen für den Grundrechtseingriff müssen von der Behörde dargelegt und bewiesen werden; ihre Beachtung unterliegt in vollem Umfang der gerichtlichen Kontrolle.

All dies haben das Verwaltungsgericht und das Oberverwaltungsgericht verkannt, obwohl sie schriftsätzlich auch auf diese Problematik hingewiesen wurden (Schriftsatz vom 28.1.1997, S. 7 ff.; Schriftsatz vom 22.1.1998, S.5f.)

3. Eingriffsrechtfertigung

Der Eingriff in die Grundrechte der Beschwerdeführerin wäre nur dann verfassungsmäßig, wenn er sich rechtfertigen ließe. Dies ist nicht der Fall. Voraussetzung für die Rechtfertigung wäre zunächst eine formell und materiell verfassungsmäßige gesetzliche Grundlage. Im übrigen müßte die Anwendung der gesetzlichen Ermächtigungsgrundlage im konkreten Fall verfassungsmäßig, d.h. insbesondere mit dem Verhältnismäßigkeitsgrundsatz vereinbar sein. Diese Voraussetzungen sind nicht erfüllt. Denn zum einen ist die vom nordrhein-westfälischen Verfassungsschutz zugrunde gelegte Ermächtigungsgrundlage – als solche kommt nur § 15 II Verfassungsschutzgesetz Nordrhein-Westfalen (VSG NW) in Betracht – in der Auslegung durch das Verwaltungsgericht und das Oberverwaltungsgericht sowohl formell (a) auch auch materiell (b) verfassungswidrig. Und zum anderen ist die Anwendung auf den konkreten Fall mit den Grundrechten der Beschwerdeführerin nicht vereinbar, weil die Beschwerdeführerin keine verfassungsfeindlichen Ziele verfolgt und auch keine hinreichenden Anhaltspunkte für den Verdacht vorliegen, daß sie solche Ziele verfolgt, und weil der Eingriff außerdem gegen das Verhältnismäßigkeitsprinzip verstößt (c).

a) Fehlende Verbandskompetenz

Das Verwaltungsgericht und das Oberverwaltungsgericht nehmen unzutreffend an, das beklagte Land habe die Verbandskompetenz, über die Klägerin im Verfassungsschutzbericht zu berichten (VG, Urteilsabdruck [UA] S.13-16; OVG, UA S. 6-8). Die Gerichte stützen sich dabei auf § 3 I VSG NW. Dies ist schon im Ansatz unzutreffend, weil sich die Verteilung der Verbandskompetenzen zwischen Bund und Ländern einerseits sowie zwischen den einzelnen Ländern andererseits nicht aus Landesrecht ergeben kann, sondern nur aus dem Grundgesetz oder aus sonstigem – geschriebenen oder ungeschriebenen – Bundesrecht.

Die Verbandskompetenz des Landes Nordrhein-Westfalen für den Verfassungsschutz ergibt sich aus der bundesstaatlichen Kompetenzordnung des

Grundgesetzes und aus dem Zusammenhang zwischen der Aufgabenbestimmung im Gesetz über die Zusammenarbeit des Bundes und der Länder in Angelegenheiten des Verfassungsschutzes und über das Bundesamt für Verfassungsschutz (Bundesverfassungsschutzgesetz – BVerfSchG) und im Gesetz über den Verfassungsschutz in Nordrhein-Westfalen (Verfassungsschutzgesetz Nordrhein-Westfalen – VSG NW). Es liegt im Wesen des Bundesstaates, daß die horizontale Verbandskompetenz jedes einzelnen Bundeslandes, verstanden als Abgrenzung der Kompetenzen eines Landes im Verhältnis zu den Kompetenzen der anderen Bundesländer, auf das Territorium dieses Landes beschränkt ist[30]. Über ihr Territorium hinausreichende Kompetenzen haben die Länder nur in begrenzten Ausnahmefällen bei ausdrücklicher Ermächtigung durch Gesetze anderer Länder oder durch Bundesgesetz, beispielsweise bei der polizeilichen Nacheile, im Rahmen der Amtshilfe oder der Katastrophenhilfe. Gesamtstaatliche Kompetenzen haben die Länder nur indirekt, nämlich als Mitwirkungskompetenzen, die durch den Bundesrat ausgeübt werden, aber das ist Ausübung von Bundes, nicht von Landesstaatsgewalt, denn der Bundesrat ist ein Bundesorgan. Die vertikale Verbandskompetenz, die sich auf das Verhältnis zwischen Bund und Ländern bezieht, ist im Grundgesetz detailliert geregelt. Soweit die Länder für eine Materie die sachliche Verbandskompetenz haben, also im Verhältnis zum Bund (vertikal) zuständig sind, haben sie die örtliche Verbandskompetenz im Verhältnis zu den anderen Ländern (horizontal) im Hinblick auf die Befassung mit dieser Materie prinzipiell nur in den Grenzen ihres eigenen Territoriums.

Die territorialen Grenzen der Landeskompetenz können nicht etwa nur überschritten werden, wenn ein Amtswalter des Landes das Territorium körperlich überschreitet wie etwa die Polizei beim Einsatz in einem anderen Land. Sie werden auch dann überschritten, wenn Landesorgane hoheitlich tätig werden in bezug auf Personen oder Gegenstände außerhalb der Landesgrenzen[31].

Dies gilt nicht nur für den Erlaß von Gesetzen und Verwaltungsakten, sondern für jede hoheitliche Tätigkeit, also auch für das „schlichte Verwaltungshandeln", zumindest wenn es in Grundrechte eingreift, wie die

30 Vgl. z.B. *Martin Oldiges,* Verbandskompetenz, DÖV 1989, S. 873 (877 f., 880).

31 *Oldiges,* DÖV 1989, S. 873 (877 f.).

nachrichtendientliche Beobachtung oder die öffentliche Darstellung von Personen oder Gruppen in Verfassungsschutzberichten.

Die Frage, ob der Verfassungsschutz von Nordrhein-Westfalen öffentliche Stellungnahmen und Bewertungen über eine Zeitung abgeben darf, die ihren Sitz in Berlin hat, ist vom Verwaltungsgericht und vom Oberverwaltungsgericht zu Unrecht bejaht worden.

Nach den allgemeinen Kriterien der bundesstaatlichen Kompetenzordnung kann die Verfassungsschutzbehörde von Nordrhein-Westfalen prinzipiell nur zuständig sein für die Erfüllung der in § 3 VSG NW genannten Aufgaben in bezug auf Bestrebungen und Tätigkeiten innerhalb der territorialen Grenzen des Landes Nordrhein-Westfalen. Zwar spricht § 3 I VSG NW im Anschluß an Nr. 4 von Bestrebungen und Tätigkeiten „im Geltungsbereich des Grundgesetzes". Aber diese Formulierung, die sich offenbar an § 3 BVerfSchG anlehnt, kann sinnvollerweise nur als Abgrenzung der Kompetenzbereiche zwischen nachrichtendienstlichem Verfassungsschutz einerseits und – für die Auslandsaufklärung zuständigem – Bundesnachrichtendienst andererseits verstanden werden. Sollte mit dieser Formulierung die Zuständigkeit des Verfassungsschutzes des Landes Nordrhein-Westfalen für das gesamte Bundesgebiet in Anspruch genommen werden, so wäre diese Vorschrift eindeutig verfassungswidrig.

Allerdings ist der territoriale Zuständigkeitsbereich der Landesverfassungsschutzbehörden nicht völlig eindeutig und überschneidungsfrei abgegrenzt. Das Bundesverfassungsschutzgesetz läßt – der Effektivität des Verfassungsschutzes wegen – gewisse Überschneidungen zu, indem es in § 3 I die Aufgaben der Verfassungsschutzbehörden wie folgt bestimmt:

> „Aufgabe der Verfassungsschutzbehörden des Bundes und der Länder ist die Sammlung und Auswertung von Informationen, insbesondere von sach- und personenbezogenen Auskünften, Nachrichten und Unterlagen über
>
> 1. Bestrebungen, die gegen die freiheitliche demokratische Grundordnung ... gerichtet sind ..."

Nach § 5 I BVerfSchG sind die Landesbehörden für Verfassungsschutz zuständig für das Sammeln von Informationen, Auskünften, Nachrichten und Unterlagen zur Erfüllung ihrer Aufgaben; hierzu haben sie die Informationen usw. auszuwerten und dem Bundesamt für Verfassungsschutz und den Landesbehörden für Verfassungsschutz zu übermitteln, soweit es für deren Aufgabenerfüllung erforderlich ist. Nach § 6 BVerfSchG ist unter den dort genannten Voraussetzungen die Führung gemeinsamer Dateien vorgesehen.

Diese Bestimmungen des Bundesverfassungsschutzgesetzes stellen das Territorialitätsprinzip für die Kompetenzabgrenzung zwischen den Ländern jedoch nicht in Frage. Was die Besonderheit der auf den Verfassungsschutz bezogenen Verbandskompetenz ausmacht, ist die Überschneidung der Kompetenzen von Bund und Ländern. Diese ist gewollt und bereits vom Grundgesetz programmiert, das in Art. 73 Nr. 10 dem Bund die Gesetzgebungskompetenz für „die Zusammenarbeit des Bundes und der Länder" auf dem Gebiet des Verfassungsschutzes (lit. b) und in Art. 87 I 2 die Kompetenz für die Einrichtung einer Zentralstelle zur Sammlung von Unterlagen für Zwecke des Verfassungsschutzes gibt. Bund und Länder haben bei einer einheitlichen Aufgabe zusammenzuarbeiten.

Diese Pflicht zur Zusammenarbeit ändert jedoch nichts daran, daß die territoriale Zuständigkeit (die horizontale Verbandskompetenz) jedes einzelnen Landes auf seinen Hoheitsbereich beschränkt bleibt[32]. Zwar haben die Verfassungsschutzbehörden der Länder auch solche Informationen zu erheben, die nicht den Schutz der Verfassung des eigenen Landes, sondern lediglich den Schutz der Bundesverfassung oder der Verfassung eines anderen Landes betreffen. Dies ist in der Zusammenarbeitspflicht impliziert. Jedoch muß es sich dann um Informationen über Bestrebungen oder Tätigkeiten handeln, die im territorialen Hoheitsbereich des eigenen Landes stattfinden oder die der Behörde bei Ermittlungen über solche Bestrebungen sozusagen zufällig bekannt werden. Es gibt keine Grundlage dafür, daß die Verfassungsschutzbehörde des Landes A Informationen über eine verfassungsfeindliche Gruppe erhebt und verarbeitet, die ausschließlich im Land B agiert und sich nicht gegen verfassungsschutzrechtliche Schutzgüter des Landes A richtet. Umgekehrt kommt ein Tätigwerden der Verfassungsschutzbehörde des Landes A in einem anderen Land (etwa durch Einsatz von V-Leuten) nur mit Einwilligung des anderen Landes und nur dann in Betracht, wenn es darum geht, Bestrebungen oder Tätigkeiten in dem anderen Land aufzuklären, die sich gerade gegen verfassungsschutzrechtliche Schutzgüter des Landes A rich-

32 Vgl. *Jürgen Becker,* in: Isensee/Kirchhof (Hg.), Handbuch des Staatsrechts, BD. VII, 1992; § 167 Rn. 69.

ten. Richten sich diese Bestrebungen dagegen gegen den Bestand eines anderen Landes oder gegen die freiheitlich-demokratische Grundordnung des Grundgesetzes, so ist nicht die Verfassungsschutzbehörde des Landes A, sondern lediglich die des anderen Landes sowie die des Bundes zuständig.

Noch enger als bei der Informationserhebung und -verarbeitung ist die horizontale Verbandskompetenz der Länder bei der Öffentlichkeitsarbeit zu fassen. Der Zweck der länderübergreifenden Zusammenarbeit und die damit einhergehende Befugnis zur Befassung mit Angelegenheiten, die nicht den Schutz der Verfassung des eigenen Landes, sondern den Schutz der Bundesverfassung oder der Verfassungen oder sonstiger Schutzgüter anderer Länder betreffen, resultiert ja aus dem Zweck, dem Bund und den anderen Ländern beim Schutz ihrer Verfassungen zu helfen, indem diesen Informationen zur Verfügung gestellt werden. Die *Abwehrmaßnahmen* zu treffen, die auf der Grundlage der gegebenen Informationen zum Schutz der jeweiligen Verfassung als notwendig erscheinen, ist dann aber ausschließlich Sache des betroffenen Verbandes, also des Bundes in bezug auf das Grundgesetz, jedes Landes für seine eigene Verfassung. Zu den Schutzmaßnahmen gegen verfassungsfeindliche Bestrebungen gehört auch – und heute in allererster Linie – der Verfassungsschutz durch „Aufklärung der Öffentlichkeit", vor allem durch die Veröffentlichung von Verfassungsschutzberichten. Der Verfassungsschutzbericht eines Landes darf daher nur Informationen enthalten, die den Schutz der Verfassung des betreffenden Landes bzw. verfassungsfeindliche Tätigkeiten und Bestrebungen, die in diesem Land stattfinden, betreffen. Zwar darf der Verfassungsschutzbericht eines Landes auch über Organisationen berichten, die nicht lediglich in diesem Land, sondern länderübergreifend bzw. bundesweit organisiert sind, und darf in diesem Zusammenhang auch über die Bundesorganisation der in diesem Land tätigen Organisation oder über Tätigkeiten dieser Organisation in anderen Bundesländern berichten, sofern das zum Verständnis und zur Bewertung der Tätigkeit dieser Organisation innerhalb des betreffenden Landes erforderlich ist. Jedoch ist die Verfassungsschutzbehörde eines Landes eindeutig nicht kompetent, in ihrem Verfassungsschutzbericht über Bestrebungen oder Tätigkeiten zu berichten, die in einem anderen Bundesland stattfinden und lediglich Schutzgüter dieses anderen Bundeslandes oder des Gesamtstaates betreffen.
Dies wird durch die Systematik des Bundesverfassungsschutzgesetzes bestätigt. Zuständigkeiten werden den Landesverfassungsschutzbehörden dort nur in bezug auf das Sammeln, Auswerten und Weitergeben von

Informationen eingeräumt (§§ 3, 5, 6), nicht jedoch in bezug auf die Veröffentlichung von Informationen und Wertungen in Verfassungsschutzberichten. Hierzu enthält das Gesetz lediglich eine Ermächtigung für den Bundesinnenminister (§ 16 II). Dies bedeutet, daß die Verfassungsschutzberichte der Länder sich nicht auf Kompetenzzuweisungen und Ermächtigungen im Bundesverfassungsschutzgesetz stützen können, sondern nur auf das jeweilige Landesverfassungsschutzgesetz. Dieses kann aber von vornherein Kompetenzen und Ermächtigungen nur im Rahmen der Verbandskompetenz des Landes zuweisen, also nur in dem oben dargelegten Umfang und nicht in bezug auf Bestrebungen, für welche auf Grund des Territorialitätsprinzips die Zuständigkeit eines anderen Landes oder des Bundes begründet ist. Hierüber gehen das Verwaltungsgericht und das Oberverwaltungsgericht hinweg, indem sie einfach § 3 I VSG NW anwendet, ohne – wie es geboten wäre – diese Bestimmung im Lichte der bundesstaatlichen Kompetenzordnung restriktiv auszulegen. Die Argumentation des Oberverwaltungsgerichts, Art. 73 Nr. 10 lit. b) GG schließe eine verdrängende Bundeskompetenz für den Verfassungsschutz aus (S.7f.), geht fehl. Was das Oberverwaltungsgericht sagt, gilt für das Sammeln von Informationen, nicht jedoch für die Veröffentlichung von Verfassungsschutzberichten zum Zwecke der Einwirkung auf die Öffentlichkeit. Richtig ist zwar, daß nach dieser Bestimmung des Grundgesetzes der Bund keine ausschließliche Vollkompetenz für den Verfassungsschutz hat, sondern nur eine ausschließliche Kompetenz für die Regelung der Zusammenarbeit, und daß dies impliziert, daß der Bund den Ländern auch insoweit die Kompetenz nicht völlig entziehen kann, wo es um den Schutz der Bundesverfassung und um länderübergreifenden Verfassungsschutz geht. Das Oberverwaltungsgericht verkennt jedoch, daß die Art und Weise der Zusammenarbeit und somit auch der Umfang der Landeskompetenzen für den Verfassungsschutz, soweit es um bundesbezogenen oder länderübergreifenden Verfassungsschutz geht (im Unterschied zum Schutz gegen Bestrebungen, die sich nur gegen ein bestimmtes Bundesland richten und deshalb in dessen ausschließliche Zuständigkeit fallen), gemäß Art. 73 Nr. 10 lit. b) GG nach dem Bundesgesetz richtet, das diese Zusammenarbeit regelt, nämlich nach dem Bundes-Verfassungsschutzgesetz. Die Bedeutung von § 16 BVerfSchG wird vom Oberverwaltungsgericht verkannt, wenn es meint, diese Bestimmung beschränke die Verfassungsschutzberichte der Länder thematisch nicht. Wenn nämlich diese Vorschrift dem Bundesminister des Innern die Aufgabe gibt, einen Verfassungsschutzbericht zu veröffentlichen, dann ist die Zusammenarbeit zwischen Bund und Ländern hinsichtlich der Veröffentlichung von Verfassungsschutzberichten insoweit geregelt. Da die Vorschrift nicht ausdrücklich regelt, worüber der Bundes-Verfassungsschutzbericht berichtet, muß dies aus den allgemeinen Grundsätzen der Verbandskompetenz entnommen werden: Fragen, die nur ein einzelnes Land betreffen, gehören nicht in den Bundes-Verfassungsschutzbericht. Gegenstand dieses Berichts sind Bundesangelegenheiten und länderübergreifender Verfassungsschutz. Somit sind die Länder nur befugt, über solche Bestrebungen in ihren Verfassungsschutzberichten zu berichten, die entweder ausschließlich in diesem Land oder jedenfalls auch in diesem Land als Bestrebung tätig sind (mit der Folge, daß es bezüglich dieses Landes Besonderheiten dieser Bestrebung gibt – in programmatischer oder jedenfalls in personeller oder organisatorischer Hinsicht –, die einen besonderen Landesbericht rechtfertigen).

Entgegen der Annahme des Verwaltungsgerichts und des Oberverwaltungsgerichts hat das Land Nordrhein-Westfalen nicht die Kompetenz, über die JUNGE FREIHEIT in seinem Verfassungsschutzbericht zu berichten. Die JUNGE FREIHEIT hat ihren Sitz in Berlin. Sie entfaltet ihre verlegerische und journalistische Tätigkeit ausschließlich in Berlin und hat dies zuvor in Potsdam, also im Land Brandenburg getan, nie jedoch in Nordrhein-Westfalen.

Das Verwaltungsgericht und das Oberverwaltungsgericht verkennen sowohl den bundesgesetzlichen als auch den landesrechtlichen Begriff der „Bestrebung“ (§ 3 I VSG NW), wenn es annimmt, allein der Umstand, daß die JUNGE FREIHEIT in Nordrhein-Westfalen verbreitet werde, begründe eine sich auf dieses Land erstreckende „Bestrebung“.

Die Zeitung JUNGE FREIHEIT wird zwar, wie im gesamten Bundesgebiet, auch in Nordrhein-Westfalen an Abonnenten sowie im Zeitungshandel vertrieben. Der Verfassungsschutz hat jedoch nur über „Bestrebungen“, die gegen die freiheitlich-demokratische Grundordnung usw. gerichtet sind, Informationen zu sammeln und zu berichten (§ 3 VSG NW). Seine Aufgabe ist es hingegen nicht, bloße Meinungen und Ansichten zu kontrollieren[33]. Wenn die JUNGE FREIHEIT überhaupt als „Bestrebung“ i.S. von § 3 VSG NW qualifiziert werden könnte, dann wäre diese Bestrebung jedenfalls im Land Berlin lokalisiert. Es gibt zwar Kor-

33 Vgl. z.B. *H. Joachim Schwagerl,* Verfassungsschutz in der Bundesrepublik Deutschland, 1985, S. 60 f.: *OVG Münster,* 13. 1. 1994, NVwZ 1994, 558.

respondenten und journalistische Betätigung – Durchführung von Reportagen, von Interviews usw. – außerhalb von Berlin, aber das, was allein die „Bestrebung" ausmachen könnte, nämlich ein zielbewußtes organisatorisches Zusammenwirken, hätte seinen Ort allein am Sitz von Verlag und Redaktion.

Der Begriff der „Bestrebungen" wird in § 3 III VSG NW definiert als „politisch bestimmte, *ziel- und zweckgerichtete Verhaltensweisen in einem oder für einen Personenzusammenschluß*".

Eine Zeitung als solche ist nach dieser Definition keine Bestrebung. Bestrebungen können nur Menschen sein, insbesondere organisierte Zusammenschlüsse von Menschen, nicht Produkte. Denkbar ist in unserem Zusammenhang also lediglich, daß Verlag und/oder Redaktion der JUNGEN FREIHEIT als „Bestrebungen" zu qualifizieren sind. Das Produkt JUNGE FREIHEIT, über das der Verfassungsschutzbericht Nordrhein-Westfalen berichtet, wird allein in Berlin gemacht. Es gibt keine „Bestrebung" in Nordrhein-Westfalen, die als „JUNGE FREIHEIT" bezeichnet werden könnte.

Der Umstand, daß die Zeitung JUNGE FREIHEIT auch in Nordrhein-Westfalen verbreitet und gelesen wird, vermag daran nichts zu ändern. Die Deutsche Post AG, die Zeitungsgrossisten und die Kioskverkäufer, die in Nordrhein-Westfalen die JUNGE FREIHEIT unter das Publikum bringen, sind ebensowenig Teil einer „Bestrebung JUNGE FREIHEIT" wie die Leser. Die redaktionelle Tätigkeit, die Produktion der Zeitung ist in Berlin abgeschlossen. Auch der Vertrieb wird von Berlin aus organisiert. Die „ziel- und zweckgerichteten Verhaltensweisen in einem oder für einen Personenzusammenschluß", die nach § 3 III VSG NW allein eine „Bestrebung" ausmachen könnten, finden ausschließlich in Berlin statt.

Die fertige Zeitung dagegen, die auch in Nordrhein-Westfalen vertrieben wird, ist ein bloßes Produkt, keine Bestrebung. Ihre Verbreitung und ihre Lektüre finden im Rahmen der Presse-, Meinungs- und Informationsfreiheit statt. Daß in Nordrhein-Westfalen Meinungen zur Kenntnis genommen werden, die in einer in Berlin erscheinenden Zeitung geäußert werden, ist kein spezifisches Verfassungsschutzproblem, hat nämlich nichts mit einer in Nordrhein-Westfalen vorhandenen „Bestrebung" zu tun.

Die JUNGE FREIHEIT (als Bezeichnung für Verlag und Redaktion) ist also, wenn überhaupt eine „Bestrebung", dann eine außerhalb von Nordrhein-Westfalen tätige Bestrebung. Das Verwaltungsgericht und das Oberverwaltungsgericht verkennen dies völlig, wenn sie auf die Meinungswirkung abstellen, die sich auch auf Nordrhein-Westfalen erstrecke. Es verwechselt hier die bloße Meinungsäußerung mit der allein verfassungsrechtlich relevanten „Bestrebung". Ist es rechtlich notwendig, zwischen Meinungsäußerungen und Bestrebungen in der Weise zu unterscheiden, daß – auch inhaltlich verfassungsfeindliche – bloße Meinungsäußerungen in jedem Fall verfassungsschutzrechtlich irrelevant sind und daß Meinungsäußerungen nur dann zum Tätigwerden der Verfassungsschutzbehörden Anlaß geben, wenn sie Bestandteil der Betätigung einer verfassungsfeindlichen Bestrebung sind, dann muß dies nicht nur in der sachlichen, sondern auch in der örtlichen Abschichtung gelten. Ist eine „Bestrebung" – etwa eine politische Partei – nur in einem Bundesland organisiert, dann führt der Umstand, daß ihre Meinungsäußerungen, beispielsweise im Rundfunk, auch in anderen Ländern wahrgenommen werden, nicht dazu, daß diese „Bestrebung" auch in anderen Ländern stattfindet. Das Hineinwirken der Meinungsäußerung in andere Länder kann dann nicht anders beurteilt werden als Meinungsäußerungen von Subjekten, die sich nicht als „Bestrebung" qualifizieren lassen.

Der Beklagte hat nicht den geringsten Anhaltspunkt dafür vorgetragen, daß die JUNGE FREIHEIT sich gerade gegen die Verfassung Nordrhein-Westfalens oder andere verfassungsschutzrelevante Schutzgüter der Beklagten richtet. Vorgeworfen wird der JUNGEN FREIHEIT lediglich, daß Anhaltspunkte für den Verdacht bestünden, sie richte sich gegen die freiheitlich-demokratische Grundordnung des Grundgesetzes. Daß diese zugleich – schon wegen Art. 28 I GG – die Grundordnung jedes Bundeslandes ist und sein muß, kann keine landesspezifische Zuständigkeit begründen, wenn die betreffende „Bestrebung" nicht in dem jeweiligen Land agiert.

Die Verbandszuständigkeit für einen Verfassungsschutzbericht über die JUNGE FREIHEIT hätten – wenn die materiellen Voraussetzungen dafür gegeben wären – somit nur das Land Berlin, sowie, wegen der angeblichen Zielrichtung in bezug auf die freiheitlich-demokratische Grundordnung des Grundgesetzes, der Bund.

Allein dieses Ergebnis, das aus der systematischen Zuordnung von Bundes- und Landesverfassungsschutzbehörden folgt, entspricht auch den Bedürfnissen einer sinnvollen Verfassungsschutzpraxis. Käme es auf das Verbreitungsgebiet einer Zeitung an, dann könnten und müßten 16 Landesverfassungsschutzbehörden und zusätzlich das Bundesamt für Verfassungsschutz den Inhalt der Zeitung analysieren, bewerten, in Dateien verwalten, gegebenenfalls im Verfassungsschutzbericht berichten, obwohl doch alle 16 Bundesländer und der Bund es mit einer inhaltlich identischen Zeitung zu tun hätten – eine evidentermaßen absolut unsinnige Vervielfältigung der notwendigen Arbeit, von der man sich angesichts der Identität des Beobachtungsobjekts nicht den geringsten Erkenntnisgewinn versprechen könnte. Die insgesamt 17 Verfassungsschutzberichte könnten auch erhebliche Verwirrung stiften, wenn sie dieses identische Beobachtungsobjekt unterschiedlich darstellten und bewerteten. Darunter müßte das Vertrauen in die Rechtmäßigkeit des Handelns der Verfassungsschutzbehörden leiden; es müßte sich der Eindruck der politischen Instrumentalisierung des Verfassungsschutzes aufdrängen, wenn dieselbe Zeitung in einem Bundesland als „extremistisch" eingestuft würde, in anderen nicht. Vor allem aber – und dies ist nun wieder eine Frage der rechtlichen Kompetenzordnung, nicht lediglich eine Kontrollfrage zur Überprüfung des Ergebnisses anhand der politischen Folgewirkungen – greift die öffentliche Bewertung einer in Berlin ansässigen Bestrebung durch den Verfassungsschutzbericht Nordrhein-Westfalen in die Bewertungskompetenz des Landes Berlin bzw. des Bundes ein. Die eigentlich zuständigen Stellen werden so unter Zugzwang gesetzt. Dies ist ein gegen das Prinzip der Bundestreue verstoßendes Verhalten. Die Ansicht des Verwaltungsgerichts und des Oberverwaltungsgerichts, aus der bundesstaatlichen Struktur folge im Gegenteil, daß jede Landesbehörde selbständig verfassungsschutzrechtlich tätig sein dürfe, sogar mit unterschiedlichem Ergebnis, beruht auf einer petitio picipii. Denn sie setzt voraus, daß eine „Bestrebung" in dem jeweiligen Land überhaupt tätig ist. Diese Auffassung trifft zweifellos zu für eine politische Partei, die in allen oder mehreren Ländern organisiert ist. Hier besteht natürlich Anlaß für gesonderte Ermittlungen und Berichte, weil die Tätigkeit in den einzelnen Ländern immer in gewissem Maße unterschiedlich sein wird und die Organisation in unterschiedlicher Weise ausgebaut ist, mit unterschiedlichem Personal arbeitet usw.. Es gibt dann also immer landesspezifische Besonderheiten. Vor allem aber liegt dann tatsächlich in jedem Land ein Tätigsein einer „Bestrebung" – im Unterschied zu bloßen Meinungsäußerungen – vor. Dies ist – wie dargelegt – im vorliegenden Fall anders.

Die Beobachtung, vor allem aber die öffentliche Darstellung und Bewertung einer bundesweit verbreiteten Zeitung fällt demnach entgegen der

Ansicht des Verwaltungsgerichts und des Oberverwaltungsgerichts nur in den Zuständigkeitsbereich des Landes, in dem Verlag und Redaktion dieser Zeitung ihren Sitz haben, daneben in den Zuständigkeitsbereich des Bundes.

Mangels Verbandskompetenz des Beklagten war die mit der Klage angegriffene Maßnahme rechtswidrig und verletzte die Klägerin in ihren Rechten. Der Klage hätte also stattgegeben werden müssen.

Die Kompetenzanmaßung des nordrhein-westfälischen Verfassungsschutzes betrifft die Beschwerdeführerin übrigens besonders intensiv in ihren Grundrechten, weil die zuständigen Behörden – der Verfassungsschutz des Landes Berlin sowie das Bundesinnenministerium – in ihren Verfassungsschutzberichten die Beschwerdeführerin nicht als extremistisch qualifizieren. Daß nur Nordrhein-Westfalen, nicht aber Berlin und der Bund, die Einstufung der Beschwerdeführerin als extremistisch vorgenommen hat, wird in der Öffentlichkeit kaum wahrgenommen. Für die breite Öffentlichkeit wirkt der Verfassungsschutzbericht des Landes Nordrhein-Westfalen in diesem Punkt so, als sei die JUNGE FREIHEIT bundesweit oder jedenfalls vom Bundesinnenministerium als extremistisch eingestuft worden. Die Folge dieser Einstufung in Nordrhein-Westfalen war jedenfalls, daß die meisten Zeitungen die Wertung des nordrhein-westfälischen Verfassungsschutzes übernommen haben und die JUNGE FREIHEIT als extremistisch bezeichnen, ohne einschränkend zu erwähnen, daß im Unterschied zur Wertung des Verfassungsschutzes Nordrhein-Westfalen die JUNGE FREIHEIT auf Bundesebene oder in dem Land in dem sie herausgegeben wird, in Berlin, nicht als extremistisch eingeordnet wird.

Die fehlende Verbandskompetenz und die daraus folgende Grundrechtsverletzung betreffen auch spezifisches Verfassungsrecht. Es geht hier nicht etwa nur um die richtige Anwendung einfachen Gesetzesrechts. Vielmehr ist die Frage der Verbandskompetenz, auch wenn sie im Hinblick auf die komplizierte Regelung der Bund-Länder-Zusammenarbeit auf dem Gebiet des Verfassungsschutzes nicht ohne Einbeziehung des Bundes-Verfassungsschutzgesetzes entschieden werden kann – eine genuin verfassungsrechtliche Frage, und als solche ist sie von unmittelbarer Grundrechtsrelevanz, weil die Verbandskompetenz notwendige Voraussetzung der Rechtmäßigkeit eines Grundrechtseingriffs ist.

Auch die obigen Argumente zur Verbandskompetenz sind im verwaltungsgerichtlichen Verfahren vorgetragen worden (Klageschrift vom 9.8.1996, S.5-12; Schriftsatz vom 6.4.1999, S. 5-10).

b) Materielle Verfassungswidrigkeit der gesetzlichen Ermächtigungsgrundlage in der Auslegung durch Verwaltungsgericht und Oberverwaltungsgericht

§ 15 II VSG NW ist eine im Prinzip geeignete Ermächtigungsgrundlage für Verfassungsschutzberichte, auch soweit sie in die Meinungs- und in die Pressefreiheit eingreifen. Freilich handelt es sich nicht um ein allgemeines Gesetz i.S. von Art. 5 II GG. § 15 II VSG NW ist nämlich nicht meinungsneutral, sondern dient gerade der Einflußnahme auf die Meinungs- und Willensbildung, indem bestimmte Meinungen hoheitlich kritisiert und diskreditiert werden. Jedoch kann die Meinungs- und Pressefreiheit nicht ausschließlich durch allgemeine Gesetze i.S. von Art. 5 II GG eingeschränkt werden, sondern auch durch solche Gesetze, die verfassungsimmanente Schranken konkretisieren. Als verfassungsimmanente Schranke kommt die freiheitliche demokratische Grundordnung i.S. von Art. 21 II GG in Betracht. Soweit der Verfassungsschutzbericht dem Schutz der freiheitlichen demokratischen Grundordnung dient (die anderen Zwecke kommen im vorliegenden Fall nicht in Betracht), ist § 15 II VSG NW also im Ansatz eine verfassungsmäßige Schranke der Meinungs- und Pressefreiheit sowie auch der Berufsfreiheit und des Persönlichkeitsrechts.

aa) *Verfassungswidrigkeit der Bekämpfung von angeblichen Extemisten in bloßen Verdachtsfällen*

Das Verwaltungsgericht und das Oberverwaltungsgericht meinen freilich, § 15 II VSG NW ermächtige die Verfassungsschutzbehörde dazu, über eine Bestrebung, die ihrer Ansicht nach gegen die freiheitliche demokratische Grundordnung gerichtet ist, im Verfassungsschutzbericht nicht nur dann zu berichten, wenn feststeht, daß diese Bestrebung auf verfassungswidrige Ziele gerichtet ist, sondern wenn hinsichtlich dieser Zielsetzung lediglich tatsächliche Anhaltspunkte für einen Verdacht bestehen (VG S.16-21; OVG S.8f.). Diese Auslegung ist nicht nur einfachgesetzlich falsch (dazu im ausführlich Klageschrift v. 9.8.1996, S.13ff.; Schriftsatz v. 6.4.1999, S.11ff.). Sie verkennt vielmehr die Bedeutung der Grundrechte der Beschwerdeführerin für die Auslegung dieser Vorschrift. In der genannten Auslegung ist § 15 II VSG NW verfassungswidrig. Sie ist mit dem Demokratieprinzip, dem Rechtsstaatsprinzip und mit den durch die

Publikation betroffenen Grundrechten, insbesondere mit der Meinungs- und Pressefreiheit sowie mit dem Persönlichkeitsrecht, unvereinbar.

(1) *Zweck* des Verfassungsschutzberichts ist nicht die Information der Öffentlichkeit über die Tätigkeit der Verfassungsschutzbehörde. Sein Zweck ist vielmehr der Schutz der Verfassung, genauer: der freiheitlichen demokratischen Grundordnung sowie der weiteren im Verfassungsschutzgesetz genannten verfassungsschutzrechtlichen Schutzgüter, mit dem Mittel der Öffentlichkeitsarbeit. Dieser – und *nur* dieser – Zweck, der Schutz der freiheitlichen demokratischen Grundordnung (und weiterer – hier nicht relevanter – verfassungsimmanenter Schutzgüter wie der Schutz des Bestandes des Bundes und der Länder) ist geeignet, Grundrechtseingriffe der hier in Rede stehenden Art zu rechtfertigen (siehe oben b, vor aa). Über die Tätigkeit der Verfassungsschutzbehörde darf im Verfassungsschutzbericht, soweit dies mit Grundrechtseingriffen verbunden ist, nur im Rahmen des Zwecks „Schutz der Verfassung", nicht aber über diesen Zweck hinausgehend berichtet werden.

(2) Der Verfassungsschutzbericht ist *Mittel* zu dem genannten Zweck: Schutz der freiheitlichen demokratischen Grundordnung. Es geht um „Verfassungsschutz durch Aufklärung der Öffentlichkeit". Es handelt sich hierbei nicht um ein harmloses, grundrechtsunempfindliches, sondern um ein scharf eingreifendes Mittel. Es handelt sich um ein durchaus legitimes Mittel, doch muß der Einsatz dieses Mittels wegen der weitreichenden Folgen für die Grundrechte der Betroffenen und für den demokratischen Willensbildungsprozeß rechtlich streng begrenzt sein, und die rechtlichen Grenzen des Einsatzes dieses Mittels müssen strenger gerichtlicher Kontrolle unterliegen.

Schutz der Verfassung durch politische Bewußtseinsbildung und durch Aufklärung über verfassungsfeindliche Bestrebungen dürfte heute das wichtigste Instrument zur Abwehr verfassungsfeindlicher Bestrebungen sein[34]. Die unmittelbar repressiven Maßnahmen des Partei- oder Vereinsverbot sind demgegenüber zwar nicht völlig bedeutungslos geworden, aber in der Praxis doch in den Hintergrund getreten. Dahinter steht die Erkenntnis, daß die freiheitliche Demokratie auf die Dauer nicht allein

34 Zu diesem Konzept vgl. *Schwagerl,* (Fn. 9), S. 243 ff.; VSB 1994, S. 244 ff.; VSB 1995; S. 310 ff.

mit Zwangsmitteln bewahrt werden kann, sondern daß sie auf Zustimmung der Bevölkerung angewiesen ist. Verfassungsschutz durch politische Bewußtseinsbildung und durch Aufklärung kann nicht allein Sache der Verfassungsschutzbehörden sein, sondern ist auch Aufgabe von Schulen, Universitäten und sonstigen Bildungseinrichtungen. Auch Massenmedien, politische Parteien, letztlich alle Bürger sind – wenn auch ohne rechtliche Verpflichtung – idealiter aufgerufen, sich an einem Willensbildungsprozeß zu beteiligen, der die freiheitlich-demokratische Grundordnung im Bewußtsein der Menschen verankert[35].

Im Vergleich zur allgemeinen politischen Willensbildung und zu den verschiedenen Ebenen der politischen Bildung kommt den Verfassungsschutzberichten eine besondere Funktion und eine herausragende Bedeutung zu. Verfassungsschutzberichte klären über verfassungsfeindliche Bestrebungen auf. Sie haben nicht die Funktion, sich an der allgemeinen politischen Bildung zu beteiligen, indem sie „positiv" zur freiheitlich-demokratischen Grundordnung erziehen, sondern ihr Ansatz ist „negativ": Sie sollen deutlich machen, welche politischen Kräfte verfassungsfeindliche Zielsetzungen verfolgen, mit welchen sich also niemand einlassen darf, der auf dem Boden der freiheitlich-demokratischen Grundordnung bleiben will. Die politischen Bestrebungen, die in einem Verfassungsschutzbericht herausgestellt werden, sind solche, deren Ziele nicht mehr den Konsens der Demokraten verdienen; ihre politischen Ziele sollen aus dem demokratischen Kommunikationsprozeß ausgeschieden werden, weil sie die äußersten Grenzen dessen überschreiten, was die Verfassung an politischer Zielsetzung zuläßt. Mit diesen Bestrebungen soll man sich – das ist das Ziel der Aufklärung durch den Verfassungsschutzbericht – keineswegs anfreunden, sondern sich ausschließlich kritisch auseinandersetzen; sie soll man im politischen Meinungskampf bekämpfen, wenn man sie nicht durch Totschweigen, Ignorieren, durch gesellschaftliche Ächtung wirkungsvoller zu bekämpfen meint.

Die Aufnahme einer „Bestrebung" in den Verfassungsschutzbericht ist somit eine *Kampfansage* an die betreffende Organisation, wenn auch dieser Kampf zunächst nur mit den Mitteln der öffentlichen Meinungsbildung geführt werden soll und noch nicht mit dem Mittel des Verbots.

---

35 Vgl. z.B. *Ulrich Scheuner,* Aufgaben und Probleme des Verfassungsschutzes (Bd. 1 der Hess. Hochschulwochen für staatsbürgerliche Fortbildung), 1961, S. 34.

Und diese Kampfansage wird nicht von irgendeiner politischen Partei, einer Zeitung, einer politischen Organisation oder einer Privatperson verkündet, sondern von einer staatlichen Stelle, nämlich von der fachlich für den Verfassungsschutz zuständigen Behörde. Dies hat einen völlig anderen Charakter als eine bloße Meinungsäußerung einer gesellschaftlichen Gruppe, die behauptet, eine bestimmte Organisation oder eine Zeitung verfolge verfassungsfeindliche Ziele. Im Verfassungsschutzbericht wird amtlich die dort behandelte Organisation, Zeitung usw. für verfassungsfeindlich befunden und damit aus dem demokratischen Diskurs ausgegrenzt.

Seiner Zwecksetzung nach handelt es sich bei der Aufnahme einer Organisation in den Verfassungsschutzbericht um eine *Sanktion* für deren verfassungsfeindliche Zielsetzung. Die vielfältigen Nachteile, die für die Betroffenen aus der Aufnahme in den Verfassungsschutzbericht resultieren, sind durchaus gewollt. Dabei handelt es sich um sehr weitreichende, schwerwiegende Nachteile.

Schon bei Organisationen und einzelnen Personen sind die faktischen Folgewirkungen evident schwerwiegend: Wer einer solchen Organisation angehört oder gar namentlich im Verfassungsschutzbericht erwähnt wird, wird gesellschaftlich geschnitten, muß mit beruflichen Nachteilen rechnen (Entlassung, Verlust von Karrierechancen, gerade auch in der Privatwirtschaft) und auch mit sonstigen gesellschaftlichen Sanktionen. So ist es gang und gäbe, daß Banken die Beziehungen zu dem betreffenden Kunden auf entsprechenden Druck aus der Öffentlichkeit abbrechen (Auflösung von Girokonten). Vor allem aber haben die Betreffenden in der Regel so gut wie keine Möglichkeiten öffentlichkeitswirksamer politischer Einflußausnahme. Sie bleiben auf die eigenen publizistischen Möglichkeiten beschränkt. In der Presse und in den Funkmedien werden sie totgeschwiegen, sofern nicht Skandalöses zu berichten ist. Interviews, Teilnahme an Talkshows, gleichberechtigte Berichterstattung über die politische Tätigkeit finden nicht statt.

Für eine *Zeitung*, die in den Verfassungsschutzbericht aufgenommen wird, sind die *Auswirkungen besonders gravierend.* Die Stigmatisierung durch den Verfassungsschutzbericht wirkt sich in mehrfacher Hinsicht äußerst nachteilig aus:

- Die Zahl der Leser geht drastisch zurück bzw. eine sonst mögliche Auflagensteigerung unterbleibt. Dafür gibt es unterschiedliche Gründe:

- Zum einen vertrauen viele Menschen auf die Seriosität des Verfassungsschutzberichtes. Sie wollen mit extremistischen Positionen nichts zu tun haben und lehnen deshalb die Lektüre einer solchen Zeitung ab.

- Zum anderen mag es viele Leser geben, denen ihr eigenes Urteil sagt, daß die Aufnahme in den Verfassungsschutzbericht unberechtigt ist. Jedoch möchte niemand in der Öffentlichkeit mit einer Zeitung gesehen werden, die im Verfassungsschutzbericht als extremistisch bezeichnet wird. Also geht der Kioskverkauf zurück.

- Entsprechendes gilt für die Abonnenten. Viele Abonnenten oder potentielle Abonnenten fürchten – zu Recht oder nicht –, daß sie selbst in das Blickfeld des Verfassungsschutzes gelangen, wenn sie eine Zeitung abonniert haben, die offiziell als extremistisch bewertet wird. Also sind die Chancen, die Zahl der Abonnenten zu erhöhen oder auch nur die vorhandene Zahl zu halten, ganz drastisch verschlechtert.

- Hinzu kommt, daß jede Zeitung darauf angewiesen ist, daß ihre Leser in ihrem Bekanntenkreis für sie werben, wenn auch nur in dem einfachen Sinne, daß sie davon erzählen, was sie in dieser Zeitung gelesen haben. Niemand aber wird es wagen, gegenüber anderen Menschen, von denen er nicht weiß, ob sie mit seinem politischen Urteil übereinstimmen, zuzugeben, daß er eine im Verfassungsschutzbericht als extremistisch bewertete Zeitung liest. Deshalb wird eine solche Zeitung kaum eine Chance haben, aus einer Randexistenz herauszukommen.

- Auch die redaktionelle Arbeit wird wesentlich erschwert. Eine im Verfassungsschutzbericht erwähnte Zeitung hat es schwer, gute Mitarbeiter für die Redaktion zu gewinnen, denn diese müssen befürchten, daß sie in ihrer weiteren Karriere schwerwiegende berufliche Nachteile hinnehmen müssen.

- Viele Prominente lehnen es ab, einer solchen Zeitung Interviews zu geben oder Gastkommentare zu schreiben.

- Viele Politiker und öffentliche Stellen lehnen es ab, einer solchen Zeitung Informationen zur Verfügung zu stellen.

- Wirtschaftlich von existenzieller Bedeutung ist der Anzeigenboykott. Eine im Verfassungsschutzbericht erwähnte Zeitung hat so gut wie keine Chancen, über die großen Agenturen Anzeigenaufträge zu bekommen. Auch direkte Anzeigenaquisition ist so gut wie chancenlos, weil die privaten Wirtschaftsunternehmen fürchten, daß ihnen die Werbung in einer solchen Zeitung zum Vorwurf gemacht würde.
- Darüber hinaus gibt es Schwierigkeiten mit Grossisten und Druckereibetrieben, die nicht mit einer als „extremistisch" geltenden Zeitung zusammenarbeiten wollen oder jedenfalls entsprechende öffentliche Vorwürfe fürchten.

Insgesamt betrachtet hat die Erwähnung einer Zeitung im Verfassungsschutzbericht also äußerst schwerwiegende, unter Umständen existenzgefährdende faktische Auswirkungen.

Zusammenfassend läßt sich sagen: Der Verfassungsschutzbericht dient nicht etwa der Diskussion mit den dort als „extremistisch" bezeichneten Gruppen und Personen über ein richtiges Verfassungsverständnis; es handelt sich nicht um einen Beitrag zur politischen Meinungsbildung, der sozusagen gleichberechtigt neben den Meinungsbeiträgen der betroffenen Gruppen und Personen sich am politischen Diskurs beteiligt. Vielmehr handelt es sich um ein *Mittel zur Bekämpfung* dieser Gruppen und Personen durch hoheitliche Einwirkung auf die Öffentlichkeit mit dem Ziel, die Betroffenen auszugrenzen, zu isolieren und aus dem demokratischen Diskurs auszuschließen[36]. Auf diese Weise wird die faktische Möglichkeit der Betroffenen, sich am demokratischen Willensbildungsprozeß zu beteiligen, zwar nicht völlig zunichte gemacht, aber doch sehr stark, mitunter bis an den Rand der völligen Wirkungslosigkeit, eingeschränkt.

Diese Funktionen, die extremistischen oder als extremistisch angesehenen Bestrebungen durch Einwirkung auf die öffentliche Meinungsbildung zu bekämpfen, die Öffentlichkeit vor ihnen zu warnen und das – angeblich – extremistische Verhalten der Betreffenden zu sanktionieren und Druck dahingehend auszuüben, daß dieses Verhalten entsprechend geändert wird,

---

36 Dies gilt, wie bereits betont – oben 2. b) dd) (4) – und wie vom Innenministerium Nordrhein-Westfalen ausdrücklich bestätigt – siehe den Auszug aus der Klageerwiderung des Innenministerium vom 8. 11. 1996 in der Anlage – auch in bezug auf solche Gruppen oder Personen, hinsichtlich derer nur Anhaltspunkte für den Verdacht gegeben sind, daß sie verfassungsfeindliche Ziele verfolgen.

hat der Verfassungsschutzbericht nicht nur insoweit, als er behauptet, die Verfassungsfeindlichkeit einer Bestrebung sei nachweisbar. Vielmehr hat er diese Funktionen ebenso, soweit er erwähnt, daß hinsichtlich bestimmter Gruppen tatsächliche Anhaltspunkte für den Verdacht bestehen, daß sie verfassungsfeindliche Ziele verfolgen (dazu bereits oben 2.b, dd [4]).

(3) *Freie, offene Meinungs- und Willensbildung ist die Grundlage der Demokratie.* Das Bundesverfassungsgericht hat dies immer wieder betont[37]. Es hat deshalb auch die Meinungs- und die Pressefreiheit als konstituierend für die Demokratie bezeichnet. In seiner Leitentscheidung zur Öffentlichkeitsarbeit hat das Bundesverfassungsgericht hervorgehoben, der demokratische Willensbildungsprozeß müsse prinzipiell vom Volk zu den Staatsorganen hin verlaufen, nicht von den Staatsorganen zum Volk. Den Menschen dürften also die politischen Meinungen nicht „von oben" aufgeprägt werden. Der Staat darf – wie das Bundesverfassungsgericht überzeugend dargelegt hat – nicht mit hoheitlichen Mitteln auf den Willensbildungsprozeß einwirken. Er ist vielmehr zur Neutralität im politischen Meinungskampf verpflichtet[38].

(4) Der Staat ist allerdings nicht zur Neutralität gegenüber der Verfassung verpflichtet. Im Gegenteil: Es ist Aufgabe der Staatsorgane, die Grundwerte der Verfassung, die jeder Verfassungsänderung entzogen sind, entschieden zu verteidigen. Die Verfassung ist nicht nur gegen ihre gewaltsame Beseitigung zu schützen, sondern auch gegen politische Entwicklungen, die dazu führen könnten, daß es irgendwann politische Mehrheiten gibt, die sich über die Grenzen der Verfassungsänderung hinwegsetzen und den unabänderlichen Verfassungskern beschädigen. Daher muß auch das öffentliche Bewußtsein hinsichtlich der Verfassungsgrundlagen gepflegt werden, damit der Verfassungskonsens hinsichtlich dieser Grundlagen erhalten bleibt. Hoheitliche Einwirkung auf den politischen Willensbildungsprozeß zur Erhaltung dieses Verfassungskonsenses ist also gerechtfertigt. Der Prozeß der freien öffentlichen Meinungs- und Willensbildung einschließlich der Presse- und Meinungsfreiheit finden ihre Grenzen an den im Begriff der freiheitlichen demokratischen Grundordnung zusammengefaßten Verfassungsgrundlagen. Die *hoheitliche Einwirkung auf den demokratischen Willensbildungsprozeß ist also gerechtfertigt,*

37 Vgl. z. B. *BVerfGE 44,* 125 (139 f., 142) – Öffentlichkeitsarbeit.

38 *BVerfGE 44,* 125 (139 ff.)

soweit – aber auch nur soweit – sie dazu dient, die jeder Verfassungsänderung entzogenen Verfassungsgrundlagen, d.h. vor allem die freiheitliche demokratische Grundordnung, im Bewußtsein der Menschen zu verankern und sie gegen ihre Feinde zu schützen.

(5) Die hoheitliche Einwirkung auf den politischen Willensbildungsprozeß mit der Ziel der Diskreditierung und Ausgrenzung bestimmter Gruppen, Personen oder politischer Richtungen ist somit nur zur Abwehr verfassungsfeindlicher Bestrebungen gerechtfertigt. *Wenn* dagegen *mit den Mitteln des „Verfassungsschutzes durch Aufklärung" eine politische Richtung bekämpft wird, die in Wirklichkeit keine verfassungsfeindlichen Ziele verfolgt*, dann *wird der Verfassungsschutzbericht* selbst *zum Instrument einer verfassungsfeindlichen, nämlich gegen die Demokratie gerichteten Politik.* Denn dann wird mit schärfsten hoheitlichen Mitteln nicht zur Verteidigung der Verfassung, sondern zur Beeinflussung der Politik auf den politischen Willensbildungsprozeß eingewirkt. Die mit der Einstufung einer politischen Gruppe, Person oder Richtung als „extremistisch" bezweckte und bewirkte Stigmatisierung und Ausgrenzung aus dem demokratischen Diskurs verstößt gegen das Demokratieprinzip. Sie ist mit dem vom Grundgesetz geforderten offenen Meinungs- und Willensbildungsprozeß unvereinbar und verstößt daher auch gegen die Kommunikationsgrundrechte der Betroffenen.

Als „extremistisch" dürfen somit von Amts wegen nur solche Bestrebungen geächtet werden, die tatsächlich extremistisch sind, nämlich gegen die freiheitliche demokratische Grundordnung gerichtete Ziele verfolgen, nicht hingegen auch solche, von denen die Verfassungsschutzbehörde fälschlich meint, ihre Ziele seien extremistisch.

(6) *Für Verdachtsfälle folgt daraus:*

Bestehen lediglich tatsächliche Anhaltspunkte für den Verdacht, daß eine gegen die freiheitliche demokratische Grundordnung gerichtete Bestrebung vorliegt, so erscheint es einerseits als möglich, daß die betreffende Gruppe tatsächlich verfassungsfeindliche Ziele verfolgt. Andererseits ist es aber auch möglich, daß der Verdacht unbegründet ist und daß tatsächlich keine verfassungsfeindlichen Ziele verfolgt werden.

(6.1) Wäre es bereits im Verdachtsfall zulässig, eine Gruppe im Verfassungsschutzbericht als „extremistisch" zu brandmarken, so könnte der Staat den Verfassungsschutzbericht zur politischen Repression einsetzen, zur Bekämpfung unbequemer, unliebsamer, aber verfassungsmäßiger Meinungen. Ein Verdacht läßt sich leicht begründen und so gut wie gar nicht widerlegen.

(6.2) Aber abgesehen von dieser Mißbrauchsgefahr: Auch wenn die Verfassungsschutzbehörde ernsthaft glaubt, einen begründeten Verdacht zu haben, so bekämpft sie mit der Brandmarkung als „extremistisch" doch eine Gruppe, von der sie noch gar nicht weiß, ob sie extremistische, insbesondere gegen die freiheitliche demokratische Grundordnung gerichtete Ziele verfolgt. *Die Gruppe wird auch dann bekämpft, wenn ihre Ziele verfassungsmäßig sind. Dies ist mit dem Demokratieprinzip sowie mit den Grundrechten der Betroffenen unvereinbar.*

Zwar trifft es zu, wenn das Verwaltungsgericht schreibt, § 15 II VSG NW sei Ausdruck des Prinzips der „wehrhaften Demokratie" und damit sei die Aufgabe verbunden, die Öffentlichkeit rechtzeitig und effektiv vor Gefahren für die Verfassungsschutzgüter zu warnen (S.19 f.). Doch wird das Schlagwort der „wehrhaften Demokratie" in sein Gegenteil verkehrt, wenn nicht vor tatsächlichen Verfassungsfeinden gewarnt wird, sondern vor solchen Gruppen oder Organisationen, die von der jeweiligen Regierung oder Verfassungsschutzbehörde für verfassungswidrig gehalten werden, ohne es wirklich zu sein. Auf diese Weise wird der Verfassungsschutz zum Instrument der Stabilierung der Herrschaft der gerade Herrschenden umfunktioniert und damit gegen die Verfassung und insbesondere gegen das Demokratieprinzip gewendet. Eine solche Perversion der „wehrhaften Demokratie" dürfte für die Verfassung viel gefährlicher sein als ein großer Teil dessen, was in Verfassungsschutzberichten als Gefahr dargestellt wird.

Es ist von fundamentaler Bedeutung, zwischen *Maßnahmen zur Aufklärung eines* durch tatsächliche Anhaltspunkte begründeten *Verdachts* und *Maßnahmen zur Bekämpfung* einer extremistischen Bestrebung zu *unterscheiden*. Es bestehen keine verfassungsrechtlichen Bedenken dagegen, daß bei Vorliegen tatsächlicher Anhaltspunkte für den Verdacht einer verfassungsfeindlichen Bestrebung über die betreffende Gruppe Informationen gesammelt und ausgewertet werden. Es gehört zu den legitimen Aufgaben des Verfassungsschutzes, solche Gruppen zu beobachten. Eine hoheitliche *Bekämpfung* dieser Gruppen mit dem Mittel des „Verfassungsschutzes durch Aufklärung der Öffentlichkeit" ist dagegen erst dann erlaubt, wenn die Beobachtung ergeben hat, daß der Verdacht begründet ist, daß also die Gruppe tatsächlich verfassungsfeindliche Ziele verfolgt.

(6.3) Die *Bekämpfung* von Gruppen, in bezug auf welche lediglich tatsächliche Anhaltspunkte für den Verdacht einer verfassungsfeindlichen Zielsetzung bestehen, *läßt sich* auch *nicht unter dem Aspekt der Gefahrenabwehr rechtfertigen.* Zwar sind auch öffentliche Warnungen zum Zwecke der Gefahrenabwehr prinzipiell möglich, wenn eine entsprechende gesetzliche Ermächtigungsgrundlage vorhanden ist. Dabei kann auch schon ein Gefahrenverdacht als Voraussetzung einer Warnung ausreichen. Gegenüber den Fällen, in denen die Rechtsprechung dies anerkannt hat[39] weist die Warnung vor „Extremisten" im Verfassungsschutzbericht jedoch eine wesentliche Besonderheit auf:

In den Fällen, in denen zur Gefahrenabwehr gewarnt werden darf, muß eine hinreichende Wahrscheinlichkeit dafür gegeben sein, daß ohne die Warnung ein Rechtsgut verletzt wird. In den von der Rechtsprechung entschiedenen Fällen war das gefährdete Rechtsgut in der Regel die menschliche Gesundheit. Auch eine solche Warnung erfolgt in einer Ungewißheitssituation, und es ist denkbar, daß sich ex post herausstellt, daß auch ohne die Warnung ein Gesundheitsschaden nicht eingetreten wäre, weil z. B. das Produkt, vor dem gewarnt wurde, gar nicht gesundheitsschädlich war. Dies macht aber die Warnung nicht rechtswidrig, wenn im Zeitpunkt, in dem sie abgegeben wurde, eine Gefahr gegeben war.

Ein wesentlicher Unterschied zur Warnung vor „extremistischen" Bestrebungen besteht in folgendem: Im Falle der normalen Gefahrenabwehr, also z.B. der Abwehr von Gesundheitsgefahren, hat die Warnung jedenfalls dem Schutzgut – der menschlichen Gesundheit – nicht geschadet, wenn sich später herausstellt, daß sie unberechtigt war, weil das Produkt, vor dem die Verbraucher gewarnt wurden, in Wirklichkeit unschädlich war. Beim Schutz der freiheitlichen demokratischen Grundordnung gegen angeblich verfassungsfeindliche Bestrebungen durch die Ächtung dieser Bestrebungen im Verfassungsschutzbericht ist dies anders: Stellt sich nämlich später heraus, daß der Verdacht, hier liege eine verfassungsfeindliche Bestrebung vor, unberechtigt war und daß mit der Ächtung dieser Bestrebung im Verfassungsschutzbericht eine verfassungsmäßige Gruppe an den Extremismus-Pranger gestellt wurde, dann hat der Verfassungsschutzbericht damit das Schutzgut, das zu verteidigen er bestimmt ist, verletzt, nämlich die freiheitliche demokratische Grundordnung. In Verdachtsfällen steht die Warnung

39 z. B. im Glykol-Fall, aber auch im TM-Fall

und Stigmatisierung, die in der Einordnung einer Gruppe als „extremistisch" im Verfassungsschutzbericht liegt, immer auf der Kippe: Handelt es sich wirklich um eine extremistische Gruppe, dann ist die Warnung gerechtfertigt; ist die Gruppe dagegen in Wirklichkeit nicht verfassungsfeindlich, dann ist die Warnung verfassungsfeindlich, da sie eine Gruppe aus dem demokratischen Meinungs- und Willensbildungsprozeß hoheitlich ausgrenzt. Dies verkennt das Verwaltungsgericht, wenn es meint, mit der wirksamen Wahrnehmung der Warnfunktion des Verfassungsschutzes wäre es nicht vereinbar, wollte man der Verfassungsschutzbehörde verwehren, ihre Erkenntnisse der Öffentlichkeit bereits dann zur Kenntnis zu bringen, wenn lediglich Anhaltspunkte für den Verdacht verfassungsfeindlicher Bestrebungen bestehen (S. 20). Im Gegenteil widerspricht es dem demokratisch legitimen Zweck des Verfassungsschutzes, wenn die Verfassungsschutzbehörde vor etwas warnt, was gar nicht verfassungsfeindlich ist.

Auch die These des Verwaltungsgerichts, „im Vorfeld solcher Betätigungen" – gemeint ist: bevor die Verfassungsfeindlichkeit der Zielsetzung einer Organisation erwiesen ist – zu informieren und aufzuklären, sei zum Schutz der freiheitlichen demokratischen Grundordnung im Sinne einer wehrhaften Demokratie notwendig (S.20), ist nicht geeignet, die Verdachtswarnung zu begründen. Da wird die „wehrhafte Demokratie" als Schlagwort vorneweg getragen – ohne irgendeinen erkennbaren Begründungsgehalt. Und die freiheitliche demokratische Grundordnung, die das Verwaltungsgericht sich vorstellt, muß schon eine merkwürdig Ordnung sein, die es nötig hat, gegen Bestrebungen geschützt zu werden, die sie gar nicht bekämpfen, sondern verteidigen wollen. Der Fehlschluß des Verwaltungsgerichts liegt auf der Hand: Er wird durch die Wortwahl „im Vorfeld" offenbar. Das Verwaltungsgericht geht offenbar davon aus, daß alle Organisationen, gegen die die Verfassungsschutzbehörde einen Verdacht hegt, sich früher oder später als tatsächlich verfassungsfeindlich erweisen; deshalb sieht das Verwaltungsgericht es als zum Schutz der freiheitlichen demokratischen Grundordnung als notwendig an, schon jetzt, bevor der Beweis geführt ist, Bekämpfungsmaßnahmen einzuleiten. Mit der Möglichkeit, daß der Verdacht sich als unbegründet erweist, rechnet das Verwaltungsgericht überhaupt nicht. Und es rechnet deshalb auch nicht mit der Möglichkeit, daß die – in diesem Falle unberechtigten – Bekämpfungsmaßnahmen die Demokratie in höchstem Maße schädigen. – Leider hat das Oberverwaltungsgericht die Ansicht des Verwaltungsgerichts kritiklos hingenommen.

Hoheitliche Eingriffe in den demokratischen Willensbildungsprozeß, die dem Schutz der freiheitlichen demokratischen Grundordnung dienen, können – so läßt sich resümieren – nur zulässig sein, wenn feststeht, daß sie sich gegen eine verfassungsfeindliche Bestrebung richten, denn andernfalls schädigen sie selbst die freiheitliche demokratische Grundordnung. Eine hoheitliche Bekämpfung politischer Gruppen oder Richtungen auf Verdacht darf es in der Demokratie nicht geben.

Legt man demgegenüber die Ansicht des Verwaltungsgerichts und des Oberverwaltungsgerichts zugrunde, dann ist die Stigmatisierung einer Gruppe als „extremistisch" im Verfassungsschutzbericht schon dann erlaubt, wenn noch nicht einmal eine überwiegende Wahrscheinlichkeit dafür gegeben ist, daß der Verdacht zutrifft. Da das Gesetz nur tatsächliche Anhaltspunkte für einen Verdacht zur Voraussetzung für die nachrichtendienstliche Beobachtung einer Gruppe macht (§ 3 I, letzter Halbsatz VSG NW) und die Gerichte diese Voraussetzung fälschlich auch für die Bekämpfung der betreffenden Gruppe mittels des Verfassungsschutzberichts genügen lassen, reicht nach dieser Auffassung schon eine geringe Wahrscheinlich aus, um die Bekämpfung vorzunehmen. Wenn diese Ansicht richtig wäre, dann dürfte die Verfassungsschutzbehörde eine Gruppe auch dann als angeblich „extremistisch" bekämpfen, wenn mehr dafür spricht, daß die Bekämpfungsmaßnahme demokratiewidrig ist, als dafür, daß sie der Erhaltung der Demokratie dient.

Diese Ansicht ist geradezu absurd. Als Ergebnis kann festgehalten werden: In der Auslegung, daß § 15 II VSG NW bereits in Verdachtsfällen zur Einstufung einer Bestrebung als „extremistisch" im Verfassungsschutzbericht ermächtigt, ist diese Vorschrift wegen Verstoßes gegen das Demokratieprinzip und gegen die Grundrechte der Betroffenen verfassungswidrig.

Grundrechtsdogmatisch kann man auch sagen, daß die Warnung vor einer vermeintlich extremistischen Bestrebung in Verdachtsfällen *nicht geeignet* ist, dem Zweck der gesetzlichen Ermächtigung, nämlich dem Schutz der freiheitlichen demokratischen Grundordnung, zu dienen. Ein Mittel, von dem man nicht weiß, ob sein Einsatz der freiheitlichen demokratischen Grundordnung nützt oder ihr schadet, ist zum Schutz der freiheitlichen demokratischen Grundordnung nicht geeignet. Die Eignung eines Mittels setzt voraus, daß man weiß, daß sein Einsatz das Schutzgut jedenfalls nicht schädigt (oder, was in der vorliegenden Konstellation nicht relevant sein dürfte: daß der durch seinen Einsatz beim Schutzgut angerichtete Schaden auf jeden Fall geringer ist als der Schaden, der für das Schutzgut entstünde, wenn das Mittel nicht eingesetzt wird). Diese Voraussetzung ist hier – wie dargelegt – nicht gegeben.

Abgesehen hiervon gibt es einen zweiten wesentlichen Unterschied zwischen den von der Rechtsprechung als erlaubt angesehenen Warnungen zur Gefahrenabwehr und den Warnungen vor mutmaßlich extremistischen Bestrebungen im Verfassungsschutzbericht: Der Bericht über extremistische Bestrebungen im Verfassungsschutzbericht setzt nach § 15 II VSG NW keine Gefahrenlage voraus. Vielmehr handelt es sich um bewußtseinsbildende Maßnahmen weit im Vorfeld der Abwehr konkreter Gefahren. Die Erwähnung einer Gruppe im Verfassungsschutzbericht, die beispielsweise die rechtsstaatliche Demokratie durch eine Einparteiendiktatur ersetzen will, ist auch dann erlaubt, wenn diese Gruppe so unbedeutend ist, daß sie überhaupt nicht geeignet ist, eine Gefahr für das bestehende Verfassungssystem hervorzurufen. Wenn hier aber gewarnt werden darf, ohne daß das Schutzgut gefährdet ist, weil keine hinreichende Schädigungswahrscheinlichkeit besteht oder die Schädigung des Schutzguts durch die betreffende Gruppe unter den gegebenen Umständen als unmöglich erscheint, dann kann ein Verdacht nicht ausreichen, um den Grundrechtseingriff verfassungsrechtlich zu legitimieren. – Die Rechtsprechung zu den Warnungen vor (Gesundheits-)Gefahren betrifft also völlig andere Fallkonstellationen. Sie ist nicht geeignet, Argumente dafür zu liefern, daß im Verfassungsschutzbericht auch vor als „extremistisch" bloß verdächtigten Gruppen gewarnt werden darf.

(7) Im übrigen drängt sich eine *Analogie zur strafrechtlichen Unschuldsvermutung* auf. Verglichen mit manchen Sanktionen unseres Straf- und Ordnungswidrigkeitenrechts sind die oben (2) dargestellten faktischen Wirkungen außerordentlich gravierend. Sie treffen ein Zeitungsunternehmen weit schwerer als beispielsweise ein Bußgeld oder eine Geldstrafe.

Schon für eine noch so geringe Geldstrafe oder ein kleines Bußgeld gilt im Rechtsstaat die Unschuldsvermutung. Der Täter darf nur dann bestraft werden, wenn nachgewiesen ist, daß er die Tat begangen hat und daß er schuldig ist. Dies darf nicht anders sein, wenn die Sanktion zwar nicht als „Strafe" bezeichnet wird, aber in ihrer faktischen Wirkung den Betroffenen mindestens ebenso hart, unter Umständen viel härter als eine Strafe trifft. Dem läßt sich nicht entgegenhalten, daß es beim Verfassungsschutzbericht ja nicht um die Sanktionierung von Straftaten geht. Im Gegenteil: Gerade weil das Verhalten, das im Verfassungsschutzbericht gerügt wird, nicht strafbar ist, muß der Rechtsstaat mit solchen Rügen mindestens ebenso sensibel umgehen wie mit strafrechtlichen Sanktionen. Die Erwähnung im Verfassungsschutzbericht wirkt als öffentliche Stigmatisierung. Der Verfassungsschutzbericht ist der Pranger, an den gestellt wird, wer öffentliche Mißachtung verdient für seine politischen Aktivitäten. Geht man davon aus, daß diese Anprangerung – eine Sanktion für ein Meinungsdelikt – im Prinzip im Rahmen der „streitbaren Demokratie" und als Mittel des „Verfassungsschutzes durch Aufklärung" auch ohne gerichtliche Verurteilung zulässig ist, dann darf sie jedenfalls nicht erfolgen, ohne daß das angeprangerte Verhalten – also das Vorliegen einer verfassungsfeindlichen Bestrebung – nachgewiesen ist. Ein bloßer Verdacht reicht nicht aus.

Auch wenn man die Analogie zur strafrechtlichen Unschuldsvermutung ablehnt, folgt aus allgemeinen rechtsstaatlichen Gesichtspunkten dasselbe. Der Rechtsstaat läßt es nicht zu, jemanden mit gravierenden Nachteilen auf bloßen Verdacht hin zu belasten. Die Beobachtung von Organisationen usw. durch den Verfassungsschutz muß einsetzen, wenn ein begründeter Verdacht gegeben ist. Aber diese Beobachtung muß immer ergebnisoffen sein[40]. Sie muß immer auch zu dem Ergebnis führen können, daß der Verdacht sich nicht bestätigt. Wenn dies der Fall ist, zeigt sich, daß der Beobachtete sich nicht verfassungsfeindlich verhalten hat, also auch kein Grund besteht, ihn öffentlich anzuprangern und vor ihm zu warnen. Auch dieser Zusammenhang zeigt klar, daß die Aufnahme in den Verfassungsschutzbericht aufgrund eines bloßen Verdachts nicht gerechtfertigt sein kann. Der Eingriff in die Rechte des Betroffenen ist dann nicht erforderlich, um den Zweck der Ermächtigungsnorm zu erfüllen.

Die Einstufung einer Gruppe als „extremistisch" im Verfassungsschutzbericht im Falle eines bloßes Verdachts verstößt also auch gegen das Rechtsstaatsprinzip.

(8) Eine *verfassungskonforme Auslegung* von § 15 II VSG NW ist möglich. Schon Wortlaut und Systematik der Vorschrift führen nämlich bei richtigem Verständnis zu dem verfassungsrechtlich gebotenen Ergebnis, daß im Verfassungsschutzbericht nur über solche Gruppen berichtet werden

40 Vgl. z. B. *VGH München,* 3. 8. 1993, NJW 1993, 3090.

darf, die tatsächlich verfassungsfeindliche Ziele verfolgen, nicht hingegen über solche, hinsichtlich welcher lediglich ein entsprechender Verdacht besteht (dazu im ausführlich Klageschrift v. 9.8.1996, S.13ff.; Schriftsatz v. 6.4.1999, S.11ff.). Die verfassungsrechtlich gebotene Auslegung führt auch nicht etwa dazu, daß der Verfassungsschutz „zahnlos" wird und die Vorschrift ihre Funktion verliert. Vielmehr erreicht die Vorschrift nur auf diese Weise ihren legitimen Zweck.

Auch bei verfassungskonformer Auslegung der Vorschrift sind verfassungsschutzrechtliche Maßnahmen gegen Gruppen möglich, hinsichtlich derer nur Anhaltspunkte für einen Verdacht verfassungsfeindlicher Bestrebungen bestehen: nämlich Informationsbeschaffungsmaßnahmen i.S. von §§ 3 I, 5 VSG NW. Mit Hilfe solcher Maßnahmen kann eine sichere Erkenntnisgrundlage gewonnen werden, die es gestattet, über Bekämpfungsmaßnahmen zu entscheiden. Ergibt die Beobachtung, daß der Verdacht zutrifft und daß tatsächlich verfassungsfeindlich Ziele verfolgt werden, ist ein Bericht nach § 15 II VSG NW rechtlich möglich und geboten. Ergibt die Beobachtung jedoch, daß der Verdacht sich nicht erhärten läßt, muß ein solcher Bericht unterbleiben.

Nur auf diese Weise wird die Verfassung geschützt. Die „wehrhafte Demokratie" kann sich auf diese Weise verteidigen. Wird dagegen bereits in Verdachtsfällen berichtet, so wird die Verfassung beschädigt.

(9) Im *Ergebnis* bleibt festzuhalten: Über die Beschwerdeführerin durfte schon deshalb nicht im Verfassungsschutzbericht berichtet werden, weil der nordrhein-westfälische Verfassungsschutz insoweit nur Anhaltspunkte für einen Verdacht hatte, jedoch nicht belegen kann, daß es sich bei der Beschwerdeführerin um eine verfassungsfeindliche Bestrebung handelt. § 15 II VSG NW in der Auslegung durch das Verwaltungsgericht und das Oberverwaltungsgericht ist verfassungswidrig. Indem die Gerichte eine hier mögliche verfassungskonforme Interpretation unterlassen haben, haben sie die Bedeutung der Grundrechte der Beschwerdeführerin, insbesondere der Meinungs- und Pressefreiheit, grundlegend verkannt. Hierauf beruhen die Entscheidungen, denn bei verfassungskonformer Auslegung des § 15 II VSG NW hätte der Klage stattgegeben werden müssen.

bb) *Hilfsweise: Fehlende Erforderlichkeit einer Verdachtswarnung*

Auch wenn man entgegen obigen Darlegungen zu dem Ergebnis käme, daß es mit dem Demokratieprinzip vereinbar ist, § 15 II VSG NW so auszulegen, daß auch bei bloßem Verdacht einer verfassungsfeindlichen Zielsetzung über eine Gruppe im Verfassungsschutzbericht berichtet werden darf, ist diese Vorschrift in der Auslegung durch das Verwaltungsgericht und das Oberverwaltungsgericht verfassungswidrig. In der Auslegung durch die Gerichte verstieße diese Vorschrift nämlich gegen den Erforderlichkeitsgrundsatz.

Dies zeigt ein Vergleich mit dem allgemeinen Polizeirecht. Liegen bloß tatsächliche Anhaltspunkte für den Verdacht vor, daß eine Gruppe verfassungsfeindliche Ziele verfolgt, so besteht, falls sich aufgrund dieser Anhaltspunkte eine hinreichende Wahrscheinlichkeit ergibt, eine mit dem polizeirechtlichen Gefahrenverdacht vergleichbare Situation. Im Falle des Gefahrenverdachts kann die Polizei zwar Maßnahmen ergreifen, ist jedoch dabei grundsätzlich auf Maßnahmen zur Aufklärung der Gefahrenlage beschränkt, auf sogenannte Gefahrenerforschungseingriffe[41]. Darüber hinausgehende, den scheinbaren Störer belastende Maßnahmen, sind grundsätzlich nicht erlaubt. Sie kommen nur ausnahmsweise in Betracht, wenn ein Eilfall vorliegt, in dem zur Abwehr einer schwerwiegenden, unmittelbar drohenden Gefahr eingeschritten werden muß, ohne daß es möglich ist, vorher aufzuklären, ob wirklich eine Gefahr vorliegt und ob der in Anspruch Genommene Verursacher dieser Gefahr ist. Und auch dann sind grundsätzlich nur vorläufige Sicherungsmaßnahmen zulässig.

Diese Grundsätze des allgemeinen Polizei- und Gefahrenabwehrrechts ergeben sich unmittelbar aus dem verfassungsrechtlichen Verhältnismäßigkeitsgrundsatz. Zu diesem Grundsatz gehört der Grundsatz der Erforderlichkeit. Danach darf ein Eingriff nur vorgenommen werden, wenn es kein milderes Mittel gibt, mit Hilfe dessen der erstrebte Zweck genauso effektiv erreicht werden kann. Für den Gefahrenverdacht und entsprechende Situationen folgt daraus, daß Maßnahmen gegen den vermuteten Störer nur dann ergriffen werden dürfen, wenn zuvor alle Möglichkeiten ausgeschöpft worden sind, den Sachverhalt näher aufzuklären.

Dies muß auch für den Verfassungsschutzbericht gelten. Das heißt, mit dem Mittel des Verfassungsschutzberichts dürfen Bestrebungen allenfalls dann bekämpft werden, wenn

41 Vgl. z. B. Götz, Allgemeines Polizei- und Ordnungsrecht, 12. Aufl. 1995, Rn. 155 ff. m.w.N.: Di Fabio, DÖV 1961, S. 629 (63 1 ff.).

1. alle Möglichkeiten ausgeschöpft sind, durch Informationsbeschaffung Gewißheit darüber zu erlangen, daß eine verfassungsfeindliche Bestrebung vorliegt und

2. im Hinblick auf die Größe der Gefahr, die auf der Basis der vorhandenen Informationen für die freiheitliche demokratische Grundordnung droht, gehandelt werden muß, obwohl nicht feststeht, daß es sich um eine verfassungsfeindliche Bestrebung handelt. (Es sei nochmals betont, daß es sich hier nur um Hilfsargumente handelt; nach den Darlegungen im vorigen Abschnitt kommen ja Maßnahmen gegen eine bloß als verfassungsfeindlich verdächtigte Bestrebung überhaupt nicht in Betracht.)

Voraussetzung für den Bericht über eine solche nur mutmaßlich verfassungsfeindliche Bestrebung im Verfassungsschutzbericht wäre also auf jeden Fall, daß keine Zeit mehr besteht, die betreffende Gruppe weiter zu beobachten, um auf diese Weise zusätzliche Informationen zu gewinnen. Dies kann aber nur dann der Fall sein, wenn eine sehr große, unmittelbare Gefahr für die freiheitliche demokratische Grundordnung besteht, also beispielsweise Anhaltspunkte dafür bestehen, daß eine Gruppe einen bewaffneten Aufstand konkret vorbereitet oder Massenvernichtungsmittel beschafft. (In solchen Fällen wird freilich die Warnung durch den Verfassungsschutzbericht ohnehin kein effektives, sondern eher ein kontraproduktives Mittel sein. In solchen Fällen müßten polizeiliche Maßnahmen ergriffen werden.) Dagegen ist es schlechthin unvorstellbar, daß eine Gefahr für die freiheitliche demokratische Grundordnung, die so dringend ist, daß keine Zeit für eine nähere Erforschung des Sachverhalts mehr besteht, bevor der Verfassungsschutzbericht als Bekämpfungsinstrument eingesetzt wird, auch in solchen Fällen gegeben sein kann, in denen keine Gewaltanwendung zu befürchten ist, sondern lediglich eine journalistische Beeinflussung der öffentlichen Meinung.

Wäre § 15 II VSG NW so auszulegen, daß diese Vorschrift – wie das Verwaltungsgericht und das Oberverwaltungsgericht meinen – dazu ermächtigt, über eine Gruppe im Verfassungsschutzbericht in bloßen Verdachtsfällen auch dann zu berichten, wenn keine unmittelbare schwere Gefahr für die freiheitliche demokratische Grundordnung gegeben und es noch möglich ist, die Gruppe weiter zu beobachten, um den Verdacht zur Gewißheit zu erhärten (oder zu entkräften), dann verstieße er gegen den Grundsatz der Erforderlichkeit und damit gegen die Grundrechte, in die durch den Verfassungsschutzbericht eingegriffen wird. Bei einer Gruppe, die – wie im vorliegenden Fall ein Zeitungsverlag – allein mit den Mitteln geistiger Auseinandersetzung auf die Schutzgüter der freiheitlichen demokratischen Grundordnung einwirkt, also weder Gewalt anwenden will noch auf andere Weise die Erlangung politischer Macht anstrebt, ist diese Voraussetzung niemals erfüllt. Aus dem Grundsatz der Erorderlichkeit folgt somit, daß zumindest über solche Gruppen niemals in bloßen Verdachtsfällen im Verfassungsschutzbericht berichtet werden darf.

Auch insoweit ist – was die Gerichte verkannt haben – eine verfassungskonforme Auslegung möglich und geboten.

cc) *Hilfsweise: Fehlende Erforderlichkeit der Einordnung in das Kapitel „Extremismus"*

Wenn man mit dem Verwaltungsgericht und dem Oberverwaltungsgericht annimmt, daß § 15 II VSG NW bereits in Verdachtsfällen dazu ermächtigt, in der gleichen Weise vor einer vermeintlich verfassungsfeindlichen Gruppe zu warnen wie vor einer Gruppe, deren verfassungsfeindliche Zielsetzung feststeht, dann ist diese Vorschrift in dieser Auslegung noch unter einem weiteren Aspekt verfassungswidrig: Sie verstößt dann nämlich auch insofern gegen den Grundsatz der Verhältnismäßigkeit, als es ein milderes Mittel gibt, mit dem der gesetzliche Zweck genauso gut erfüllt werden kann.

Es ist nämlich zur Erfüllung des Informationszwecks sowie des Warn- und Sanktionszwecks keineswegs notwendig, die als verfassungsfeindlich lediglich verdächtigten Gruppen im Verfassungsschutzbericht im selben Kapitel, in derselben optischen Aufmachung und in derselben Art und Weise der Darstellung wie die nachweislich verfassungsfeindlichen Gruppen zu behandeln. Vielmehr ist es auch möglich, ein besonderes – deutlich abgesetztes – Kapitel für die Verdachtsfälle in den Verfassungsschutzbericht aufzunehmen. Dieses müßte sich auch im Layout von dem Kapitel über die erwiesenermaßen verfassungsfeindlichen Bestrebungen abheben. Der dunkelbraune Randstreifen für das Kapitel über den Rechtsextremismus, den der nordrhein-westfälische Verfassungsschutzbericht verwendet, dürfte daher nicht für die Darstellung derjenigen Gruppen verwendet werden, für die lediglich der Verdacht besteht, daß sie rechtsextreme Ziele verfolgen. Inhaltlich müßte die Darstellung so gefaßt werden, daß für den Leser unmißverständlich deutlich wird, daß hier nur eine vorläufige Einschätzung abgegeben wird, daß aber durchaus möglich ist, daß diese Einschätzung unrichtig ist. Auch dürfte weder in der Überschrift, noch in Bildunterschriften, Zwischenüberschriften oder in abkürzenden Bezeichnungen im Text eine solche Gruppe als „extremistisch" bezeichnet werden. Der Verfassungsschutz könnte sich auf eine vorsichtige, ausgewogene Darstellung beschränken, die beim Leser Problembewußtsein für möglicherweise vorhandene verfassungsfeindliche Ziele weckt, aber nicht suggeriert, daß diese tatsächlich vorhanden sind.

Eine solche separate Darstellung, die deutlich macht, daß es sich nicht um nachweislich verfassungsfeindliche Gruppen handelt und daß daher – solange der Verdacht nicht erhärtet ist – im Unterschied zu den erweislich verfassungsfeindlichen Gruppen kein Anlaß besteht, sie zu ächten und aus dem demokratischen Diskurs auszugrenzen, sondern daß lediglich weitere Aufmerksamkeit angezeigt ist, würde die Betroffenen weit weniger belasten. Sie wäre ein eindeutig milderes Mittel.

Dieses mildere Mittel würde den legitimen Zweck des Gesetzes (hier sei im Rahmen der Hilfsargumentation unterstellt, es sei legitim, auch Verdachtsfälle in den Verfassungsschutzbericht aufzunehmen) mindestens ebenso effektiv erfüllen, wie die bisherige Praxis, keinen Unterschied zwischen erwiesenermaßen verfassungsfeindlichen Bestrebungen und lediglich mutmaßlichen verfassungsfeindlichen Bestrebungen zu machen. Denn es gibt keinen legitimen Grund dafür, den falschen Eindruck zu erwecken, bei den mutmaßlich verfassungsfeindlichen Gruppen handele es sich um solche, die erwiesenermaßen verfassungsfeindlich sind.

§ 15 II VSG NW ist also auch dann verfassungswidrig, wenn man ihn so interpretiert, daß er dazu ermächtigt, über Gruppen, hinsichtlich derer lediglich tatsächliche Anhaltspunkte für einen Verdacht gegeben sind, daß sie verfassungsfeindliche Ziele verfolgen, in derselben Weise wie über nachweislich verfassungsfeindliche Gruppen – insbesondere im selben Kapitel – zu berichten und ohne die fehlende Erweislichkeit der bloß vermuteten Zielsetzung unmißverständlich hervorzuheben.

Auch insoweit wäre eine verfassungskonforme Interpretation möglich.

dd) *Verfassungswidrige Auslegung des Gesetzes durch das Verwaltungsgericht und das Oberverwaltungsgericht*

Wie bereits dargelegt, haben das Verwaltungsgericht und das Oberverwaltungsgericht unter allen oben ausgeführten Aspekten (aa, bb, und cc)

§ 15 II VSG NW in einer Weise ausgelegt, die mit dem Grundgesetz unvereinbar ist und die Grundrechte der Beschwerdeführerin verletzt.

Die Gerichte haben diese Grundrechte bei der Auslegung des Gesetzes verkannt, obwohl im gerichtlichen Verfahren die Verfassungswidrigkeit der von den Gerichten gewählten Gesetzesauslegung und die Unvereinbarkeit dieser Auslegung mit den Grundrechten der Beschwerdeführerin dargelegt worden ist (Klageschrift v. 9.8.1996, S.16ff., insb. 19f.; Schriftsatz v. 6.4.1999, S.12ff., 16ff.).

Das *Oberverwaltungsgericht* hat sich mit der Problematik überhaupt nicht auseinandergesetzt, sondern ohne auf die verfassungsrechtliche Problematik im einzelnen einzugehen nur behauptet, das Gesetz enthalte in §§ 3, 5 und 15 eine Reihe besonderer Voraussetzungen für den Einsatz dieser Maßnahmen als Ausprägung des Verhältnismäßigkeitsgrundsatzes (S.9). Das Gericht erkennt jedoch nicht, daß das § 15 II VSG verfassungswidrig ist, wenn man diese Vorschrift so auslegt, daß sie auch in Verdachtsfällen den Bericht über mutmaßlich verfassungsfeindliche Bestrebungen erlaubt und trägt hierzu keinerlei Argumente vor. Soweit der Hinweis darauf, daß die gesetzlichen Bestimmungen in ihrer Gesamtheit geböten, die schutzwürdigen Belange des Betroffenen in die Abwägung einzustellen und angemessen zu würden (S.9), so zu verstehen ist, daß das Gesetz dem Verhältnismäßigkeitsgrundsatz in jeder Hinsicht Rechnung trage und eine verfassungsmäßige Anwendung ermögliche, ist dies zwar richtig. Damit hätte das Oberverwaltungsgericht auf der Ebene des abstrakten Gesetzesverständnisses möglicherweise den Anforderungen Rechnung getragen, die sich aus dem Grundgesetz im Hinblick auf die oben dargelegten Erforderlichkeitskriterien (bb und cc) ergeben. Jedoch erscheint es als sehr zweifelhaft, daß das Oberverwaltungsgericht diesen Hinweis so gemeint hat. Indem es nämlich nur auf eine allgemeine Güterabwägung abstellt, entnimmt es dem Gesetz lediglich die Anforderung, den Verhältnismäßigkeitsgrundsatz im engeren Sinne zu beachten, nicht jedoch den Grundsatz der Erforderlichkeit, der eine strengere und präzisere gerichtliche Kontrolle ermöglicht und es hier, wie oben dargelegt (bb, cc) ausschließt, in bloßen Verdachtsfällen vor angeblich verfassungsfeindlichen Bestrebungen zu warnen und über sie in demselben Kapitel des Verfassungsschutzberichts zu berichten, in dem über nachweislich extremistische Bestrebungen berichtet wird. Das Oberverwaltungsgericht geht aber trotz seines abstrakten Bekenntnisses zum Verhältnismäßigkeitsgrundsatz ausdrücklich davon aus, das Gesetz erlaube bereits bei Vorliegen tatsächlicher Anhaltspunkte für den Verdacht verfas-

sungsfeindlicher Bestrebungen die Aufnahme dieser Bestrebungen in den Verfassungsschutzbericht (S.16, vgl. auch S.10). Dies zeigt, daß es das Gesetz eben nicht im Lichte des Grundsatzes der Erforderlichkeit ausgelegt hat, sondern ihm einen Inhalt zuschreibt, der mit diesem Grundsatz – und wie gezeigt – auch mit dem Demokratieprinzip, dem Rechtsstaatsprinzip und den Grundrechten der Beschwerdeführer unvereinbar ist.
Nähme man demgegenüber an, der pauschale Hinweis des Oberverwaltungsgerichts darauf, daß das Gesetz eine Abwägung ermögliche, genüge für eine verfassungskonforme Interpretation, dann wäre die Entscheidung des Oberverwaltungsgerichts zwar nicht unter dem Aspekt der Auslegung, aber doch unter dem Aspekt der Anwendung des Gesetzes verfassungswidrig. Unter dieser Voraussetzung hätte das Oberverwaltungsgericht die in diesem Abschnitt der Begründung (3.b, aa-cc) unter dem Aspekt der verfassungsmäßigen *Auslegung* des Gesetzes behandelten grundgesetzlichen Anforderungen im Rahmen der *Anwendung* des § 15 II VSG NW auf den konkreten Fall beachten müssen. Auch dies ist aber nicht geschehen. Denn auch im Rahmen der Anwendung geht das Oberverwaltungsgericht ohne Begründung davon aus, daß bei bloßen Anhaltspunkten für einen Verdacht im Verfassungsschutzbericht berichtet werden dürfe (S.10). Daß es kein weniger beeinträchtigendes, aber gleich geeignetes Mittel zum Schutz der freiheitlichen demokratischen Grundordnung gebe, wird ohne Begründung lediglich behauptet (S.13). Geht man also davon aus, daß das Oberverwaltungsgericht das Gesetz nicht unter Verkennung der Grundrechte der Beschwerdeführerin falsch interpretiert habe, dann hat es aus den in diesem Abschnitt der Begründung (3.b, aa-cc) dargelegten Gründen jedenfalls das Gesetz auf den vorliegenden Fall unter Verstoß gegen die Grundrechte der Beschwerdeführerin angewendet.

Das *Verwaltungsgericht* hat in seinem Urteil die Frage, ob § 15 II VSG NW unter Berücksichtigung der Grundrechte so ausgelegt werden muß, daß in Verdachtsfällen nicht im Verfassungsschutzbericht vor der betreffenden mutmaßlich verfassungsfeindlichen Bestrebung gewarnt werden darf, immerhin thematisiert (S. 20f.). Es hat jedoch dabei die Bedeutung des Demokratieprinzips, des Rechtsstaatsprinzips und der Grundrechte der Beschwerdeführerin verkannt. Zur Verkennung des Demokratieprinzip bereits oben (aa [6.3]). Ein Verstoß gegen das Rechtsstaatsprinzip wird nicht geprüft. Die Grundrechte der Beschwerdeführerin werden grundlegend verkannt, indem das Verwaltungsgericht meint, faktische Nachteile berührten die Grundrechte nicht. (Daß dies unzutreffend ist, wurde oben im Abschnitt 2. unter dem Aspekt des Eingriffs dargelegt.) Auch das Verwaltungsgericht hat weder im Rahmen seiner Ausführungen zur Auslegung des Gesetzes noch später im Rahmen der Anwendung des Gesetzes auf den konkreten Fall die oben (bb, cc) vorgetragenen Gesichtspunkte der Erforderlichkeit beachtet. Auch das Verwaltungsgericht behauptet ohne jede Begründung, daß es ein weniger beeinträchtigendes, aber gleich geeignetes Mittel nicht gebe.

ee) *Gesamtergebnis zur materiellen Verfassungswidrigkeit der gesetzlichen Ermächtigungsgrundlage*

In der Auslegung durch das Verwaltungsgericht und das Oberverwaltungsgericht ist § 15 II VSG NW unter drei Aspekten verfassungswidrig:

- Es ist mit dem Demokratieprinzip, dem Rechtsstaatsprinzip und den Grundrechten der durch den Verfassungsschutzbericht Betroffenen unvereinbar, daß über solche Gruppen im Verfassungsschutzbericht berichtet wird, die nicht erwiesenermaßen verfassungsfeindliche Ziele verfolgen. Daß § 15 II VSG NW hierzu ermächtigt, nehmen Verwaltungsgericht und Oberverwaltungsgericht unter Verkennung der genannten Prinzipien und Grundrechte an.

- Hilfsweise: Es verstößt gegen den Verhältnismäßigkeitsgrundsatz (Prinzip der Erforderlichkeit), wenn über solche Gruppen im Verfassungsschutzbericht berichtet wird, die nicht erwiesenermaßen verfassungsfeindliche Ziele verfolgen. Dies gilt zumindest für solche Gruppen, die – wie im vorliegenden Fall ein Zeitungsverlag – allein mit den Mitteln geistiger Auseinandersetzung auf die Schutzgüter der freiheitlichen demokratischen Grundordnung mutmaßlich einwirken, also weder Gewalt anwenden noch auf andere Weise die Erlangung politischer Macht erstreben. Denn als Maßnahme des Verfassungsschutzes ist hier zunächst weitere Informationserhebung möglich (vergleichbar dem Gefahrenerforschungseingriff beim Gefahrenverdacht im allgemeinen Polizei- und Ordnungsrecht). Dies verkennen Verwaltungsgericht und Oberverwaltungsgericht, wenn sie davon ausgehen, daß § 15 II VSG NW zur Berichterstattung über solche Gruppen im Verfassungsschutzbericht ermächtigt.

- Hilfsweise: Mit dem Verhältnismäßigkeitsgrundsatz (Prinzip der Erforderlichkeit) ist es außerdem unvereinbar, daß im Verfassungsschutzbericht über die nur mutmaßlich verfassungsfeindlichen Gruppen in demselben Kapitel und in derselben Weise berichtet wird wie über erwiesenermaßen verfassungsfeindliche Gruppen. Als milderes Mittel kommt hier in Betracht, über die Gruppen, hinsichtlich derer es nur Anhaltspunkte für einen Verdacht der Verfassungsfeindlichkeit gibt, in einem besonderen, deutlich abgehobenen Kapitel berichtet wird, und daß der Bericht inhaltlich unmißverständlich deutlich macht, daß diese Gruppen noch nicht als „extremistisch" eingestuft werden. Verwaltungsgericht und Oberverwaltungsgericht legen aber § 15 II VSG NW so aus, daß er dazu ermächtigt, über solche Gruppen im selben Kapitel wie über erwiesenermaßen verfassungsfeindliche Gruppen zu berichten.

Unter all diesen Aspekten verletzt das Gesetz in der Auslegung durch das Verwaltungsgericht und das Oberverwaltungsgericht daher die Grundrechte der Beschwerdeführerin. Eine verfassungskonforme Auslegung des Gesetzes wäre möglich gewesen. Die Gerichte haben diese Grundrechte bei der Auslegung des Gesetzes verkannt.

Im Ergebnis ist § 15 II VSG NW bei verfassungskonformer Interpretation also verfassungsmäßig. Das Verwaltungsgericht und das Oberverwaltungsgericht haben die Vorschrift jedoch auf verfassungswidrige Weise – unter Verkennung der Grundrechte der Beschwerdeführerin – interpretiert und daher der Anwendung der Vorschrift im konkreten Fall ein verfassungswidriges Verständnis dieser Vorschrift zugrunde gelegt.

Auf diesem verfassungswidrigen Verständnis der Vorschrift beruhen die Entscheidungen, denn bei verfassungskonformem Verständnis der Vorschrift hätte der Klage zumindest hinsichtlich der Klageanträge Nr. 1, 3 und 4 stattgegeben werden müssen. Die Klägerin hat einen Anspruch auf Unterlassung der ihre Rechte beeinträchtigenden Erwähnung in den Verfassungsschutzberichten und einen Anspruch auf Widerruf von unzutreffenden Tatsachenbehauptungen. Der Unterlassungsanspruch hat seine Grundlage unmittelbar in den verletzten Grundrechten[42]. Grundlage des Widerrufsanspruchs bzw. des Richtigstellungsanspruchs ist der allgemeine öffentlichrechtliche Folgenbeseitigungsanspruch[43]. Bei verfassungskonformer Auslegung der Ermächtigungsgrundlage sind die Voraussetzungen für die Erwähnung der JUNGEN FREIHEIT in den Verfassungs-

42 Vgl. z. B. BVerwG, DÖV 1990, 108; OVG Lüneburg, 12.2.1991, NJW 1992, 192 (193).

43 Vgl. z. B. OVG Lüneburg, 12. 2. 1991, NJW 1992, 192 (193) m.w.N.

schutzberichten 1994 und 1995 eindeutig nicht gegeben. Diese war somit rechtswidrig. Daraus folgt, daß der Unterlassungsantrag (Antrag Nr. 1) sowie der Richtigstellungsantrag (Antrag Nr. 4) begründet sind. Entsprechendes gilt für den Feststellungsantrag Nr. 3. Wie gezeigt, ist es verfassungswidrig, eine Zeitung in das Kapitel „Rechtsextremismus" einzuordnen, wenn insoweit nur ein Verdacht besteht. Wegen Wiederholungsgefahr ist auch der Feststellungsantrag begründet.

c) Verfassungswidrigkeit der Anwendung des Gesetzes im konkreten Fall

Die Anwendung des Gesetzes auf den konkreten Fall ist schon deshalb verfassungswidrig, weil die Gerichte dabei eine verfassungswidrige Auslegung des Gesetzes zugrunde gelegt haben. Dies ist oben (a, b) dargestellt worden. Darüber hinaus weist die Anwendung des Gesetzes durch Verwaltungsgericht und Oberverwaltungsgericht aber noch zusätzliche Verfassungsverstöße auf. Nur von diesen ist im folgenden die Rede. Es werden im folgenden solche Verfassungsverstöße dargelegt, die selbst dann gegeben sind, wenn man unterstellt, der nordrhein-westfälische Landesgesetzgeber habe auch insoweit die Verbandskompetenz, Warnungen vor verfassungsfeindlichen Bestrebungen durch Verfassungsschutzberichte zu regeln, als es um Bestrebungen außerhalb des Landes Nordrhein-Westfalen geht, und wenn man unterstellt, § 15 II VSG NW sei so auszulegen, daß er Warnungen vor vermeintlich verfassungsfeindlichen Bestrebungen schon in Verdachtsfällen zuläßt, selbst wenn es sich nicht um politische Parteien, sondern um Presseorgane handelt.

Selbst wenn man somit unterstellt, die von den Gerichten zugrunde gelegte Gesetzesinterpretation sei verfassungsmäßig, verletzt die Darstellung der JUNGEN FREIHEIT in den Verfassungsschutzberichten 1994 und 1995 durch das Land Nordrhein-Westfalen sowie die Aufrechterhaltung dieser Verfassungsschutzberichte durch das Verwaltungsgericht und das Oberverwaltungsgericht die Beschwerdeführerin in ihren Grundrechten. Die Art und Weise der Anwendung der gesetzlichen Ermächtigung auf die JUNGE FREIHEIT ist sogar der eigentliche Skandal. Die Grundrechte der Beschwerdeführerin werden hierdurch massiv verletzt. Denn der nordrhein-westfälische Verfassungsschutz mißbraucht hier das Instrument des Verfassungsschutzberichtes, das dazu dienen soll, die freiheitliche demokratische Grundordnung zu schützen, für seine politischen Zwecke. Die JUNGE FREIHEIT verfolgt keine verfassungsfeindlichen

Ziele. Sie publiziert aber Auffassungen, die heute in weiten Kreisen als „politisch unkorrekt" gelten und die dem nordrhein-westfälischen Innenminister offenbar zuwider sind. Indem nun die JUNGE FREIHEIT fälschlich als eine Zeitung angeprangert wird, die verfassungsfeindliche Ziele verfolgt, soll sie isoliert, aus dem demokratischen Diskurs ausgegrenzt und ihrer Möglichkeit zur Mitwirkung am politischen Willensbildungsprozeß möglichst weitgehend beraubt werden. Dieses Vorgehen, eine politisch unbequeme Zeitung als angeblich verfassungsfeindlich an den Pranger zu stellen, ist ein massiver Angriff auf die Meinungs- und Pressefreiheit. Zugleich verletzt es das Persönlichkeitsrecht der Beschwerdeführerin, die sich der freiheitlichen demokratischen Grundordnung verpflichtet fühlt und für die der Vorwurf der Verfassungsfeindlichkeit ihre Ehre zutiefst verletzt.

Unter der hier nur unterstellten Annahme, daß das Gesetz ohne Verstoß so ausgelegt werden könnte, wie die Gerichte dies getan haben, wäre Voraussetzung für die Rechtmäßigkeit der Erwähnung der JUNGEN FREIHEIT im Verfassungsschutzbericht,

1. daß tatsächliche Anhaltspunkte für den Verdacht gegeben sind, daß die JUNGE FREIHEIT verfassungsfeindliche Ziele verfolgt,
2. daß außerdem dieser Verdacht bei einer Gesamtbetrachtung der einzelnen Anhaltspunkte es rechtfertigt, die Öffentlichkeit im Verfassungsschutzbericht vor der JUNGEN FREIHEIT zu warnen,
3. und daß die Darstellung im Verfassungsschutzbericht mit dem Verhältnismäßigkeitsgrundsatz vereinbar ist.

Das Verwaltungsgericht und das Oberverwaltungsgericht gehen abstrakt ebenfalls davon aus, daß diese Kriterien erfüllt sein müssen. Sie wenden diese Kriterien jedoch auf den vorliegenden Fall auf verfassungswidrige Weise an und verkennen dabei die Grundrechte der Beschwerdeführerin. Dies wird im folgenden für alle drei Kriterien gezeigt:

1. Fast alle von der Verfassungsschutzbehörde und von den Gerichten genannten Anhaltspunkte für den Verdacht, daß die JUNGE FREIHEIT verfassungsfeindliche Ziele verfolgt, sind nicht geeignet, einen solchen Verdacht zu begründen. Es handelt sich vielmehr um verfassungsgemäße Äußerungen, die von der Verfassungsschutzbehörde und von den Gerichten zu Unrecht und unter Verletzung der Grundrechte der Beschwerdeführerin als verfassungsfeindlich betrachtet werden (aa).

2. Sofern man davon ausgeht, daß überhaupt einzelne Anhaltspunkte für einen Verdacht gegeben sind, reichen diese jedenfalls bei einer Gesamtbetrachtung nicht aus, die Warnung vor der JUNGEN FREIHEIT im Verfassungsschutzbericht zu rechtfertigen. Allenfalls handelt sich um eine im Verhältnis zum gesamten Inhalt der Zeitung minimale Anzahl von Äußerungen. Eine Erwähnung im Verfassungsschutzbericht könnte aber allenfalls dann zu rechtfertigen sein, wenn eine überwiegende Wahrscheinlichkeit dafür spricht, daß der Verdacht zutrifft. Dies ist hier eindeutig nicht der Fall (bb).

3. Die Erwähnung der JUNGEN FREIHEIT in den Verfassungsschutzberichten 1994 und 1995 verstößt unter verschiedenen Aspekten gegen den Verhältnismäßigkeitsgrundsatz. Sie ist zur Verteidigung der freiheitlichen demokratischen Grundordnung weder geeignet noch erforderlich und im engeren Sinne verhältnismäßig (cc).

aa) *Keine tatsächlichen Anhaltspunkte für den Verdacht einer verfassungsfeindlichen Zielsetzung*

(1) *Zu den angeblichen tatsächlichen Anhaltspunkten im einzelnen*

Die Verfassungsschutzbehörde, das Verwaltungsgericht und das Oberverwaltungsgericht stützen ihren Verdacht, die JUNGE FREIHEIT verfolge verfassungsfeindliche Ziele, auf in dieser Zeitung erschienene Artikel, aus denen das Verwaltungsgericht wörtliche Zitate entnommen hat, während die Verfassungsschutzberichte sich teils auf wörtliche Zitate stützen, teils aber nur behaupten, in der JUNGEN FREIHEIT würden bestimmte Meinungen vertreten. In diesen Zitaten sehen Verfassungsschutzbehörde und Gerichte die „tatsächlichen Anhaltspunkte", die den Verdacht begründen sollen. Um einen solchen Verdacht zu stützen, müßten die zitierten Meinungen einen verfassungsfeindlichen Inhalt haben. Dies ist jedoch – von einer einzigen Ausnahme abgesehen, auf die noch eingegangen wird – nicht der Fall. Die Bewertung der zitierten Artikel als verfassungsfeindlich beruht vielmehr entweder auf einer böswilligen Verdrehung ihrer inhaltlichen Aussage oder auf einer Verkennung von rechtlichen Elementen der freiheitlichen demokratischen Grundordnung.

Dies wurde für die in den Verfassungsschutzberichten 1994 und 1995 enthaltenen Zitate im Verfahren vor dem Verwaltungsgericht detailliert begründet (Klageschrift v. 9.8.1996, S.28-56; außerdem Schriftsatz v. 28.1.1997, S.18-57). Darauf nehme ich Bezug. – Das Verwaltungsgericht hat dies zum größten Teil offenbar ebenso gesehen. Es hat nämlich für die Begründung seines Urteils aus der Fülle (wohl über 30) der in diesen Verfassungsschutzberichten vorhandenen wörtlichen oder indirekt widergegebenen Zitate nur sechs übernommen, ist auf die übrigen nicht eingegangen und hat sich stattdessen auf 10 weitere, in den Verfassungsschutzberichten nicht enthaltene Zitate gestützt.

Das Verwaltungsgericht hat seine Ansicht, es bestünden hinreichende Anhaltspunkte für den Verdacht, die JUNGE FREIHEIT verfolge verfassungsfeindliche Ziele, also auf insgesamt 16 dieser Zeitung entnommene Zitate gestützt. Mit diesen Zitaten will das Verwaltungsgericht belegen, daß in der JUNGEN FREIHEIT verfassungsfeindliche Meinungen publiziert würden.

Zu diesen 16 Zitaten habe ich im Verfahren der Berufungszulassung wie folgt Stellung genommen (Antrag v. 17.4.1997, S. 5; Schriftsatz v. 6.4.1999, S. 20–25):

»Die Beurteilung von in der JUNGEN FREIHEIT erschienenen Artikeln als gegen Prinzipien der freiheitlichen demokratischen Grundordnung gerichtet beruht in zentralen und die Entscheidung tragenden Punkten auf schwerwiegenden und offenkundigen rechtlichen Fehlern.

... So wird ein Artikel als gegen die Menschenwürde gerichtet bezeichnet, der sich mit den Kosten der Einwanderung beschäftigt. Nach den Darlegungen des Autors und dem eindeutigen Kontext der zitierten Sätze geht es dem Autor nicht um die Bewertung der Ausländer in menschlicher Hinsicht, sondern allein um die Frage, was die Einwanderer zur Volkswirtschaft beitragen. Eine solche ökonomische Betrachtung, die ja gerade auch von Befürwortern der Einwanderung angestellt wird, indem diese behaupteten, Deutschland brauche die Einwanderung aus ökonomisch-sozialen Gründen („Sicherung des Rentensystems"), ist nicht unerlaubt und verstößt in keiner Weise gegen das Grundgesetz. Es muß insbesondere erlaubt sein, sich mit der genannten These der Einwanderungsbefürworter kritisch auseinanderzusetzen. Ein negatives Werturteil über Ausländer generell – insbesondere ihre Bewertung als „minderwertig" – ist damit nicht verbunden. Die betreffenden Ausführungen und Schlußfolgerungen des Gerichts auf S. 24 im letzten Absatz finden in dem Artikel offensichtlich keine Grundlage.

... Ebenso abwegig ist es, aus dem auf S. 25 oben zitierten Artikel die „Diffamierung fremder, hier lebender Menschen als Umweltschädlinge" zu folgern. In dem Artikel wird nicht behauptet, daß Ausländer die Umwelt mehr schädigen als Deutsche, sondern es wird allein darauf abgestellt, daß die Bevölkerungsdichte durch die Einwanderung zunimmt und daß damit die Umweltprobleme steigen. Eindeutig falsch ist auch die Behauptung des Verwaltungsgerichts, daß den Ausländern „eine unbegrenzte Anspruchshaltung gegenüber den Deutschen unterstellt wird". Der Artikel behauptet in keiner Weise, daß die Ausländer die dort genannten Konsumgüter usw. vom deutschen Staat bzw. von „den Deutschen" fordern würden, sondern stellt lediglich die Prognose, daß die Einwanderer die gleichen Konsumwünsche entwickeln (und wenn sie die nötigen Mittel dazu haben, auch verwirklichen) werden, wie sie den Deutschen längst selbstverständlich sind, daß sie also nichts anderes tun als Deutsche auch. Nicht weil sie anders oder schlechter seien, wie das Verwaltungsgericht unterstellt, sondern einfach deshalb, weil sie die Zahl der Einwohner erhöhen, die hier konsumieren, Energie, Wohnfläche usw. benötigen und damit Umweltprobleme verursachen, vergrößern die Einwanderer dem Artikel zufolge die Umweltprobleme. Die These von der Vergrößerung der Umweltprobleme durch Bevölkerungsverdichtung ist offensichtlich ohne jeden diskriminatorischen Charakter. ...«

»Die Einschätzung des Verwaltungsgerichts, es lägen hinreichende tatsächliche Anhaltspunkte für den Verdacht vor, daß von der Klägerin gegen die freiheitliche demokratische Grundordnung gerichtete Bestrebungen ausgehen, beruht auf einer Verkennung des Begriffs der freiheitlichen demokratischen Grundordnung. Dieser Begriff wird bei der rechtlichen Bewertung einzelner Zitate aus in der JUNGEN FREIHEIT veröffentlichten Beiträgen falsch angewendet oder aber die Zitate werden vom Verwaltungsgericht sinnentstellend interpretiert. Insoweit wird der Sachverhalt falsch gewürdigt. Dies wurde für zwei zentrale Belegstücke, die das Verwaltungsgericht als „tatsächliche Anhaltspunkte" heranzieht, in der Antragsbegründung vom 17.4.1997 näher gezeigt (S. 5 Nr. 5 a, b). Was hierbei rechtliche Würdigung und was Sachverhaltswürdigung ist, läßt sich nicht klar unterscheiden. Wenn das Verwaltungsgericht beispielsweise meint, es verstoße gegen die Menschenwürde von Einwanderern, wenn man in einem Artikel die Kosten der Einwanderung zusammenstellt, dann ist dies eher eine – falsche – Anwendung von Art. 1 GG. Man könnte es aber auch für eine falsche Interpretation des Intention dessen, was der Autor hat zum Ausdruck bringen wollen, verstehen, somit als falsche Tatsachenwürdigung. Der Sache nach wird in der Antragsschrift und auch hier beides geltend gemacht.

Zu den weiteren Belegstücken des Verwaltungsgerichts sei folgendes ergänzt:

Das Verwaltungsgericht setzt durchgehend eine einwanderungskritische Einstellung mit einer „ausländerfeindlichen Grundeinstellung" gleich, die für verfassungsfeindlich gehalten wird. Einwanderungskritik, auch wenn sie polemisch ist, verstößt aber weder gegen die Menschenwürde von (potentiellen) Einwanderern noch gegen sonstige Elemente der freiheitlichen demokratischen Grundordnung. Deshalb ist es abwegig, in den auf S. 25 unten des UA zitierten Äußerungen Verfassungsfeindliches zu sehen. Die Äußerung, daß wir „an der Schwelle eines multikulturellen Bürgerkrieges" stehen, trifft vielleicht nicht zu, verstößt aber gegen niemandes Menschenwürde. Derartiges konnte man übrigens nach der Verhaftung Özalans und den darauf folgenden Kurdenkrawallen kürzlich in vielen etablierten Zeitungen lesen.

Die Zitate auf S. 26 UA Abs. 2 und 3 werden ohne nähere Begründung und Analyse als „in Tonfall und Wortwahl verächtlich machende Äußerungen über Ausländer" qualifiziert. Auf diese Weise ist es jedoch nicht möglich, einen Anhaltspunkt für einen Verstoß gegen die freiheitliche demokratische Grundordnung zu begründen. Den ersten der beiden Absätze kann man ohne den größeren Zusammenhang in seiner Intention überhaupt nicht verstehen. Und inhaltlich wird hier reine Gefühlsjurisprudenz getrieben: Ein Tonfall und eine Wortwahl, die den Verwaltungsrichtern nicht gefallen, werden für verfassungsfeindlich befunden. Mit Rechtsanwendung hat dies nichts mehr zu tun. Das gilt auch für das zweite Zitat, das ohne weitere Analyse mit dem Hinweis auf Tonfall und Wortwahl als Beleg für Verfassungsfeindlichkeit angesehen wird.

Auch das dann folgende Zitat (UA S. 26 f.) wird nicht im Hinblick auf konkrete Merkmale der freiheitlichen demokratischen Grundordnung gewürdigt, sondern – wiederum ohne weitere Begründung – als „besonders diffamierend" bezeichnet. Wer sich die zitierte Polemik genau ansieht, dem werden sich vielleicht die Haare sträuben: Das ist ein politischer Stil, den viele Leser mißbilligen werden. Doch auf politisches Stilgefühl kommt es rechtlich nicht an. Um eine Diffamierung von Ausländern, wie das Verwaltungsgericht meint, handelt es sich offenkundig nicht. Die Polemik richtet sich ihrem Inhalt nach eindeutig nicht gegen Ausländer, sondern gegen einen Typus von wohlmeinenden, die Immigration begrüßenden Deutschen, der häufig als der Typus des „Gutmenschen" charakterisiert wird, weil er seine gute Gesinnung ohne Rücksicht auf praktische Folgen für andere und für die Allgemeinheit verfolgt. Es steht jedem offen, derartige Haltungen – auch polemisch – zu kritisieren. Wo hier eine Diffamierung liegen soll, bleibt unerfindlich.

Das dann folgende Zitat (UA S. 27 Abs. 3) wird völlig sinnentstellend interpretiert. Liest man das Zitat unbefangen, so ist es eine ironische Kritik an einer in der Bevölkerung vorhandenen Auffassung. Der Autor macht sich diese Auffassung nicht zu eigen. Völlig abwegig ist im übrigen die Annahme des Verwaltungsgerichts, hier werde unterstellt und suggeriert, daß es wünschenswert sei, wenn die erwähnten Ausländer „beseitigt würden". Dieser Satz ist eine eklatante Fehlleistung des Gerichts, die deutlich macht, mit welcher Voreingenommenheit das Gericht die Sache betrachtet hat, versucht doch das Gericht hier, mit dem Begriff der „Beseitigung" schlimmste Assoziationen zu wecken. Das ist Stimmungsmache statt Jurisprudenz. Wenn man überhaupt dem Zitat indirekt entnehmen kann, daß irgendetwas als wünschenswert betrachtet wird, dann, daß die Einwanderung begrenzt wird. Nur zu diesem Zweck kann ja eine „Änderung von Art. 16 GG" als „Wundermittel" in Betracht kommen. Auch hier geht es im übrigen nicht um „Diffamierung wegen ethnischer Zugehörigkeit". Wer daran festhalten will, daß Deutschland kein Einwanderungsland sein soll und daß das Entstehen einer multikulturellen Gesellschaft - soweit das heute noch möglich ist - verhindert wird, betreibt keine verfassungswidrige Politik. Die „Argumentation" des Verwaltungsgerichts wäre nur verständlich, wenn das Grundgesetz die Entstehung einer multikulturellen Gesellschaft und die Öffnung gegenüber Einwanderung aus allen Kulturkreisen als Leitbild vorschriebe – und zwar als Bestandteil des unabänderlichen Verfassungskerns. Dies trifft offensichtlich nicht zu. Andernfalls wäre übrigens auch die immer noch offizielle Politik der CDU/CSU verfassungswidrig.

Der dann zitierte Leserbrief kann der Klägerin nicht zugerechnet werden. Er ist nicht seitens der Redaktion publiziert worden, sondern im Leserbriefteil. Im übrigen hat die Redaktion durchaus eingesehen, daß die Veröffentlichung eines solchen Leserbriefs eine Entgleisung darstellt. Sie hat im Jahre 1992 stattgefunden – also außerhalb des Berichtszeitraums der mit der Klage angegriffenen Verfassungsschutzberichte –, und seither ist es nicht mehr zur Veröffentlichung eines vergleichbaren Leserbriefs gekommen. Deshalb kann dieser Leserbrief nicht als tatsächlicher Anhaltspunkt für im Jahre 1994 bzw. 1995 bestehende verfassungsfeindliche Bestrebungen angesehen werden.

Falsch ist es auch, aus den Zitaten auf S. 28 f. UA Antisemitismus abzulesen. Zum ersten Zitat („Antisemiten!"): Die Annahme, ein Verbrechen zum Gegenstand einer Satire zu machen, sei immer eine „zynische Herabwürdigung der Opfer" (UA S. 29), ist unsinnig. Es kommt immer auf Inhalt und Zielrichtung der Satire an. Im vorliegenden Fall aber trifft schon die tatsächliche Voraussetzung des Arguments des Verwaltungsgerichts nicht zu: Entgegen der Behauptung des Verwaltungsgericht ist gar nicht die „Ermordung von Millionen Menschen" Gegenstand der Satire, sondern Gegenstand der Satire ist der Antisemitismus. Die Satire wendet sich eindeutig gegen Antisemiten und gegen ihre Denkschablonen.

Unzutreffend ist auch die Behauptung des Verwaltungsgerichts, die JUNGE FREIHEIT wolle in dem auf S. 29 UA zitierten Artikel die Opfer des Nationalsozialismus lächerlich machen. Was diese Glosse ironisierend angreifen will, sind offenkundig nicht die Opfer, sondern die Art und Weise, wie manche Fernsehsender sich mit dem 50. Jahrestag der Befreiung des Konzentrationslagers Auschwitz beschäftigten. Zweck der Glosse war es, ein der Opfer würdig gedenkendes Verhalten der Medien einzufordern. Eine andere Frage ist, ob der Autorin dies mit ihren Formulierungen gelungen ist, oder ob sie nicht, indem sie sich Geschmacklosigkeiten anderer scheinbar zu eigen machte, selber die Grenzen des guten Geschmacks überschritten hat. Aber dies hat nichts mit der inhaltlichen Aussage des Artikels zu tun, und der Verfassungsschutz ist kein Wächter über den guten Geschmack. – Wird eine fragwürdige Art und Weise des Gedenkes an den Holocaust ironisch angegriffen (in den Worten des Verwaltungsgerichts: „ins Lächerliche gezogen"), liegt darin nichts Verfassungswidriges. Falls es die Auffassung des Verwaltungsgerichts sein sollte, der Artikel wollte nicht lediglich eine dem Ernst der Sache nicht angemessene Art und Weise der Beschäftigung mit dem Holocaust, sondern *jede* Beschäftigung mit diesem Thema ins Lächerliche ziehen, so trifft diese Annahme eindeutig nicht zu.

Der auf S. 30 oben UA zitierte Artikel ist keineswegs „menschenverachtend". Es handelt sich um einen kabarettistischen Jahresrückblickartikel. Jahresrückblicke, wie sie in Zeitungen üblich sind, sind gerade dadurch gekennzeichnet, daß sie im Telegrammstil wichtige, aber inhaltlich nicht zusammengehörige Ereignisse aneinanderreihen. Dieser Chronikstil wird in dieser Persiflage auf den Arm genommen, indem auf groteske Weise das Aneinanderreihen nicht zusammengehörender Ereignisse auf die Spitze getrieben wird. Daraus abzulesen, wie das Verwaltungsgericht dies durch die Bezugnahme auf die angeblich zutreffende Würdigung im Verfassungsschutzbericht des Beklagten tut, daß hier eine „geistige Nähe zu den Euthanasieprogrammen der nationalsozialistischen Gewaltherrschaft" bestehe, ist abstrus und infam.

Das Verwaltungsgericht versucht dann, der Klägerin eine demokratiefeindliche Zielsetzung anzulasten, indem es aus einigen Artikeln des Autors Kunze zitiert (UA S. 30 f.). Auf die Zitate folgt folgender Satz: „Das Mehrparteiensystem, dessen Daseinsberechtigung in der in der Bundesrepublik bestehenden Form Kunze zumindest in Zweifel zieht, nimmt als Teilelement des Demokratieprinzips am Schutz durch Art. 20 GG teil." (UA S. 31 unten) Diese Formulierung verwischt den möglichen Argumentationszusammenhang, indem sie zwei Dinge vermengt: Das Mehrparteiensystem, das als Teilelement des Demokratieprinzips am Schutz durch Art. 20 GG teilnimmt, sowie die in der Bundesrepublik bestehende Form des Mehrparteiensystems. Ein Argument für einen tatsächlichen Anhaltspunkt für eine verfassungsfeindliche Bestrebung läßt sich hier aber nur gewinnen, wenn entweder Autor Kunze die Daseinsberechtigung des Mehrparteiensystems in Zweifel gezogen hätte, oder wenn er zwar nur die konkrete, heute vorhandene Ausprägung des Parteiensystems ins Zweifel gezogen hätte, aber diese konkrete Ausprägung die einzige wäre, die Art. 20 GG gebietet und die also nicht durch eine andere Ausprägung ersetzt werden könnte. Beides ist ganz offenkundig falsch. Richtig ist vielmehr, daß Kunze an keiner Stelle der zitierten Artikel das Mehrparteiensystem in Frage stellt. Vielmehr wendet er sich gegen eine bestimmte Ausprägung des Parteienstaates, was etwas völlig anderes ist. Er stellt also nicht das in Frage, was zum Kernbestand des Art. 20 GG gehört, nämlich die Notwendigkeit mehrerer, gleichberechtigt an der politischen Willensbildung mitwirkender Parteien mit dem Recht auf Bildung und Ausübung einer Opposition und der gleichberechtigten Chance, bei Wahlen die Mehrheit zu gewinnen. Vielmehr setzt er sich dafür ein, daß die Überlagerung des von der Verfassung vorgesehenen gewaltenteilenden Systems durch die Herrschaft der Parteien durch institutionelle Reformen eingeschränkt wird. Dabei setzt er sich für ein Präsidialsystem ein, wie es in Frankreich oder in den USA existiert und wie es mit Art. 79 III und Art. 20 I, II GG ohne weiteres vereinbar wäre. Daß dies nicht zutreffe, sondern daß der Autor ein „tragendes Prinzip des Grundgesetzes diskreditiere", hat das Verwaltungsgericht nur behauptet, aber nicht begründet. Das Prinzip der Verantwortlichkeit der Regierung gegenüber dem Parlament gehört nur in dem Sinne zu den jeder Verfassungsänderung entzogenen Prinzipien der freiheitlichen demokratischen Grundordnung, daß die Regierung sich im klassischen Wortsinne vor dem Parlament verantworten, also für ihre Politik Rede und Antwort stehen muß. Kontrollfunktion des Parlaments und Rechtfertigungsbedürftigkeit der Regierungspolitik gegenüber dem Parlament lassen sich dem unabänderlichen Kern der Demokratie i.S. von Art. 20 GG zurechnen. Sie hängen nämlich eng mit dem rechtsstaatlichen Gewaltenteilungsprinzip und mit dem demokratischen Repräsentationsprinzip zusammen. Art. 20 GG legt die Organisation der Staatsgewalt in Deutschland dagegen nicht auf das parlamentarische Regierungssystem in dem Sinne fest, daß die Regierung vom Vertrauen des Parlaments in der Weise abhängig ist, daß sie vom Parlament gewählt wird und durch Mißtrauensvotum des Parlaments gestürzt werden kann. Es ist durchaus möglich, die durch Art. 20 GG gebotene demokratische Legitimation der Regierung in anderer Weise herzustellen als durch die indirekte Legitimation über das Parlament.

Das Verwaltungsgericht beruft sich in diesem Zusammenhang zu Unrecht auf das Bundesverfassungsgericht. In den zitierten Entscheidungen wird keineswegs das jetzt geltende System der Wahl und möglichen Abwahl der Regierung durch das Parlament zum unantastbaren Verfassungskern gerechnet. Vielmehr sagt das Bundesverfassungsgericht ausdrücklich, daß es nicht auf eine bestimmte Form der Legitimation ankomme, sondern auf ein bestimmtes Legitimationsniveau. Dieses ergebe sich aus dem Zusammenwirken unterschiedlicher Elemente der Legitimation.[44] Das Verwaltungsgericht verkennt also in ganz eklatanter Weise die Anforderungen des Art. 20 GG.

Auch der Hinweis auf Artikel über die – wie das Verwaltungsgericht in ziemlich unsachgemäßer und ideengeschichtliche Unkenntnis offenbarender Weise formuliert – „Idee der sog. ‚Konservativen Revolution'" (UA S. 32 f.) ist nicht geeignet, Anhaltspunkte für einen hinreichenden Verdacht verfassungsfeindlicher Bestrebungen aufzuzeigen. Das Grundgesetz verlangt nicht, sich in jedem Artikel über einen Denker, der auch

44 BVerfGE 83, 60 (72).

antidemokratische Ideen vertreten hat, von diesen Ideen oder von diesem Denker ausdrücklich zu distanzieren. Beispielsweise findet man in den vielen Artikeln, die jetzt zum Goethe-Jahr erscheinen oder die in den letzten 50 Jahren über Goethe in der Presse erschienen sind, keine Distanzierung von dessen aus heutiger Sicht verfassungsfeindlichen politischen Ideen. Das wäre auch nur lächerlich. Aus heutiger Sicht ist entscheidend, warum man sich jetzt mit einem Denker und mit dessen Ideen befaßt, welche Ideen man als historisch, aus ihrer zeitlichen Bedingtheit heraus darstellt, welche man als Modell für die heutige Zeit oder für die Zukunft weitergibt usw. Wenn beispielsweise die Beschäftigung mit Carl Schmitt heute in der staatsrechtlichen Literatur eine Flut von Sekundärliteratur hervorgebracht hat, wie sie wohl keinem anderen Staatsrechtler dieses Jahrhunderts zuteil geworden ist, und wenn ein großer Teil dieser Literatur nicht etwa nur kritisch-distanzierend ist, sondern um eine Fortentwicklung Schmittscher Ideen bemüht ist, dann liegt das nicht etwa, wie das Verwaltungsgericht wohl vermuten müßte, an einer demokratiefeindlichen Einstellung der betreffenden Autoren, sondern daran, daß Schmitt durchaus Anreger auch für eine demokratische Verfassungstheorie sein kann. Dies bezeugt der Umstand, daß etliche renommierte Autoren, über deren demokratische Gesinnung nicht der geringste Zweifel bestehen kann, viel von Schmitt gelernt haben.[45] Entsprechendes gilt für andere Denker, die der „Konservativen Revolution" zugerechnet werden. Wenn – um hier nur noch ein weiteres Beispiel zu nennen – François Mitterrand und Helmut Kohl den wohl bedeutendsten Exponenten der Konservativen Revolution, den Dichter Ernst Jünger, in seinem Haus aufsuchen oder wenn die baden-württembergische Landesregierung einen großen Empfang zu Jüngers 100. Geburtstag ausrichtet, dann findet das zwar auch die übliche Kritik in der linken Presse, aber es kommt doch niemand auf den Gedanken, darin tatsächliche Anhaltspunkte für verfassungsfeindliche Bestrebungen beim Bundeskanzler oder beim Stuttgarter Ministerpräsidenten zu sehen. Ebenso muß es erlaubt sein, auch andere bedeutende Vertreter der Konservativen Revolution zu würdigen, ohne daß daraus gleich der Schluß gezogen wird, man wolle sich mit deren in der Weimarer Zeit geäußerten antidemokratischen Gedanken identifizieren.

---

45 Als Beispiel sei der ehemalige Bundesverfassungsrichter Böckenförde genannt, vgl. z.B. in: ders., Recht, Staat, Freiheit, 1991, S. 67 ff., 344 ff

Wollte man also aus Artikeln über die Konservative Revolution Anhaltspunkte für Verfassungswidriges ableiten, so müßte man im Hinblick auf jeden einzelnen Artikel aufzeigen, ob und inwiefern dort eine Identifizierung mit antidemokratischen Zielsetzungen gegeben ist. Dies hat das Verwaltungsgericht nicht getan. Es wäre auch nicht möglich, weil es eine solche Identifizierung in der JUNGEN FREIHEIT nicht gibt. Statt einen Beweis zu führen, behauptet das Verwaltungsgericht pauschal, daß die Beiträge „den Eindruck einer Identifikation mit dieser Denkschule" vermittelten (UA S. 33). Eine solche pauschale, nicht begründete These, ist nicht geeignet, eine antidemokratische Zielsetzung der Zeitung zu begründen oder auch nur den geringsten Anhaltspunkt hierfür zu liefern. Sie erfüllt nicht die Mindestanforderungen an eine juristische Sachverhaltswürdigung und an eine juristische Subsumtion unter den Begriff der freiheitlichen demokratischen Grundordnung. Anders als im mittelalterlichen Inquisitionsprozeß zählen im Rechtsstaat nicht Unterstellungen, sondern nur bewiesene Fakten. Darüber setzt sich das Verwaltungsgericht in einer Weise hinweg, die die Begründung als evident falsch erscheinen läßt.

Abgesehen hiervon ist die These auch deshalb absurd, weil es die „Konservative Revolution" als „Denkschule" überhaupt nicht gibt, sondern was unter diesem Begriff zusammengefaßt wird, sind in sich sehr heterogene und einander widersprechende Denkrichtungen. Es ist logisch unmöglich, sich mit allen diesen Denkrichtungen gleichzeitig zu identifizieren.

Schließlich ergibt sich eine antidemokratische Tendenz der Beschäftigung mit Autoren der „Konservativen Revolution" auch nicht aus dem auf S. 33 UA abgedruckten Zitat, das sich auf die Rezeption Carl Schmitts bezieht. Auch dieses Zitat läßt nichts Verfassungswidriges erkennen. Es läßt sich aus diesem Zitat insbesondere nicht – wie das Verwaltungsgericht zu suggerieren sucht – eine antidemokratische Zielrichtung erkennen. Und es wird hier nicht etwa zur Mißachtung des Grundgesetzes aufgerufen. Vielmehr wird auf unterschiedliche Politikkonzeptionen abgestellt: Wenn Politik als bloßer Verfassungsvollzug verstanden wird, dann fehlt ihr nach Ansicht des Autors eine Komponente, die ihr nach Carl Schmitt zukommt; dann wird die Verfassung, wie er sich ausdrückt, zum Gefängnis der Politik. Dies aber ist ein selbstgewähltes Gefängnis, weil nach richtiger – auch vom Bundesverfassungsgericht immer wieder betonter Auffassung – die Verfassung nicht Programm, sondern Rahmenordnung der Politik ist, die den zuständigen Verfassungsorganen weite Gestaltungsspielräume offenläßt.

Legt man dieses Verständnis des Zitats zugrunde, das nach Wortlaut und Sinnzusammenhang naheliegt – denn der Gegensatz der Politikkonzeptionen der Verfassung als Programm und der Verfassung als Rahmenordnung ist ein altes Thema Carl Schmitts und seiner Schule –, dann handelt es sich um eine zwar polemische Zuspitzung einer These, aber doch einer These, die als solche nicht verfassungswidrig ist. Im Vergleich zu dem, was seit der Abfassung dieses Zitats – es stammt aus dem Jahre 1992 – die politische Praxis der Bundesregierung unter Billigung des Bundestages und des Bundesverfassungsgerichts zum Thema dieses Zitats getan haben, handelt es sich sogar um eine ziemlich zurückhaltende und harmlose Variante. Man denke nur an das Thema des Einsatzes der Bundeswehr im Ausland außerhalb des Verteidigungs- oder Bündnisfalls. Dies war nach früher ganz herrschender Auffassung verfassungswidrig. Die Bundesregierung hat sich über alle verfassungsrechtlichen Bedenken hinweggesetzt, um außenpolitische Handlungsfreiheit zu gewinnen. Sie hat sich in diesem Sinne aus dem „Gefängnis" eines eng verstandenen, allein am herkömmlichen Verständnis des Grundgesetzes orientierten Denkens befreit. Sie hat ziemlich kühn die Auffassung vertreten, daß unter gewandelten politischen Verhältnisssen sich auch das Verständnis des Grundgesetzes in einem so zentralen Punkte ändern müsse. Und das Bundesverfassungsgericht hat dies durch eine sehr problematische Auslegung des Grundgesetzes, die am Wortlaut des Art. 87a I und II GG vorbeigeht, „abgesegnet". Dies ist sehr viel problematischer als das, was der JF-Autor mit jenem Zitat gesagt hat.«

Das Oberverwaltungsgericht hat sich mit dieser Kritik nicht auseinandergesetzt, sondern hat sich ohne eigene Begründung der Ansicht des Verwaltungsgerichts pauschal angeschlossen. Es hat lediglich hinzugefügt, ob die Zitate auch in einem anderen, der Klägerin günstigeren Sinne interpretiert werden könnten, sei irrelevant. Maßgebend sei allein, daß die genannten Artikel bei vernünftiger Betrachtung auch und gerade in dem vom Verwaltungsgericht dargelegten Sinne verstanden werden könnten und die Gesamtheit der vom Verwaltungsgericht bewerteten Artikel jedenfalls hinreichenden Anlaß für den Verdacht verfassungsfeindlicher Ziele gebe (S. 11).

Diese *Begründung des Oberverwaltungsgerichts* ist *unter zwei Gesichtspunkten fehlerhaft*: *Erstens* ergibt sich bei vernünftiger Betrachtungsweise aus den fraglichen Artikeln gerade nicht das, was das Verwaltungsgericht ihnen entnimmt. Man muß entweder böswillig sein oder eine politisch sehr voreingenommene Betrachtungsweise einnehmen, um die Artikel in einem derart verzerrenden und ihren objektiven Sinngehalt verfälschenden Sinne zu verstehen wie die nordrhein-westfälische Verfassungsschutzbehörde, deren Auffassung das Verwaltungsgericht hinsichtlich der von ihm zitierten Artikel übernommen hat. Wie oben für die einzelnen Artikel dargelegt, ist der Aussagegehalt, den die Artikel nach der hier vertretenen Auffassung haben, derjenige, der ihnen nach ihrem objektiven Sinnzusammenhang zukommt und der sich einem unvoreingenommenen Leser ohne weiteres erschließt. Es geht nicht etwa darum, eine subjektive, aber im Text nicht zum Ausdruck kommende Intention des Textes gegen das Verständnis zu verteidigen, das sich dem unbefangenen Leser aufdrängen muß, sondern es geht darum, die Texte so aus ihrem Kontext heraus zu verstehen, daß man die Aussage des Autors richtig erfaßt. Die kritische Bewertung eines Textes auf möglicherweise verfassungsfeindliche Inhalte verlangt eine „objektive" Betrachtung: Es kommt – das sieht das Verwaltungsgericht im Ansatz richtig – nicht auf die subjektive, aber im Text nicht zum Ausdruck gebrachte Intention des Autors an. Es kommt aber andererseits auch nicht darauf an, was ein Leser assoziativ in den Text hineinliest. Genau letzteres aber tut das Verwaltungsgericht, und das Oberverwaltungsgericht beschränkt sich darauf, dies für „vernünftig" zu erklären. Dieses assoziative, vom Text und seinem Kontext abgehobene Verständnis des Verwaltungsgerichts ist aber nicht „vernünftig", sondern – wie gezeigt – derart verdrehend und und den Text verfälschend, daß man es nur als willkürlich bezeichnen kann. Von einem sachlichen Verständnis des Textes und einer sachlichen Bewertung kann hier keine Rede sein.

Bei objektiver Betrachtung in ihrem jeweiligen Kontext also haben die zitierten Texte keinen verfassungsfeindlichen Inhalt, von einem Leserbrief abgesehen.

Zweitens ist die Auffassung des Oberverwaltungsgerichts, es komme nicht darauf an, daß sich die Texte auch in dem hier vertretenen, für die Klägerin günstigeren Sinne interpretieren lassen, verfassungsrechtlich unhaltbar. Wenn der Staat in die Meinungsfreiheit eingreift, um gegen mit der Rechtsordnung unvereinbare Meinungsinhalte vorzugehen, muß er bei mehreren objektiv vertretbaren Interpretationen des Meinungsinhalts, um den es geht, diejenige Interpretation zugrunde legen, die für den Meinungsäußernden die günstigere ist. Dies folgt aus dem Freiheitsprinzip des Art. 5 I GG, wie das Bundesverfassungsgericht bereits entschieden hat: In einer freiheitlichen Demokratie, so das Bundesverfassungsgericht, gehöre es zur Meinungsfreiheit, daß Meinungsäußerungen im Zweifel so auszulegen seien, daß sie nicht rechtswidrig sind. Wenn mehrere Deutungsmöglichkeiten gegeben seien, dürften die Gerichte eine zur Bestrafung führende Deutungsmöglichkeit nur dann zugrunde legen, wenn sie die anderen Deutungsmöglichkeiten zuvor mit überzeugenden Gründen ausgeschlossen hätten.[46] Dies muß auch für außerstrafrechtliche Sanktionen und sonstige Nachteilszufügungen gelten. Die Erwähnung im Verfassungsschutzbericht dient der Bekämpfung von Bestrebungen und hat Sanktionscharakter (siehe oben 3. b, aa [2]). Auch hier muß daher gelten, daß im Zweifel die verfassungsmäßige Auslegungsmöglichkeit zugrunde zu legen ist. Jedenfalls darf nicht ohne nähere Begründung die verfassungswidrige Auslegungsmöglichkeit unterstellt werden. Gegen dieses Prinzip haben die Verfassungsschutzbehörde, das Verwaltungsgericht und das Oberverwaltungsgericht eklatant verstoßen.

Schon ohne dieses Auslegungsprinzip zu bemühen, könnten – wie dargelegt – die verzerrenden und verdrehenden Deutungen der Texte nicht zur Begründung der Verfassungsfeindlichkeit zugrunde gelegt werden. Bei Anwendung dieses Auslegungsprinzips ist dieses Ergebnis noch eindeutiger.

(2) *Spezifische Grundrechtsverletzung durch falsche Subsumtion unter den Begriff der freiheitlichen demokratischen Grundordnung*

Indem die Verfassungsschutzbehörde und die Verwaltungsgerichte unzutreffend angenommen haben, die zitierten Texte hätten einen verfassungsfeindlichen Inhalt und seien deshalb tatsächliche Anhaltspunkte für den Verdacht einer verfassungsfeindlichen Bestrebung, haben sie in mehrfacher Hinsicht die Grundrechte der Beschwerdeführerin auf spezifische Weise verletzt:

(2.1) Wird eine Meinung im Verfassungsschutzbericht als Beleg für das Vorhandenensein einer verfassungsfeindlichen Bestrebung dargestellt und damit als verfassungsfeindlich angeprangert, ist dies ein selbständiger Eingriff in die Meinungsfreiheit. Denn hier wird hoheitlich festgestellt, daß ein anständiger Demokrat eine solche Meinung nicht vertreten darf. Der Meinungsinhalt wird aus dem demokratischen Diskurs ausgeschlos-

---

46 *BVerfG*, 25. 8. 1994, NJW 1994, 2943, m. Hinw. auf die std. Rspr. in *BVerfGE* 43, 10 (136 f.): 82, 43 (52 f.); 82, 272 (280 f.); 85, 1 (14).

sen. Dies kann nur dann verfassungsmäßig sein, wenn der Meinungsinhalt tatsächlich gegen eines der Elemente der freiheitlichen demokratischen Grundordnung verstößt. Trifft der Vorwurf, daß dieser Meinungsinhalt verfassungsfeindlich sei, jedoch nicht zu, so verstößt seine Darstellung im Verfassungsschutzbericht gegen Art. 5 I GG. Die unzutreffende Subsumtion der als Anhaltspunkte für den Verdacht einer verfassungsfeindlichen Bestrebungen gewerteten Zitate unter den Begriff der freiheitlichen demokratischen Grundordnung ist also in jedem Fall eine spezifische Grundrechtsverletzung.

(2.2) Da die Warnung der Öffentlichkeit im Verfassungsschutzbericht vor der JUNGEN FREIHEIT ein Eingriff in die Meinungs- und Pressefreiheit ist, der sich – wie gezeigt – nur anhand von verfassungsimmanenten Schranken, hier also anhand der freiheitlichen demokratischen Grundordnung, rechtfertigen läßt, liegt eine spezifische Grundrechtsverletzung vor, wenn die Voraussetzungen dieser verfassungsimmanenten Schranke im konkreten Fall verkannt bzw. auf den konkreten Fall falsch angewendet werden. Das ist hier der Fall, da das Verwaltungsgericht und das Oberverwaltungsgericht unzutreffend angenommen haben, die zitierten Texte seien mit der freiheitlichen demokratischen Grundordnung unvereinbar.

(2.3) Außerdem ist – wie bereits oben am Ende von Abschnitt (1) dargelegt – das Oberverwaltungsgericht zu seiner Auffassung aufgrund der Anwendung eines mit Art. 5 I GG unvereinbaren Beurteilungsmaßstabes für das Verständnis von Meinungsäußerungen gekommen. Dies ist eine zusätzliche spezifische Grundrechtsverletzung.

Das Oberverwaltungsgericht beruft sich in diesem Zusammenhang (S. 11) übrigens zu Unrecht auf das Bundesverwaltungsgericht. In dem zitierten Urteil[47] geht es um die Frage der Rechtmäßigkeit der Beobachtung einer politischen Partei mit nachrichtendienstlichen Mitteln, also um die Frage, ob die Verfassungsschutzbehörde Grund hat, sie zunächst zu beobachten, um herauszufinden, ob sie verfassungsfeindliche Ziele verfolgt. In diesem Zusammenhang sagt das Bundesverwaltungsgericht, daß es nicht auf die abstrakte Interpretierbarkeit von Äußerungen ankommt, sondern auf ihre konkrete Verwendung und ihrem Stellenwert in der Gesamt-

---

47 *BVerwG*, 7.12.1999, DVBl

politik der Partei. Wenn dies genauso gemeint ist, wie es formuliert ist, kann man dem nur zustimmen: Meinungsäußerungen müssen in ihrem konkreten Kontext verstanden werden, nicht losgelöst vom Verwendungszusammenhang. Wer eine auf ihre Verfassungsmäßigkeit zu überprüfende Meinung geäußert hat, kann sich nicht auf eine abstrakt mit dem Wortlaut zu vereinbarende Bedeutung herausreden, wenn sich aus dem konkreten Verwendungszusammenhang eine andere Bedeutung ergibt. Umgekehrt gilt dasselbe aber auch für den Verfassungsschutz: Dieser darf nicht eine abstrakt vom Wortlaut noch gedeckte Interpretation zugrunde legen, wenn der konkrete Verwendungszusammenhang zeigt, daß diese nicht gemeint ist. – Was das Urteil des Bundesverwaltungsgerichts im übrigen von der vorliegenden Fallkonstellation unterscheidet, ist zum einen der Umstand, daß es dort um eine politische Partei, nicht aber um eine Zeitung ging, so daß dort u.U. auf den Verwendungszusammenhang in der Gesamtpartei abgestellt werden kann, was – worauf hier nicht einzugehen ist – möglicherweise größere Wertungsspielräume eröffnet. Im übrigen hatte das Bundesverwaltungsgericht nicht Art. 5 I GG als Prüfungsmaßstab anzuwenden, weil es nicht um eine Einschränkung der Meinungsfreiheit ging (z.B. durch öffentliche Warnung vor der Partei oder bestimmten von oder in dieser Partei geäußerten Meinungen), sondern um die Beobachtung der Partei, die gerade der näheren Untersuchung dienen sollte, ob die in der Partei geäußerten Meinungen wirklich in einem verfassungsfeindlichen Sinne geäußert werden.

bb) *Gesamtbetrachtung rechtfertigt nicht Warnung*

(1) Es liegen keine ausreichenden Anhaltspunkte dafür vor, daß die Beschwerdeführerin verfassungsfeindliche Ziele verfolgt.

Dies ergibt sich schon aus dem Ergebnis der obigen Betrachtung der einzelnen Anhaltspunkte, auf die das Verwaltungsgericht und das Oberverwaltungsgericht sich beziehen. Mit einer einzigen möglichen Ausnahme sind alle zitierten Meinungsäußerungen mit der freiheitlichen demokratischen Grundordnung vereinbar. Die Ausnahme ist der vom Verwaltungsgericht zitierte Leserbrief. Dieser ist, wie gesagt, inakzeptabel, und seine Veröffentlichung wird von der Beschwerdeführerin bedauert. Bei der Gesamtwürdigung kann dieser Leserbrief, selbst dann, wenn man annähme, daß er der Beschwerdeführerin wegen ihrer redaktionellen Verantwortung zugerechnet werden könnte, nicht als ausreichender Anhaltspunkt für eine verfassungsfeindliche Zielsetzung angesehen werden. Es handelt sich um einen einmaligen Fall; ein vergleichbarer Leserbrief ist später nicht mehr veröffentlicht worden. Außerdem stammt die Veröffentlichung aus dem Jahr 1992, liegt also bereits zwei Jahre vor dem Berichtszeitraum, der Gegenstand des Verwaltungsrechtsstreits ist. Zwar ist es richtig, daß dann, wenn die Verfassungsfeindlichkeit der Zielsetzung einer Bestrebung für den Zeitraum des Verfassungsschutzberichts belegt ist, im Verfassungsschutzbericht zusätzlich auf frühere verfassungsfeindliche Äußerungen hingewiesen werden kann, um die Kontinuität der Zielsetzung zu belegen. Es ist jedoch nicht möglich, für die Jahre 1994 und 1995 die Verfassungsfeindlichkeit der JUNGEN FREIHEIT allein mit einem Leserbrief aus dem Jahr 1992 zu belegen.

Die oben dargelegte falsche Bewertung der einzelnen als tatsächliche Anhaltspunkte herangezogenen Textstellen, die auf einer Verkennung der Grundrechte der Antragstellerin beruht, führt also dazu, daß auch die Gesamteinschätzung, daß ein auf tatsächlichen Anhaltspunkten beruhender Verdacht besteht, die Antragstellerin verfolge verfassungsfeindliche Ziele, falsch ist. Selbst wenn man unterstellt, daß ein auf tatsächliche Anhaltspunkte gestützter Verdacht grundsätzlich ausreichen würde, um über die Beschwerdeführerin im Verfassungsschutzbericht zu berichten, ist es somit rechtswidrig, daß in den Verfassungsschutzberichten 1994 und 1995 über die Beschwerdeführerin berichtet wurde. Somit beruhen die mit der verwaltungsgerichtlichen Klage angegriffenen Berichte und auch die Entscheidungen des Verwaltungsgerichts und des Oberverwaltungsgerichts auf den oben festgestellten Grundrechtsverletzungen. Auch unter diesem Aspekt ist die Verfassungsbeschwerde somit begründet.

(2) Selbst wenn man unterstellt, daß einzelne der vom Verwaltungsgericht aufgeführten Texte Anhaltspunkte für eine verfassungsfeindliche Zielsetzung sind, ist die Verfassungsbeschwerde begründet. Denn auch in diesem Fall hätte aufgrund einer Gesamtbetrachtung der Anhaltspunkte im Kontext der Zeitung JUNGE FREIHEIT die Darstellung der JUNGEN FREIHEIT in den Verfassungsschutzberichten 1994 und 1995 nicht gerechtfertigt, was die Verfassungsschutzbehörde und die Gerichte unter Mißachtung der Grundrechte der Beschwerdeführerin verkannt haben.

Für eine Warnung der Öffentlichkeit vor einer vermeintlich verfassungsfeindlichen Bestrebung reichen beliebig geringfügige tatsächliche Anhaltspunkte nicht aus. Vielmehr muß aufgrund der vorhandenen tatsächlichen

Anhaltspunkte der Verdacht so dringend sein, daß eine Warnung der Öffentlichkeit angezeigt ist. Unterstellt, in Verdachtsfällen sei eine Warnung überhaupt zulässig (was wie oben gezeigt nicht zutrifft), könnte in solchen Fällen eine Warnung nur dann zulässig sein, wenn aufgrund der vorhandenen tatsächlichen Anhaltspunkte zumindest eine überwiegende Wahrscheinlichkeit dafür spricht, daß der Verdacht begründet ist. Wenn man einen weniger dringenden Verdacht genügen ließe, würde dies – wie oben schon betont (3. b, aa [6.3]) – bedeuten, daß die Warnung mit größerer Wahrscheinlichkeit die freiheitliche demokratische Grundordnung beeinträchtigen als sie schützen würde.

Wenn es tatsächliche Anhaltspunkte für einen Verdacht in bezug auf die JUNGE FREIHEIT gäbe, dann könnten diese allenfalls eine Beobachtung rechtfertigen; sie wären aber nicht geeignet, die öffentliche Anprangerung im Verfassungsschutzbericht zu rechtfertigen. Hierfür hätten sie viel zu geringes Gewicht.

(2.1) Unterstellt man, daß einzelne der vom Verwaltungsgericht aufgeführten Texte Anhaltspunkte für eine verfassungsfeindliche Zielsetzung sind, dann muß bei der Gesamtbetrachtung berücksichtigt werden, daß ihre Zahl sehr gering ist. Offenbar war das Verwaltungsgericht nicht in der Lage, eine größere Zahl in den Jahrgängen 1994 und 1995 der JUNGEN FREIHEIT zu finden. Denn es stützt sich zu einem großen Teil auf Zitate aus älteren Jahrgängen. Diese älteren Zitate sind aber nicht geeignet, die Verfassungsfeindlichkeit für den streitgegenständlichen Berichtszeitraum, um den es allein geht, zu belegen. § 15 II VSB NW legitimiert nicht etwa dazu, über eine Organisation bzw. Zeitung, für die zu einem bestimmten Zeitpunkt die Voraussetzungen für die Aufnahme in den Verfassungsschutzbericht gegeben waren, in allen folgenden Verfassungsschutzberichten ebenfalls zu berichten. Vielmehr müssen die Voraussetzungen auch für den jeweiligen Berichtszeitraum gegeben sein. Nur wenn dies der Fall ist, kann es im Einzelfall gerechtfertigt sein, zum Verständnis dessen, was berichtet wird, auch Ereignisse, Äußerungen usw. aus früheren Berichtszeiträumen zu erwähnen. Das Verwaltungsgericht stützt sich dagegen von vornherein auch auf Zitate, die nicht den Streitgegenstand betreffen, und zwar in großem Umfang. Von insgesamt 16 Zitaten, auf die das Verwaltungsgericht sich stützt, stammen 6 aus älteren Jahrgängen. Das ist ein Anteil von erheblich mehr als einem Drittel. Dies zeigt, daß das Verwaltungsgericht nach seiner eigenen Einschätzung offenbar nicht in der Lage war, in den streitgegenständlichen Jahrgängen so viele Zitate zu finden, daß ein hinreichender Verdacht begründet werden konnte. Hinzu kommt, daß gerade die problematischsten Zitate, aus denen sich noch am ehesten eine Tendenz für „tatsächliche Anhaltspunkte" herauslesen ließe, aus älteren Jahrgängen stammen.

Das Verwaltungsgericht hätte die sechs älteren Zitate also nur zur Bestätigung seines Ergebnisses heranziehen dürfen, wenn sich unabhängig von diesen Zitaten ein hinreichend gewichtiger Verdacht mit Anhaltspunkten aus den Jahrgängen 1994 und 1995 belegen ließe. Dies aber ist offenkundig nicht der Fall. Dies verkennt auch das Oberverwaltungsgericht (S.12).

(2.2) Abgesehen hiervon hat das Verwaltungsgericht es versäumt, die vermeintlichen Anhaltspunkte im Gesamtkontext der Zeitung zu würdigen. Die JUNGE FREIHEIT ist eine Wochenzeitung, in der pro Jahr einige Tausend kleine und große Artikel erscheinen. Wenn das Verwaltungsgericht aufgrund der Unterlagen, die die Verfassungsschutzbehörde vorgelegt hat, in zwei Jahrgängen nur 10 Artikel entdecken konnte, die seiner Ansicht nach verfassungsfeindlichen Inhalt haben (was, wie gezeigt, nicht zutrifft), dann ist das ein verschwindend geringer Anteil, der noch nicht einmal ein halbes Prozent der in der JUNGEN FREIHEIT erschienen Artikel ausmacht. Das Verwaltungsgericht hat überhaupt keine quantitative und qualitative Gesamtanalyse angestellt, sondern einfach behauptet, aus einer Gesamtschau ergebe sich eine Grundtendenz, die gegen die freiheitliche demokratische Grundordnung gerichtet sei (S. 22 i.V.m. den folgenden Ausführungen, insbesondere S. 33). Diese angebliche Gesamttendenz wird aber überhaupt nicht begründet. Vielmehr stützt das Verwaltungsgericht die These der Gesamttendenz ausschließlich auf die Auflistung der 16 Zitate (von denen nur 10 aus den Jahrgängen 1994 und 1995 stammen). Dies ist ein schwerwiegender rechtlicher Fehler. Denn eine Gesamttendenz kann man nicht erkennen, wenn man einzelne Zitate aus einzelnen Artikeln herausschnipselt. Die politische Gesamttendenz der Zeitung läßt sich nur dann erkennen, wenn man die Zeitung im ganzen zur Kenntnis nimmt. Nur wenn man die ganze Zeitung betrachtet, kann man erkennen, ob die Texte, die man als Anhaltspunkte für eine verfassungsfeindliche Zielsetzung ansieht, typisch für diese Zeitung sind, oder ob es sich um einzelne Fehlgriffe handelt, wie sie sich wohl in fast jeder demokratischen Zeitung gelegentlich finden. Das Verwaltungsgericht hat nicht annäherungsweise den Versuch gemacht, eine Gesamtschau der Zeitung anzustellen, sondern sich ausschließlich auf die von der Verfassungsschutzbehörde vorgelegten Zeitungsausschnitte gestützt.

(2.3) Außerdem hätte bei einer Gesamtschau berücksichtigt werden müssen, daß es sich bei der JUNGEN FREIHEIT um eine Zeitung handelt, die zwar ein national-konservatives Profil hat, aber im einzelnen sehr unterschiedliche Meinungen zu Wort kommen läßt und den unterschiedlichsten politischen Auffassungen und Richtungen – auch solchen, die mit der politischen Ausrichtung von Verlag und Redaktion keineswegs übereinstimmen – ein Forum bietet. Dies gehört zur freiheitlichen Grundkonzeption der Zeitung, die den Leser nicht bevormunden will, sondern ihn für urteilsfähig hält und ihm Gelegenheit bieten will, sich über die unterschiedlichsten Positionen eine Meinung zu bilden. Aus diesem Grunde ist es nicht möglich, wie das Verwaltungsgericht dies tut, von in einzelnen Beiträgen publizierten Meinungen ohne weiteres darauf zu schließen, daß die jeweilige Meinung der politischen Zielsetzung der JUNGEN FREIHEIT entspricht. Was die Zielsetzung von Verlag und Redaktion ist, kann entsprechenden Äußerungen des Verlags und der Redaktion entnommen werden. Wer diesen Äußerungen nicht traut und nach weiteren oder anderen Zielen sucht, muß schon Gründe dafür angeben, daß bestimmte Positionen, die sich nur in vereinzelten Artikeln finden, die Zielsetzung der Redaktion darstellen, insbesondere dann, wenn in einer Fülle anderer Artikel andere Positionen vertreten werden.

Da jedenfalls in der ganz überwiegenden Anzahl aller Artikel, die in der JUNGEN FREIHEIT erschienen sind, völlig einwandfrei verfassungsmäßige Meinungen vertreten werden, hätte es besonderer tatsächlicher Anhaltspunkte bedurft, aus denen sich ergibt, daß gerade die wenigen Artikel, die das Verwaltungsgericht als problematisch ansieht, die politische Linie der JUNGEN FREIHEIT repräsentieren. Solche Anhaltspunkte gibt es nicht. Die bloße Behauptung der Verfassungsschutzbehörde, die JUNGE FREIHEIT „tarne“ ihre eigentliche Zielsetzung (VSB 1995, S. 110) ist eine unverschämte Unterstellung, die nicht geeignet ist, eine Begründung zu ersetzen.

(2.4) Bei den vorstehend im Abschnitt (2.1-3) genannten rechtlichen Fehlern in der Gesamtwürdigung der vermeintlichen Anhaltspunkte, die vom Oberverwaltungsgericht nicht behoben werden, handelt es sich ebenfalls um spezifische Grundrechtsverstöße. Eine Gesamtwürdigung, die die dort genannten fundamentalen Anforderungen an eine rechtmäßige

Begründung des Verdachts mißachtet, ist willkürlich. Sie unterstellt der Zeitung eine politische Tendenz, die sie nicht hat, und mißachtet damit auch Art. 5 I GG sowie das Persönlichkeitsrecht.

cc) ***Unvereinbarkeit mit dem Verhältnismäßigkeitsgrundsatz***

Hilfsweise wird auch noch auf den Verhältnismäßigkeitsgrundsatz eingegangen. Dieser ist sowohl unter dem Aspekt der Geeignetheit als auch unter dem der Erforderlichkeit und der Verhältnismäßigkeit i.e.S. verletzt.

(1) Der Grundrechtseingriff ist zu seinem einzigen legitimen Zweck, dem Schutz der freiheitlichen demokratischen Grundordnung *ungeeignet*, weil der Vorwurf, die JUNGE FREIHEIT verfolge verfassungsfeindliche Ziele, nicht zutrifft und weil nicht einmal eine überwiegende Wahrscheinlichkeit dafür spricht, daß ein derartiger Verdacht sich bei näherer Prüfung als richtig erweisen wird.

Das Verwaltungsgericht und das Oberverwaltungsgericht beziehen ihre Prüfung der Geeignetheit und dann auch der Erforderlichkeit unter Verkennung der Grundrechte der Beschwerdeführerin auf einen falschen Zweck (dazu näher bereits oben 3. b, aa [1]). Der Zweck des § 15 II VSG NW – selbst in der (unzutreffenden) Auslegung des Verwaltungsgerichts und des Oberverwaltungsgerichts – kann nicht die Information der Öffentlichkeit über Anhaltspunkte für den Verdacht verfassungsfeindlicher Bestrebungen sein, wie die Gerichte annehmen (VG, UA S.34; OVG, UA S.13). Dies ist vielmehr die Maßnahme, zu welcher die Vorschrift (nach Ansicht der beiden Gerichte) ermächtigt. Der Zweck, den diese Maßnahme nach dem Gesetz erfüllen soll, kann nur der Schutz der freiheitlichen demokratischen Grundordnung (bzw. der anderen verfassungsschutzrechtlichen Schutzgüter) sein. Zu diesem Zweck ist die Veröffentlichung nicht geeignet, wenn der Verdacht nicht zutrifft. Sie ist nicht einmal dann geeignet, wenn keine überwiegende Wahrscheinlichkeit gegeben ist, daß der Verdacht zutrifft. Dies wurde bereits oben (3. b, aa [6.3]) begründet. –Auch auf diese Problematik habe ich das Oberverwaltungsgericht hingewiesen (Schriftsatz v. 6.4.1999, S.19).

(2) Der Grundrechtseingriff ist *nicht erforderlich*. Unterstellt man wiederum rein hypothetisch, daß ein hinreichender Verdacht ausreichend wäre, um über eine vermeintlich verfassungsfeindliche Bestrebung im Verfassungsschutzbericht zu berichten, gibt es zur Erfüllung des Zwecks, die Öffentlichkeit über diesen Verdacht zu informieren, entgegen der An-

sicht des Verwaltungsgerichts und des Oberverwaltungsgerichts ein milderes Mittel als dasjenige, das die Verfassungsschutzbehörde gewählt hat: Statt nämlich über die Beschwerdeführerin in einem Atemzug mit erwiesenermaßen extremistischen Gruppen in einem Kapitel zu berichten, hätte die Verfassungsschutzbehörde für Verdachtsfälle ein besonderes – auch im Layout deutlich vom Bericht über die nachweislichen Extremisten abgesetztes – Kapitel gestalten können. Dies würde die Beschwerdeführerin erheblich weniger belasten. Denn dann würde für den Leser leichter erkennbar, daß die Beschwerdeführerin vom Verfassungsschutz nicht als eindeutig rechtsextrem eingeordnet wird, sondern daß der Verfassungsschutz nur einen Verdacht hat und daher noch weiter prüft, ob der Verdacht zutrifft. Wenn über die Beschwerdeführerin jedoch in einem Kapitel mit der Überschrift „Rechtsextremismus" berichtet wird, markiert mit einem dicken braunen Balken am Rand und eingeordnet in eine Reihe von erwiesenermaßen rechtsextremistischen Organisationen, dann muß der Leser den Eindruck gewinnen, der Verfassungsschutz charakterisiere die JUNGE FREIHEIT als rechtsextrem. Diesen Eindruck haben auch viele Zeitungen, die diese Behauptung immer wieder aufstellen. (Vgl. z.B. den Bericht der Frankfurter Rundschau vom 28.5.1996 in der Anlage zum Schriftsatz vom 28.1.1997 [Stellungnahme zur Klageerwiderung])

Das Oberverwaltungsgericht behauptet nur, ein milderes, aber gleich geeignetes Mittel sei nicht ersichtlich (S. 13), obwohl wir auf das oben dargestellte Mittel ausdrücklich hingewiesen haben (Schriftsatz vom 6.4.1999, S. 19).

(3) Der Grundrechtseingriff verstößt auch gegen den *Verhältnismäßigkeitsgrundsatz im engeren Sinne*. Denn die Beeinträchtigung der Beschwerdeführerin durch die Darstellung in den Verfassungsschutzberichten 1994 und 1995 ist so schwerwiegend, daß sie nicht in einem vernünftigen, angemessenen Verhältnis zu dem Erfolg steht, der mit dieser Maßnahme zur Erreichung des gesetzlichen Zwecks erzielt wird.

(3.1) Das Verwaltungsgericht und das Oberverwaltungsgericht haben den Verhältnismäßigkeitsgrundsatz i.e.S. schon im Ansatz falsch angewendet, indem sie *bei der Abwägung* der betroffenen Schutzgüter einen *falschen Maßstab* angelegt haben. Während sie nämlich die Schutzgüter der Beschwerdeführerin im Ansatz (nicht in der Durchführung) zutreffend in bezug auf ihre konkrete Beeinträchtigung in die Abwägung eingestellt haben, haben sie hinsichtlich des öffentlichen Schutzguts, dessen Verteidigung die Eingriffsermächtigung dient, unzutreffend eine abstrakte Betrachtungsweise gewählt: Sie haben der konkreten Beeinträchtigung der Beschwerdeführerin die freiheitliche demokratische Grundordnung also solche gegenübergestellt statt ihre konkrete (oder zumindest aufgrund des Verdachts konkret denkbare) Beeinträchtigung durch die Beschwerdeführerin. Das Verwaltungsgericht stellt auf den „hohen Stellenwert der Verfassung" ab und behauptet dann, die Nachteile auf seiten der Beschwerdeführerin seien nicht höher zu bewerten als die bei unterlassener Information der Öffentlichkeit zu befürchtenden Gefahren für die freiheitliche demokratische Grundordnung (S. 34 f.). Welche Gefahren für die freiheitliche demokratische Grundordnung zu befürchten wären, wenn die Veröffentlichung im Verfassungsschutzbericht unterbliebe, überlegt das Verwaltungsgericht überhaupt nicht. Es wägt einfach die freiheitliche demokratische Grundordnung im ganzen gegen die Nachteile ab, die die Beschwerdeführerin durch die Darstellung im Verfassungsschutzbericht erleidet. Ebenso das Oberverwaltungsgericht, das schlicht auf den „hohen Stellenwert der Verfassung" abstellt (S. 13).

Die Verwaltungsgerichte wägen also so ab, als ob die Gefahr bestünde, daß die freiheitliche demokratische Grundordnung beseitigt würde, wenn nicht mit den in Rede stehenden Grundrechtseingriffen gegen die Beschwerdeführerin vorgegangen würde. Dies ist geradezu aberwitzig. Von der Beschwerdeführerin geht weder eine Gefahr für den Bestand der freiheitlichen demokratischen Grundordnung im ganzen noch für den eines ihrer rechtlichen Elemente aus. Die Verwaltungsgerichte haben auch nicht nur ansatzweise den Versuch gemacht, eine solche Gefahr zu begründen.

Eine Prüfung der Verhältnismäßigkeit der Grundrechtseinschränkung hätte demgegenüber erfordert, die konkrete Beeinträchtigung der freiheitlichen demokratischen Grundordnung abzuschätzen, die durch die Beschwerdeführerin zu befürchten wäre, wenn vor ihr nicht in den Verfassungsschutzberichten gewarnt würde. Nur diese konkrete Beeinträchtigung hätte gegen die Nachteile, die durch den Grundrechtseingriff auf Seiten der Beschwerdeführerin entstanden sind, abgewogen werden dürfen.

Dazu wäre es notwendig gewesen, den Einfluß abzuschätzen, den die JUNGE FREIHEIT auf die politische Willensbildung in Deutschland hat. Die Gerichte hätten beispielsweise in Betracht ziehen müssen, wie viele Leser die JUNGE FREIHEIT erreicht und wie stark ihr Einfluß auf diese Leser ist, die ja nicht nur durch die JUNGE FREIHEIT beeinflußt werden, sondern vor allem durch die Massenmedien, insbesondere durch das tägliche Fernsehen. Sie hätten erwägen müssen, wie stabil die Demokratie in Deutschland ist und ob und inwiefern sie durch – vermeintlich – verfassungsfeindliche Meinungen, die in einer kleinen Wochenzeitung geäußert werden, gefährdet werden kann. Da es nicht nur darum geht, wie groß der Einfluß auf die öffentliche Meinungsbildung als solche ist, den die JUNGE FREIHEIT hat, sondern gerade darum, wie stark ihr Einfluß dahingehend ist, einen gegen Schutzgüter der freiheitlichen demokratischen Grundordnung gerichteten politischen Willen zu erzeugen, hätte auch bedacht werden müssen, daß sich – unterstellt, die Bewertung der angeblichen „tatsächlichen Anhaltspunkte" durch Verwaltungsgericht und Oberverwaltungsgericht wäre zutreffend – in der JUNGEN FREIHEIT nur vereinzelte verfassungsfeindliche Äußerungen finden unter einer ganz überwiegenden Vielzahl von Artikeln (geht man von der Zahl der vom Verwaltungsgericht gefundenen „Anhaltspunkte" aus, weit über 99 %), deren Inhalt verfassungsmäßig ist. Es hätte also auch erwogen werden müssen, ob bei dieser Relation von verfassungsmäßigen und verfassungsfeindlichen Inhalten die JUNGE FREIHEIT im ganzen nicht sogar eher stabilisierend für die freiheitliche demokratische Grundordnung wirkt. Auf jeden Fall würde sich aus dieser Relation ergeben, daß ein eventueller für die freiheitliche demokratische Grundordnung negativer Einfluß auf die politische Willensbildung, der überhaupt nur hypothetisch ist, noch viel geringer ist, als der Einfluß, den die JUNGE FREIHEIT auf die politische Willensbildung an sich hat.

Überhaupt nichts von diesen – sicherlich noch nicht vollständig aufgezählten – Gesichtspunkten, die zu einer sachlichen Ermittlung des der freiheitlichen demokratischen Grundordnung seitens der JUNGEN FREIHEIT drohenden Schadens hätten berücksichtigt werden müssen, ist von den Verwaltungsgerichten ins Auge gefaßt worden.

Wären die Gerichte so vorgegangen, wie es der Verhältnismäßigkeitsgrundsatz gebietet, hätten sie festgestellt, daß eine denkbare Beeinträchtigung der freiheitlichen demokratischen Grundordnung durch die JUNGEN FREIHEIT allenfalls derart gering ist, daß sie kaum als gegeben veranschlagt werden kann. Hinzu kommt, daß in die Abwägung noch nicht einmal diese allenfalls minimale Beeinträchtigung eingestellt werden kann, sondern nur die Minderung dieser Beeinträchtigung, die durch die Warnung der JUNGE FREIHEIT im Verfassungsschutzbericht von

Nordrhein-Westfalen erzielt wird. Dadurch reduziert sich die denkbare konkrete Beeinträchtigung der freiheitlichen demokratischen Grundordnung, die auf Seiten des öffentlichen Interesses in die Waagschale der Abwägung gelegt werden kann, nochmals erheblich.

Wenn demgegenüber die Verwaltungsgerichte den Bestand der Verfassung bzw. der freiheitlichen demokratischen Grundordnung im ganzen zu Lasten der Beschwerdeführerin in die Waagschale des öffentlichen Interesses gelegt haben, liegt ein Abwägungsfehler vor, wie er sich krasser nicht denken läßt.

Es bedarf hier keiner Erörterung, welche anderen Gesichtspunkte zu berücksichtigen wären, wenn es erweislich wahr wäre, daß die Beschwerdeführerin verfassungsfeindliche Ziele verfolgt. Solange hinsichtlich der Zielsetzung der Beschwerdeführerin nur ein Verdacht besteht, ist jedenfalls die Darstellung der JUNGEN FREIHEIT im Verfassungsschutzbericht eindeutig unverhältnismäßig.

(3.2) Wegen der völligen Fehlgewichtung des öffentlichen Interesses an der Warnung der Öffentlichkeit vor der JUNGEN FREIHEIT durch das Verwaltungsgericht und das Oberverwaltungsgericht kommt es nicht mehr darauf an, daß die Gerichte auch die Schwere des Grundrechtseingriffs auf Seiten der JUNGEN FREIHEIT falsch bewertet haben. Deshalb sei nur der Vollständigkeit halber auch auf diesen Fehler hingewiesen.

Das Verwaltungsgericht stellt auf Seiten der JUNGEN FREIHEIT nur wirtschaftliche Nachteile in die Abwägung ein und zwar in einer Weise, die nicht erkennen läßt, wie diese gewichtet werden. Denn einerseits meint das Verwaltungsgericht, die Ursächlichkeit dieser Nachteile durch die Veröffentlichung sei nicht substantiiert belegt worden und verstehe sich nicht von selbst, was dafür spricht, daß das Verwaltungsgericht diese Nachteile überhaupt nicht berücksichtigt. Andererseits meint das Gericht, diese Nachteile seien „Folgewirkungen“ (S. 34). Was daraus für die Abwägung folgt, wird aber nicht ausgeführt, doch muß man annehmen, daß das Verwaltungsgericht meint, solche Folgewirkungen seien als weniger schwerwiegend zu betrachten als unmittelbare Wirkungen. An anderer Stelle hatte das Verwaltungsgericht – im Widerspruch hierzu – angenommen, vor solchen Folgewirkungen schützten die Grundrechte überhaupt nicht (S. 20), was sich – wie oben ausführlich dargelegt (2. b) – mit der modernen Eingriffsdogmatik nicht vereinbaren läßt.

Das Oberverwaltungsgericht (S. 13 f.) stimmt dem Verwaltungsgericht zu. Es sagt nicht, welche konkrete Beeinträchtigung es auf Seiten der Beschwerdeführerin in die Abwägung einstellt. Offenbar denkt auch das Oberverwaltungsgericht nur an wirtschaftliche Nachteile und meint, daß derartige Nachteile weder substantiiert dargelegt noch sonst ersichtlich seien. Außerdem schütze das Grundgesetz vor solchen faktischen Nachteilen nicht.

Die Argumentation von Verwaltungsgericht und Oberverwaltungsgericht verkennt auch in diesem Zusammenhang die Bedeutung der Grundrechte der Antragstellerin.

Zunächst verkennen die Gerichte, daß die Beeinträchtigung der Beschwerdeführerin nicht allein in den ökonomischen Folgewirkungen des Grundrechtseingriffs besteht. In erster Linie ist vielmehr die immaterielle Beeinträchtigung der grundrechtlichen Schutzgüter der Beschwerdeführerin in der Abwägung zu berücksichtigen, nämlich die Beeinträchtigung ihres guten Rufes und die Beeinträchtigung ihrer Freiheit in den Schutzbereichen der Meinungs-, Presse- und Berufsfreiheit. Die wirtschaftlichen Auswirkungen sind nur Anhaltspunkte für die Intensität der Freiheitsbeeinträchtigung. Als solche sind sie freilich nicht – wie die Verwaltungsgerichte meinen – grundrechtlich als Folgewirkungen unbeachtlich. Denn zur Presse- und zur Berufsfreiheit gehört die auf die Erzielung von Gewinnen gerichtete Betätigung. Wird die wirtschaftliche Basis eines Presseunternehmens dadurch beeinträchtigt, daß man die vorhandenen Leser oder künftige potentielle Leser vor der von diesem Unternehmen herausgegebenen Zeitung warnt, dann sind derartige wirtschaftliche Folgen dem hoheitlichen Eingriff zuzurechnen. In welchem Ausmaß durch den Eingriff die Freiheit beeinträchtigt wird, ergibt sich also *auch* aus den wirtschaftlichen Nachteilen, die durch den Eingriff im Schutzbereich der betroffenen Freiheitsrechte verursacht werden.

Daß das Verwaltungsgericht und das Oberverwaltungsgericht die wirtschaftlichen Nachteile als bloße „Folgewirkungen" für unbeachtlich ansehen, mag eine Konsequenz ihrer Meinung sein, daß ein Eingriff in die Presse- und die Berufsfreiheit nicht vorliege. Hier setzt sich der Fehler, den die Gerichte bei der Prüfung des Eingriffs in den Schutzbereich bemacht haben, bei der Prüfung der Verhältnismäßigkeit fort.

Im Ansatz berechtigt ist die Betrachtungsweise der Gerichte dagegen möglicherweise in bezug auf das Persönlichkeitsrecht. In bezug auf dieses

Recht könnten wirtschaftliche Nachteile in der Tat dann grundrechtlich unbeachtliche Folgewirkungen sein, wenn die hoheitliche abträgliche Äußerung wahr ist und deshalb nicht ehrenrührig ist. Andererseits zeigt die Rechtsprechung des Bundesverfassungsgerichts aber, daß auch wahre Tatsachenbehauptungen über eine Person gegen das Persönlichkeitsrecht verstoßen können, wenn sie öffentlich – z. B. im Fernsehen – vorgetragen werden. Der Grund hierfür besteht und kann nur bestehen in den abträglichen Folgen, die solche Äußerungen haben (z.B. die Folgen für die Resozialisierung, die gesellschaftliche Stellung oder die beruflichen Chancen eines Straftäters, wenn über sein Vergehen noch lange nach der Tat unter Namensnennung oder gar mit Bild berichtet wird). Dies spricht dafür, daß auch bei Eingriffen in das Persönlichkeitsrecht durch öffentliche abträgliche Äußerungen die Folgen, die diese Äußerungen in der Öffentlichkeit haben, in der Verhältnismäßigkeitsprüfung zu berücksichtigen sind. Wenn das so ist, dann ist nicht ersichtlich, warum wirtschaftliche Folgen in der Abwägung nicht berücksichtigt wer den dürften.

Diese Problematik bedarf hier aber keiner Entscheidung. Denn in bezug auf die Beschwerdeführerin steht ja gerade nicht fest, daß die Annahme, sie verfolge verfassungsfeindliche Ziele, wahr ist. Insofern besteht ja nur ein Verdacht. Deshalb – und dies verkennen Verwaltungsgericht und Oberverwaltungsgericht – ist die Situation hier ganz anders als in dem Fall, daß eine Organisation nachweislich verfassungsfeindliche Ziele verfolgt. Ist dies der Fall, dann mag es richtig sein, bei der Prüfung der Frage, ob die öffentliche Warnung vor dieser Organisation im Verfassungsschutzbericht mit dem Verhältnismäßigkeitsprinzip vereinbar ist, wirtschaftliche Folgen außer Betracht zu lassen. Das kann hier dahinstehen. Wenn dagegen vor einer Zeitung gewarnt wird, von der gar nicht feststeht, daß sie verfassungsfeindliche Ziele verfolgt und daß die Warnung letztlich berechtigt ist, dann zumindest müssen in der Abwägung alle Folgen berücksichtigt werden. Die Verhältnismäßigkeitsprüfung durch Verwaltungsgericht und Oberverwaltungsgericht beruht also auch auf dem Fehler, daß sie so entscheiden, wie sie (möglicherweise) entscheiden könnten, wenn es feststünde, daß die Beschwerdeführerin tatsächlich verfassungsfeindliche Ziele verfolgt und daß die Warnung daher im Ergebnis zu Recht erfolgt. Die Warnung erfolgt hier aber in einer Verdachtssituation mit offenem Ausgang der weiteren Beobachtungen. Deshalb müssen bei der Abwägung zwischen Beeinträchtigung der Beschwerdeführerin einerseits und öffentlichem Interesse andererseits die der Beschwerdeführerin entstehenden Nachteile auch im Rahmen der Prüfung einer Verletzung des Persönlichkeitsrechts umfassend berücksichtigt werden, einschließlich der wirtschaftlichen Nachteile.

Der zentrale Abwägungsfehler, den Verwaltungsgericht und Oberverwaltungsgericht bei der Bewertung der Nachteile gemacht haben, die der Beschwerdeführerin durch den Grundrechtseingriff entstanden sind, besteht, um es noch einmal zu betonen, darin, daß sie die ideellen Nachteile – also die Schädigung des gutes Rufes einerseits und die Beeinträchtigung der Freiheit in den Schutzbereichen der Meinungs-, Presse- und Berufsfreiheit – andererseits überhaupt nicht berücksichtigt haben. Die Gerichte haben keinen Gedanken daran verschwendet, was es für eine (natürliche oder juristische) Person bedeutet, im Verfassungsschutzbericht als „extremistisch" angeprangert zu werden. Es handelt sich um einen Eingriff von außerordentlicher Tragweite, der einer gesellschaftlichen Ächtung gleichkommt. Als „Extremist" hoheitlich gebrandmarkt zu sein, ist für den Betroffenen hinsichtlich seiner gesellschaftlichen Stellung und zumal hinsichtlicher seiner politischen Wirkungsmöglichkeiten unter Umständen viel schlimmer als eine Kriminalstrafe. Dies gilt angesichts des politischen Klimas in Deutschland mit dem „Aufstand der Anständigen" „gegen rechts" für jemanden in ganz besonderem Maße, der vom Verfassungsschutz als „Rechtsextremist" eingeordnet oder auch nur öffentlich verdächtigt wird. Mit der amtlichen Abstemplung als „Rechtsextremist" im Verfassungsschutzbericht ist der Betroffene politisch und gesellschaftlich „erledigt". Diese Folgen der Darstellung im Verfassungsschutzbericht, die im verwaltungsgerichtlichen Verfahren speziell auch für eine Zeitung näher dargelegt worden sind (vgl. z.B. Klageschrift S.16-19, 21; Schriftsatz v. 6.4.1999, S.16-18), werden von den Gerichten überhaupt nicht berücksichtigt. Daß sie existieren, liegt auf der Hand. Sie sind durch die Verfassungsschutzberichte ja geradezu indendiert. Sie hervorzurufen, ist ihre objektive Funktion. Daß die gesellschaftliche und politische Isolierung der Betroffenen auch subjektiv dem Willen der Verfassungsschutzbehörde entspricht, läßt sich auch daran erkennen, daß die Verfassungsschutzbehörde es als tatsächlichen Anhaltspunkt für eine verfassungsfeindliche Zielsetzung wertet, wenn eine Zeitung einen Meinungsbeitrag eines Autors veröffentlicht, den sie als Extremisten verdächtigt, oder wenn die Zeitung ein Interview mit einer Person publiziert, hinsichtlich derer die Verfassungsschutzbehörde Anhaltspunkte dafür hat, daß sie eine verfassungsfeindliche Zielsetzung verfolgt[48]. Wer nicht seinerseits eine Person, die im Verfassungsschutzbericht in die Rubrik „Extremismus" eingeordnet wird, ächtet, d.h. insbesondere aus dem politischen Diskurs ausschließt, wird dafür vom Verfassungsschutz mit der Ächtung als Extremist bestraft.

Daß diese äußert schwerwiegenden Folgen der Abstemplung als Extremist im Verfassungsschutzbericht existieren, ist offenkundig.

Es sei nochmals daran erinnert, was das Bundesverwaltungsgericht zur Sektenwarnung gesagt hat:

> „Es bedarf keiner näheren Darlegung, daß derartige öffentliche Äußerungen des Staates nicht zuletzt wegen der mit ihnen in Anspruch genommenen Staatsautorität für die Ausbreitung der angesprochenen Religions- oder Weltanschauungsgemeinschaft und ihre Rolle in der religiös-weltanschaulichen Auseinandersetzung, mithin für den von Art. 4 Abs. 1 GG geschützten Freiheitsraum ... schwerwiegende Folgen haben können. Diese Folgen sind, soweit sie das Verhalten der gewarnten Öffentlichkeit betreffen, beabsichtigt und im übrigen vorhergesehen und in Kauf genommen. Sie müssen daher mit ihrem vollen Gewicht dem Staat zugerechnet und wegen ihrer freiheitsmindernden Bedeutung als Grundrechtseingriffe behandelt werden."[49]

Entsprechendes muß für die Anprangerung im Verfassungsschutzbericht gelten.

Somit liegt schon unabhängig von der Frage, ob auch die wirtschaftlichen Nachteile, die die Beschwerdeführerin durch die Verfassungsschutzberichte erleidet, zu berücksichtigen sind, eine schwerwiegende Verletzung des Verhältnismäßigkeitsgrundsatzes auch unter dem Aspekt vor, daß die Gerichte die Beeinträchtigung der Beschwerdeführerin auf eine geradezu willkürliche Weise falsch eingeschätzt haben.

---

48 Vgl. z. B. Verfassungsschutzbericht Nordrhein-Westfalen 1999, S. 122 f i.V.m. 63, hinsichtlich Interviews mit REP-Funktionären in der JUNGEN FREIHEIT. Die „Republikaner" werden vom nordrhein-westfälischen Verfassungsschutz aufgrund tatsächlicher Anhaltspunkte als rechtsextremistisch verdächtigt, im Unterschied z. B. zur DVU, die der nordrhein-westfälische Verfassungssehutz für erwiesenermaßen rechtsextremistisch hält, ebd. S. 74.

49 BVerwGE 82, 76 (79) – Jugendsekten – TM; vgl. auch BVerwG, 4.5.1991, NVwZ 1994, 162 (163); BVerwGE 90, 112 (118ff.) – Osho.

Deshalb kommt es nicht darauf an, ob die ebenfalls gegebenen gravierenden wirtschaftlichen Nachteile, die die Anprangerung der JUNGEN FREIHEIT im Verfassungsschutzbericht zur Folge hat, hinreichend substantiiert dargetan sind. Das Verwaltungsgericht ist davon ausgegangen, daß dies der Fall sei und daß lediglich die Kausalität nicht hinreichend substantiiert begründet sei (S. 34). Deshalb ist es erstaunlich, daß das Oberverwaltungsgericht nicht nur auf die Kausalität abstellt, sondern allgemein meint, wirtschaftliche Nachteile seien nicht substantiiert dargetan (S. 13). Angesichts der Darstellung des Verwaltungsgerichts bestand für die Beschwerdeführerin kein Anlaß, im Berufungszulassungsverfahren zu den Nachteilen selbst sich mit der Darstellung des Verwaltungsgerichts auseinanderzusetzen. Im Berufungsverfahren hätte ich das Oberverwaltungsgericht z.B. auf die eidesstattliche Versicherung des Inhabers einer Werbeagentur hingewiesen, die der Kammer des Verwaltungsgerichts im Eilverfahren vorgelegt worden war. Dort werden konkrete wirtschaftliche Nachteile benannt und beziffert, die sich daraus ergeben, daß Tages- und Wochenzeitungen wegen der Erwähnung der JUNGEN FREIHEIT im Verfassungsschutzbericht des Landes Nordrhein-Westfalen die Schaltung von Werbeanzeigen der JUNGEN FREIHEIT ablehnen (Kopie in der Anlage). – Was die Kausalität angeht, so habe ich im Schriftsatz vom 6.4.1999 (S. 20) das Oberverwaltungsgericht auf folgendes hingewiesen:

> »Bei mittelbaren Auswirkungen ist aber ein exakter Kausalitätsnachweis nicht möglich. Hier muß es für die Substantiierung des Vortrags ausreichen, daß sie bei unbefangener Betrachtung als die regelmäßige Folge der staatlichen Maßnahme erscheinen oder daß sie von der Behörde intendiert sind. Beides trifft hier, wie dargelegt, zu. Während seitens der Klägerin detailliert die Nachteile aufgezeigt wurden, welche die Klägerin erleidet (die oben aufgezählten Punkte sind schon in der Klageschrift genannt), hat das Verwaltungsgericht in keiner Weise substantiiert, welche „zu befürchtenden Nachteile für die freiheitliche demokratische Grundordnung“ ohne den Bericht über die Klägerin im Verfassungsschutzbericht bestünden und warum diese mindestens ebenso gewichtig seien wie die Nachteile der Klägerin.«

Der Kammer des Verwaltungsgerichts hatte ich folgende Argumente vorgelegt:

»Freilich liegt es auf der Hand, daß sich ein strenger empirischer Kausalbeweis für viele dieser Wirkungen – Abonnementsabbestellungen, Einbruch des Kioskverkaufs, Schwierigkeiten bei der Gewinnung neuer Abonnenten, Boykott in der Berichterstattung anderer Medien, Nichterfüllung von Interviewwünschen usw. – kaum führen läßt. Dies ist keine Besonderheit des vorliegendes Falles, sondern in fast allen Fällen von Ehrverletzung und Rufmord ist es nicht möglich, kausale negative Auswirkungen exakt nachzuweisen, auch wenn sie in großem Maße auftreten. Wenn beispielsweise ein Einzelhändler öffentlich verdächtigt wird, informeller Mitarbeiter der Stasi gewesen zu sein, und in der Folgezeit geht sein Umsatz drastisch zurück, dann läßt sich nicht positiv beweisen, daß dies die Folge der öffentlichen Verdächtigung ist; der Umsatzrückgang könnte auch ganz andere Ursachen haben. Praktisch unmöglich wäre ein empirischer Beweis, wenn der Umsatz in der Folgezeit stagniert, aber ohne die Rufschädigung eine Umsatzsteigerung erzielt worden wäre. Im vorliegenden Fall ist es nicht anders. Denn von keinem potentiellen Kunden erfährt man, warum er eine Zeitung am Kiosk nicht oder nicht mehr kauft. Auch Abonnenten geben i.d.R. die Gründe für ihre Abbestellung nicht an, Kioskbesitzer nicht die Gründe dafür, eine Zeitung nicht oder nicht mehr zum Kauf anzubieten. Vor allem ist es praktisch nicht möglich, die Gründe dafür in nachweisbarer Weise zu dokumentieren, daß potentielle neue Leser sich nicht zu einem Abonnement entschließen. Wer eine im Verfassungsschutzbericht erwähnte Zeitung nicht abonniert, weil er fürchtet, daß seine Daten dann auch irgendwann vom Verfassungsschutz gespeichert werden (Leser als potentieller Symapathisant einer verfassungsfeindlichen Bestrebung?), wird das der Zeitung nicht sagen, geschweige denn schreiben. Dasselbe gilt für Leute, die die Zeitung sich gar nicht erst ansehen wollen, weil sie mit verfassungsfeindlichen Zielen nichts zu tun haben wollen. Daß es diese Auswirkungen gibt, ist schon deshalb glaubhaft, weil es der allgemeinen Lebenserfahrung entspricht. Es entspricht schließlich dem Normalverhalten des verfassungstreuen Bürgers, daß er sich von verfassungsfeindlichen Bestrebungen fernhält und daß er sich hinsichtlich der Beurteilung, welche Bestrebungen verfassungsfeindlich sind, auf die Äußerungen der zuständigen Behörden verläßt. Dieser Umstand ist offenkundig und bedarf keines Beweises. Fraglich kann nur sein, *in welchem Ausmaß* die betreffenden Wirkungen eingetreten sind, wie hoch insbesondere der wirtschaftliche Schaden ist, der der Antragstellerin durch die Verfassungsschutzberichte des Antragsgegners bereits entstanden ist. Hier ist zwar die Antragstellerin überzeugt, daß der Schaden sehr groß ist, kann dafür einen kausalen Nachweis (zur Zeit) nicht führen.«[50]

An diesen Stellungnahmen halte ich fest. Das Verwaltungsgericht und das Oberverwaltungsgericht überspannen die Anforderungen an die Substantiierung; sie verlangen etwas im Hinblick auf die Fallkonstellation Unmögliches. Auf der anderen Seite aber substantiieren sie selbst in keiner Weise, inwiefern von der Beschwerdeführerin eine Beeinträchtigung der freiheitlichen demokratischen Grundordnung ausgehen würde, wenn vor ihr nicht im Verfassungsschutzbericht gewarnt würde. Auch hierin liegt eine Verletzung des Verhältnismäßigkeitsgrundsatzes.

Hinzu kommt, daß Verwaltungsgericht und Oberverwaltungsgericht fälschlich einen Eingriff in die Meinungs- und Pressefreiheit verneint haben und deshalb auch in der Abwägung nicht das besondere Gewicht berücksichtigen konnten, das diese Grundrechte für einen offenen demokratischen Willensbildungsprozeß haben. Zwar würde sich der Schutz der freiheitlichen demokratischen Grundordnung bei Warnungen vor nachweislich verfassungsfeindlichen Presseorganen wohl regelmäßig auch gegenüber der Presse- und Meinungsfreiheit durchsetzen. Demgegenüber muß in bloßen Verdachtsfällen besondere Vorsicht bei Eingriffen in die Meinungs- und Pressefreiheit walten. Auch hier liegt also ein Abwägungsfehler vor.

(3.3) Aus dem Verhältnismäßigkeitsgrundsatz i.e.S. folgt für Fälle der Verdachtswarnung außerdem, daß diese allenfalls bei einer *konkreten Gefahr* für das Schutzgut, also die freiheitliche demokratische Grundordnung zulässig sein kann. Eine beliebig geringe Wahrscheinlichkeit, daß das Schutzgut beeinträchtigt wird, kann nicht ausreichen. Der Begriff der Gefahr, wie er im allgemeinen Polizei- und Ordnungsrecht herausgebildet worden ist, ist Ausdruck des Verhältnismäßigkeitsprinzips. Er stellt eine Korrelation zwischen dem Schutzgut, dem ein Risiko droht, und dem Verursacher des Risikos her, in dessen Freiheit durch eine Maßnahme zur Abwehr dieses Risikos eingegriffen wird. Der Begriff der Gefahr bezeichnet ein Risiko, das so groß ist, daß dieser Eingriff notwendig und gerechtfertigt ist.

---

50 Im Eilverfahren vorgelegter Schriftsatz vom 23.9.1996, S. 3.

Zwar kann der Gesetzgeber unter Umständen auch zur Risikobekämpfung im Vorfeld einer Gefahr ermächtigen. Maßnahmen gegen den Risikoverursacher setzen dann aber auf jeden Fall voraus, daß die Ungewißheit, durch welche die Risikosituation gekennzeichnet ist, sich nur auf die Frage bezieht, ob und mit welcher Wahrscheinlichkeit das Schutzgut ohne die vorgesehene Gegenmaßnahme verletzt wird. Sie darf sich dann aber nicht auf die Frage beziehen, wer der Verursacher dieses Risikos ist. Genau dies aber ist bei der Verdachtswarnung der Fall. Hier liegt eine Situation wie beim polizeilichen Gefahrenverdacht vor (dazu schon oben 3. b, aa [6.3]). Es steht noch nicht fest, ob die Beschwerdeführerin ein Risiko für die freiheitliche demokratische Grundordnung verursacht; insoweit besteht nur ein Verdacht. Nur wenn sie wirklich eine verfassungsfeindliche Zielsetzung hat, kann sie möglicherweise die freiheitliche demokratische Grundordnung gefährden.

Wenn in einem solchen Verdachtsfall schon im Vorfeld der Gefahrenabwehr der als Risikoverursacher lediglich Verdächtigte durch eine Warnung der Öffentlichkeit bekämpft wird, ist dies ein krasser Verstoß gegen den Verhältnismäßigkeitsgrundsatz. Der Eingriff in die Grundrechte des als Verursachers eines Risikos Verdächtigten setzt zumindest voraus, daß das Risiko so groß ist, daß es als konkrete Gefahr qualifiziert werden kann.

Das Vorhandensein einer konkreten Gefahr für die freiheitliche demokratische Grundordnung aufgrund der vermuteten verfassungsfeindlichen Zielsetzung der Beschwerdeführerin wird jedoch weder vom Verwaltungsgericht noch vom Oberverwaltungsgericht dargelegt. Eine solche Gefahr läßt sich auch nicht darlegen, denn sie existiert nicht. Auch aus diesem Grunde verstoßen die Entscheidungen ebenso wie die Verfassungsschutzberichte, für die das gleiche gilt, gegen den Verhältnismäßigkeitsgrundsatz.

dd) *Gesamtergebnis zur Verfassungswidrigkeit der Anwendung des Gesetzes im konkreten Fall*

Verfassungsschutzbehörde, Verwaltungsgericht und Oberverwaltungsgericht haben unter Verkennung der Grundrechte der Beschwerdeführerin das Gesetz falsch auf den vorliegenden Fall angewandt. Sie haben in der JUNGEN FREIHEIT publizierte Äußerungen, die keinen verfassungsfeindlichen Inhalt haben, als Anhaltspunkte für den Verdacht einer verfassungsfeindlichen Bestrebung angesehen. Sie haben in willkürlicher Weise

Meinungsinhalte verdreht und bei der Interpretation von als Anhaltspunkte für Verfassungsfeindlichkeit gewerteten Texten die Bedeutung von Art. 5 I GG verkannt. Sie haben die Texte schließlich unzutreffend unter den Begriff der freiheitlichen demokratischen Grundordnung subsumiert. Schon die unzutreffende Anprangerung bestimmter Meinungen als angeblich verfassungswidrig im Verfassungsschutzbericht ist ein selbständiger Verstoß gegen Art. 5 I GG.

Darüber hinaus haben Verfassungsschutzbehörde, Verwaltungsgericht und Oberverwaltungsgericht die Grundrechte der Beschwerdeführerin auch bei der Gesamtbetrachtung der angeblichen Anhaltspunkte nicht beachtet. Insbesondere wurde der Gesamtinhalt der Zeitung nicht berücksichtigt. Die von der Behörde und den Gerichten vorgenommene Gesamtwürdigung ist willkürlich. Sie unterstellt der Zeitung eine Tendenz, die sie nicht hat.

Außerdem verstößt die Anwendung des Gesetzes auf den vorliegenden Fall durch Verfassungsschutzbehörde, Verwaltungsgericht und Oberverwaltungsgericht in mehrfacher Hinsicht gegen den Verhältnismäßigkeitsgrundsatz in allen seinen drei Ausprägungen.

Der Eingriff in die Grundrechte der Beschwerdeführerin auf Meinungs- und Pressefreiheit sowie Berufsfreiheit und in das Persönlichkeitsrecht ist somit nicht gerechtfertigt. Die Verfassungsschutzberichte 1994 und 1995 und die sie bestätigenden Gerichtsentscheidungen verletzen daher diese Grundrechte. Bei allen diesen Grundrechtsverstößen handelt es sich um Verstöße gegen spezifisches Verfassungsrecht.

Soweit im Rahmen der Prüfung der Rechtfertigung des Eingriffs in die Freiheitsrechte festgestellt wurde, daß das Verwaltungsgericht und das Oberverwaltungsgericht den Sinngehalt der zitierten Texte willkürlich verdreht und falsch verstanden haben, liegt außerdem ein Verstoß gegen das Willkürverbot des Art. 3 I GG vor.

4. Gesamtergebnis zur Verletzung der Grundrechte der Beschwerdeführerin durch die Verfassungsschutzberichte 1994 und 1995 sowie durch die Entscheidungen des Verwaltungsgerichts und des Oberverwaltungsgerichts

Die Darstellung der JUNGEN FREIHEIT in den Verfassungsschutzberichten 1994 und 1995 verstoßen unter vielen Aspekten gegen die Grundrechte der Beschwerdeführerin aus Art. 5 I 1, 2, Art. 2 I i.V.m. 1 I, Art. 12 I und Art. 3 I GG.

Auf diesen Verstößen beruhen die angefochtenen Gerichtsentscheidungen auch. Die Gerichte hätten der Klage stattgeben müssen, wenn sie die Grundrechte der Beschwerdeführerin beachtet hätten. Die Klägerin hat einen Anspruch auf Unterlassung der ihre Rechte beeinträchtigenden Erwähnung in den Verfassungsschutzberichten und einen Anspruch auf Widerruf von unzutreffenden Tatsachenbehauptungen. Der Unterlassungsanspruch hat seine Grundlage unmittelbar in den verletzten Grundrechten[51]. Grundlage des Widerrufsanspruchs bzw. des Richtigstellungsanspruchs ist der allgemeine öffentlichrechtliche Folgenbeseitigungsanspruch[52].

Der Verstoß gegen die Verbandskompetenz führt dazu, daß das Land Nordrhein-Westfalen in seinem Verfassungsschutzbericht nicht über die JUNGE FREIHEIT berichten darf. Da der Bericht über die JUNGE FREIHEIT in den Verfassungsschutzberichten 1994 und 1995 somit rechtswidrig ist und die Klägerin in ihren Rechten verletzt, ist der Klageantrag Nr. 1 begründet.

Auch die verfassungswidrige Auslegung der gesetzlichen Ermächtigungsgrundlage führt dazu, daß Klageantrag Nr. 1 begründet ist. Denn bei verfassungskonformer Auslegung der Ermächtigungsgrundlage sind die Voraussetzungen für die Erwähnung der JUNGEN FREIHEIT in den Verfassungsschutzberichten 1994 und 1995 eindeutig nicht gegeben. Diese war somit rechtswidrig. Daraus folgt, daß der Unterlassungsantrag (Antrag Nr. 1) sowie der Richtigstellungsantrag (Antrag Nr. 4) begründet sind. Entsprechendes gilt für den Feststellungsantrag Nr. 3. Wie gezeigt,

---

51 Vgl. z. B. *BVerwG,* DÖV 1990, 108; *OVG Lüneburg,* 12.2. 1991, NJW 1992, 192 (193).

52 Vgl. z. B. *OVG Lüneburg,* 12.12.1991, NJW 1992, 192 (193) m.w.N.

ist es verfassungswidrig, eine Zeitung in das Kapitel „Rechtsextremismus“ einzuordnen, wenn insoweit nur ein Verdacht besteht.

Ebenso sind die Verstöße gegen die Grundrechte der Beschwerdeführerin durch die verfassungswidrige Anwendung der Ermächtigungsgrundlage auf den vorliegenden Fall entscheidungsrelevant. Da auch in dieser Hinsicht die Erwähnung der JUNGEN FREIHEIT in den Verfassungsschutzberichten 1994 und 1995 gegen die Grundrechte der Beschwerdeführerin verstößt, ist auch unter diesem Aspekt die Klage begründet. Dies gilt aus den oben genannten Gründen für den Unterlassungsantrag (Antrag Nr. 1) sowie der Richtigstellungsantrag (Antrag Nr. 4) und für den Feststellungsantrag Nr. 3. Außerdem wurde oben bei der Stellungnahme zu den einzelnen angeblichen „Anhaltspunkten“ für den Verdacht einer verfassungsfeindlichen Zielsetzung (3. c, aa) nachgewiesen, daß die JUNGE FREIHEIT keine extremistischen Ziele verfolgt und daß auch keine Anhaltspunkte dafür gegeben sind, daß sie den in der Bundesrepublik Deutschland lebenden Ausländern Freiheits- und Gleichheitsrechte abspricht, sondern daß die entsprechenden Annahmen der Verfassungsschutzbehörde auf willkürlichen Unterstellungen und Verdrehungen beruhen und daher die Grundrechte der Beschwerdeführerin verletzen. Daher sind auch die Widerrufsanträge Nr. 5. a) und d) begründet.

Daß die angefochtenen gerichtlichen Entscheidungen auf den gerügten Grundrechtsverletzungen beruhen, läßt sich auch dahingehend zusammenfassen, daß die Abweisung der Klageanträge damit begründet wurde, daß keine Rechtsverletzung vorliege. Da die Verfassungsschutzberichte aber – wie dargelegt – die Grundrechte der Beschwerdeführerin verletzen, liegt entgegen der Annahme der Gerichte eine Rechtsverletzung vor. Damit beruht die Abweisung aller oben genannten Klageanträge auf der Verletzung der Grundrechte der Beschwerdeführerin.

Die Verfassungsbeschwerde ist somit in vollem Umfang begründet, soweit sie sich gegen die Verletzung der Grundrechte der Beschwerdeführerin aus Art. 5 I 1, 2, Art. 2 I i.V.m. 1 I, Art. 12 GG und Art. 3 I GG durch die Verfassungsschutzberichte 1994 und 1995 sowie durch ihre Aufrechterhaltung durch die Entscheidungen des Verwaltungsgerichts und des Oberverwaltungsgerichts richtet.

Hilfsweise wird noch folgendes geltend gemacht: Selbst wenn es mit dem Grundgesetz vereinbar wäre, daß das Land Nordrhein-Westfalen in seinen Verfassungsschutzberichten 1994 und 1995 über die JUNGE FREIHEIT berichtet hat, wäre die Verfassungsbeschwerde in bezug auf Klageantrag Nr. 1 zumindest teilweise begründet, weil auch in diesem Fall zumindest einige der dort als angebliche Anhaltspunkte für eine verfassungsfeindliche Zielsetzung genannten Meinungsäußerungen verfassungsmäßig wären. (Das Verwaltungsgericht hatte ja die meisten der dort als Anhaltspunkte zitierten Texte *nicht* als Anhaltspunkte gewertet.) Somit wäre der Klageantrag jedenfalls insoweit begründet, als jedenfalls die verfassungsmäßigen Äußerungen nicht als Belege für eine verfassungsfeindliche Zielsetzung im Verfassungsschutzbericht genannt werden dürften; sie müßten also entfernt oder unleserlich gemacht werden, da – wie gezeigt – die amtliche Anprangerung einer inhaltlich verfassungsmäßigen Äußerung als verfassungsfeindlich gegen die Meinungsfreiheit verstößt.

Nur der Klarstellung halber sei darauf hingewiesen, daß die Begründetheit auch in bezug auf den Klageantrag Nr. 3 nicht etwa davon abhängt, ob die JUNGE FREIHEIT überhaupt im Verfassungsschutzbericht erwähnt werden durfte. Der Antrag ist begründet, weil die JUNGE FREIHEIT als einer verfassungsfeindlichen Zielsetzung bloß Verdächtigte nicht im Kapitel „Rechtsextremismus" des Verfassungsschutzberichts, also nicht in demselben Kapitel wie die nachweislichen Rechtsextremisten, erwähnt werden durfte.

II. Verletzung der Rechtsschutzgarantie (Art. 19 IV 1 GG), des Rechts auf faires Verfahren (Art. 2 I GG i.V.m. dem Rechtsstaatsprinzip, Art. 20 III GG) und des Willkürverbots (Art. 3 I GG) durch den Beschluß des Oberverwaltungsgerichts

Die Zurückweisung des Antrags auf Zulassung der Berufung verletzt das Recht der Beschwerdeführerin aus Art. 19 IV 1 GG, außerdem das Recht auf faires Verfahren (Art. 2 I i.V.m. 20 III GG) und das Willkürverbot (Art. 3 I GG). Das Oberverwaltungsgericht hat die Voraussetzungen für die Zulassung der Berufung in einer gegen diese Grundrechte verstoßenden Weise verkannt.

Wenn prozeßrechtliche Vorschriften Rechtsbehelfe vorsehen, verbietet die Gewährleistung eines effektiven Rechtsschutzes durch Art. 19 IV GG – so hat das Bundesverfassungsgericht mehrfach entschieden – den Gerichten eine Auslegung und Anwendung dieser Vorschriften, die die Beschreitung des eröffneten (Teil-)Rechtswegs in unzumutbarer, aus Sachgründen nicht mehr zu rechtfertigender Weise erschweren[53]. Dies gilt, wie das Bundesverfassungsgericht festgestellt hat, auch, wenn das Prozeßrecht – wie hier die §§ 124, 124a VwGO – den Verfahrensbeteiligten die Möglichkeit gibt, die Zulassung eines Rechtsmittels zu erstreiten[54]. Hiergegen verstößt der Beschluß des Oberverwaltungsgerichts.

Das Verfahren der Berufungszulassung hat den Zweck, solche Anträge auszuscheiden, die unter den Aspekten der Rechtsfortbildung und der Wahrung der Rechtseinheit (Zulassungsgründe Nr. 3 und 4) nicht von Bedeutung sind und die rechtlich und tatsächlich so einfach strukturiert sind, daß sozusagen auf den ersten Blick – ohne Aufbereitung des Prozeßstoffs im Berufungsverfahrens – erkannt werden kann, daß das Verwaltungsgericht richtig entschieden hat und ein Berufungsverfahren, in dem die Richtigkeit der erstinstanzlichen Entscheidung näher geprüft wird, nicht nötig ist (Zulassungsgründe Nr. 1 und 2). Diese Zwecksetzung verkennt das Oberverwaltungsgericht in willkürlicher Weise, indem es in dem vorliegenden, sehr komplexen, schwierigen und grundsätzliche Fragen aufwerfenden Fall die Durchführung eines Berufungsverfahrens verweigert.

1. Der Zulassungsgrund der ernstlichen Zweifel, § 124 II Nr. 1 VwGO

Nach der verfassungskonformen Interpretation des § 124 II Nr. 1 VwGO sind ernstliche Zweifel an der Richtigkeit des Urteils „immer schon dann begründet, wenn ein einzelner tragender Rechtssatz oder eine erhebliche Tatsachenbehauptung mit schlüssigen Gegenargumenten in Frage gestellt werden“[55]. Außerdem betont das Bundesverfassungsgericht, das Zu-

---

53 *BVerfG* (2. Kammer des Ersten Senats), 23. 6. 2000, NVwZ 2000, 1163 (1164), m. Hinw. auf *BVerfGE* 77, 275 (284); 78, 88 (99);ebenso *BVerfG* (1. Kammer des Ersten Senats), 8. 3. 2001, NVwZ 2001, 552.

54 *BVerfG* (2. Kammer des Ersten Senats), 23. 6. 2000, NVwZ 2000, 1163 (11649; zustimmend *BVerfG* (1. Kammer des Ersten Senats), 8. 3. 2001, NVwz 2001, 52.

55 BVerfG (2. Kammer des Ersten Senats), 23. 6. 2000, NVwZ 2000, 1163 (1164), m. Hinw. auf BVerfGE 77, 275 (284); 78, 88 (99);ebenso BVerfG (1. Kammer des Ersten Senats), 8. 3. 2001, NVwZ 2001, 552.

lassungsverfahren habe nicht die Aufgabe, das Berufungsverfahren vorwegzunehmen[56].

Das Oberverwaltungsgericht stellt nicht in Abrede, daß die Antragstellerin einzelne tragende Rechtssätze oder erhebliche Tatsachenfeststellungen des Verwaltungsgerichts mit schlüssigen Gegenargumenten in Frage gestellt hat. Beides ist geschehen. Die Antragstellerin hat dem Oberverwaltungsgericht Argumente vorgetragen, aus denen sich schlüssig ergibt, daß das Verwaltungsgericht zu Unrecht die Verbandskompetenz des Landes Nordrhein-Westfalen bejaht, die gesetzliche Ermächtigungsgrundlage falsch interpretiert und das Gesetz auf den konkreten Fall falsch angewendet, insbesondere die Bedeutung der Grundrechte der Antragstellerin verkannt und gegen den Verhältnismäßigkeitsgrundsatz verstoßen sowie auf eine mit Art. 5 I GG und dem Willkürverbot unvereinbare Weise Meinungsinhalte verdreht hat, die auf ihre Verfassungsmäßigkeit zu prüfen waren. Es handelt sich um eben die Argumente, die – z.T. ausführlicher – im Teil I. dieser Verfassungsbeschwerde dargestellt worden sind, ergänzt um Argumente, die nicht verfassungsrechtliche Fragen, sondern nur das einfache Recht betreffen. Ich verweise auf die Antragsbegründung (Schriftsatz vom 17.4.1997, S. 3-6), und den erläuternden Schriftsatz vom 6.4.1999 (S. 2-28).

Hiermit sind die Voraussetzungen des § 124 II Nr. 1 VwGO erfüllt, wie sie sich aus der verfassungskonformen Interpretation des Bundesverfassungsgerichts ergeben.

Das Oberverwaltungsgericht verneint die ernstlichen Zweifel mit der Begründung, daß das Urteil des Verwaltungsgerichts richtig sei (S. 5f., 16). Dies wird auf 11 Seiten des Beschlusses, im einzelnen allerdings ziemlich apodiktisch, begründet (S. 6-16). Dagegen findet sich kein einziger Satz zu der Frage, ob die Antragstellerin mit ihren Argumenten das Urteil des Verwaltungsgerichts schlüssig in Frage gestellt habe.

Das Oberverwaltungsgericht hat mit seinem Beschluß die Funktion des § 124 II Nr. 1 VwGO in einer Weise verkannt, die nicht mit Art. 19 IV

---

56 BVerfG (2. Kammer des Ersten Senats), 23. 6. 2000, NVwZ 2000, 1163 (11649; zustimmend BVerfG (1. Kammer des Ersten Senats), 8. 3. 2001, NVwz 2001, 52.

GG vereinbar ist. Es hat nämlich der Sache nach ein Berufungsurteil gefällt, ohne ein Berufungsverfahren durchzuführen.

Damit liegt zugleich ein Verstoß gegen das Recht auf faires Verfahren vor (Art. 2 I i.V.m. 20 III GG) vor: Die Antragstellerin mußte sich auf Argumente beschränken, die für das Verfahren der Berufungszulassung relevant sind. Sie hatte keine Chance, Argumente vorzutragen, die sie im Berufungsverfahren hätte vortragen können.

2. Der Zulassungsgrund der besonderen tatsächlichen und rechtlichen Schwierigkeiten, § 124 II Nr. 2 VwGO

Die Antragstellerin hat im Berufungszulassungsverfahren auf die besonderen tatsächlichen und rechtlichen Schwierigkeiten in substantieller Weise hingewiesen. Ich verweise auf die Antragsbegründung vom 17.4.1997 (S. 2-3) und die erläuternden Schriftsätze vom 22.1.1998 (S. 1-4), vom 6.4.1999 (S. 2-28) und vom 18.12.2000 (S. 2).

Dem tritt das Oberverwaltungsgericht mit der bloßen These entgegen, die aufgeworfenen Fragen ließen sich „ohne weiteres anhand der gesetzlichen Vorschriften“ in dem Sinne beantworten, wie das Oberverwaltungsgericht es in seinem Beschluß getan hat (S. 17).

Daß dies auf geradezu groteske Weise falsch ist, zeigt schon der Begründungsaufwand, den das Verwaltungsgericht getrieben hat, dessen Entscheidung immerhin 45 Seiten lang ist und das sich unter anderem mit vielen einzelnen Texten beschäftigen mußte, die nur aus ihrem Kontext verstanden werden können und deren Aussagegehalt dann unter die unbestimmten Rechtsbegriffe subsumiert werden mußte, die die Elemente der freiheitlichen demokratischen Grundordnung beschreiben. Das ist eine sehr komplexe Aufgabe.

Wie schwierig und komplex in rechtlicher Hinsicht der Fall wirklich ist, läßt sich ohne weiteres an der Erörterung allein der relevanten verfassungsrechtlichen Fragen in Teil D.I. dieser Verfassungsbeschwerde erkennen. Wenn dieser Fall, wie das Oberverwaltungsgericht meint, rechtlich so einfach gelagert ist, daß zur Beurteilung der aufgeworfenen Rechtsfragen ein Berufungsverfahren nicht nötig ist, dann dürfte ein Berufungsverfahren praktisch nie nötig sein. Die Auffassung des Oberverwaltungsgerichts liefe – wenn man sie nicht nur auf den Fall der JUNGEN FREI-

HEIT anwendete, sondern generalisierte – darauf hinaus, die Berufung (oder zumindest den Zulassungsgrund der besonderen tatsächlichen und rechtlichen Schwierigkeiten) abzuschaffen. Vergegenwärtigt man sich die Fülle der Rechtsfragen, die der Fall aufwirft, und den Begründungsaufwand, der nötig ist, diese Fragen zu lösen, so ist die apodiktische Feststellung des Oberverwaltungsgerichts nicht nur von einer unüberbietbaren Arroganz, sondern sie ist nicht nachvollziehbar und willkürlich.

Hinzu kommt folgender Gesichtspunkt: Die besondere Verfahrensart des Berufungszulassungsverfahrens soll der Verfahrensbeschleunigung dienen, indem in einfach gelagerten, unproblematischen Fällen das Verfahren schnell rechtskräftig abschlossen und somit Rechtsfrieden und Rechtssicherheit in kurzer Zeit hergestellt werden können. Hier hat das Oberverwaltungsgericht länger als vier Jahre gebraucht, um zu einer Entscheidung über die Zulassung der Berufung zu kommen, und dies, obwohl die Antragstellerin mehrfach auf eine baldige Entscheidung gedrängt hat (z. B. im Schriftsatz vom 14. 9. 2000). Dies ist für ein „Vorverfahren", das lediglich der Ausscheidung einfacher und unproblematischer Fälle dient, eine unglaublich lange Zeit. Wiese der Fall tatsächlich keine besonderen rechtlichen Schwierigkeiten auf, wie das Oberverwaltungsgericht behauptet, dann hätte das Oberverwaltungsgericht dies auf den ersten Blick erkennen müssen, und dann hätte es schon vor Jahren entscheiden können und müssen. Andernfalls – und das wird hier hilfsweise geltend gemacht – läge wegen überlanger Verfahrensdauer ein Verstoß gegen das Recht der Beschwerdeführerin auf eine Entscheidung innerhalb angemessener Frist (Art. 2 I i.V.m. Art. 20 III GG) vor. Die lange Zeitdauer des Berufungszulassungsverfahrens ist somit ein Indiz dafür, daß das Oberverwaltungsgericht selbst entgegen der Behauptung in der Begründung des Beschlusses die Sache für komplex und schwierig angesehen und die Form der Entscheidung über die Berufungszulassung mißbräulich verwendet hat, um der Sache nach ein Berufungsurteil zu fällen.

Auch unter diesem Aspekt verstößt der Beschluß des Oberverwaltungsgerichts somit gegen Art. 19 IV GG und gegen das Recht auf faires Verfahren (Art. 2 I i.V.m. 20 III GG), außerdem gegen das Willkürverbot (Art. 3 I GG).

Im übrigen ist die Ablehnung der Berufungszulassung in bezug auf den Klageantrag Nr. 3 noch unter einem anderen Aspekt willkürlich. Das Oberverwaltungsgericht begründet die Ablehnung dieses Antrags nämlich damit, daß bereits das Vorliegen tatsächlicher Anhaltspunkte für den Verdacht verfassungsfeindlicher Bestrebungen eine Aufnahme in die Verfassungsschutzberichte des Beklagten rechtfertige (S.16). Diese Begründung geht an dem Inhalt des gestellten Antrags völlig vorbei. Die Entscheidung des Oberverwaltungsgerichts beruht insoweit darauf, daß das Gericht über einen Antrag entschieden hat, der gar nicht gestellt war, und über den gestellten Antrag nicht entschieden hat.

Mit Klageantrag Nr. 3 wird nämlich nicht, wie das Oberverwaltungsgericht wohl annimmt, die Feststellung beantragt, daß der Beklagte über die JUNGE FREIHEIT überhaupt nicht berichten dürfe, solange nur ein Verdacht gegen JUNGE FREIHEIT vorliegt, sondern es wurde die Feststellung beantragt, daß der Beklagte die JUNGE FREIHEIT, solange er gegen sie nur einen Verdacht hat, nicht in der Rubrik „Rechtsextremismus“ berichten darf.
Die Entscheidung des Oberverwaltungsgerichts ist in diesem Punkte somit evident falsch und willkürlich. Dies ist ein selbständiger Verstoß gegen Art. 3 I GG.

3. Der Zulassungsgrund der grundsätzlichen Bedeutung, § 124 II Nr. 3 VwGO

Auch auf die grundsätzliche Bedeutung der Rechtssache habe ich im Berufungszulassungsverfahren hingewiesen. Ich verweise auf die Antragsbegründung (Schriftsatz vom 17.4.1997, S.3) und die erläuternden Schriftsätze vom 22.1.1998 (S. 4-7) und vom 6.4.1999 (S. 1-2).

Angesichts der dort vorgetragenen Gründe ist die Ansicht des Oberverwaltungsgerichts, die Sache habe keine grundsätz-liche Bedeutung, nicht nachvollziehbar.

Deshalb liegt auch insoweit ein Verstoß gegen Art. 19 IV GG und gegen Art. 3 I GG vor.

4. Gesamtergebnis zu Teil II.

Die Verfassungsbeschwerde ist auch insoweit begründet, wie sie sich gegen die besonderen Grundrechtsverstöße wendet, die in der Nichtzulassung der Berufung durch das Oberverwaltungsgericht liegen.

An das Bundesverfassungsgericht Erster Senat
Mai 2003

Ergänzung zur Verfassungsbeschwerde

Verfassungsbeschwerde der JUNGE FREIHEIT Verlag – 1 BvR 1072/01

hier:

1. **Ergänzung der Verfassungsbeschwerdebegründung in bezug auf die Unterscheidung der Behauptung, die JUNGE FREIHEIT sei rechtsextremistisch bzw. es lägen tatsächliche Anhaltspunkte dafür vor, daß sie es sei**
2. **Ergänzung der Verfassungsbeschwerdebegründung im Hinblick auf die neuere Rechtsprechung des BVerfG**
3. **Dringlichkeit, Größe der Beschwerde, politische Bedeutung**

I.

1. Seit ihrer erstmaligen Erwähnung im Verfassungsschutzbericht Nordrhein-Westfalen wird die Wochenzeitung JUNGE FREIHEIT in der Öffentlichkeit als „rechtsextremistisch" diffamiert, obwohl es sich um eine voll und ganz auf dem Boden der freiheitlichen demokratischen Grundordnung stehende Zeitung handelt, die nichts mit extremistischen oder gar neonazistischen Schriften gemein hat. Die gesamte Medienöffentlichkeit orientiert sich an den Verfassungsschutzberichten. Wer dort als „extremistisch" eingeordnet ist, ist gebrandmarkt und wird in allen Massenmedien als extremistisch bezeichnet und behandelt.

Dies gilt auch dann, wenn die Verfassungsschutzbehörde – wie in Nordrhein-Westfalen bezüglich der JUNGEN FREIHEIT – nicht ausdrücklich behauptet, die betreffende Zeitung *sei* rechtsextremistisch, sondern lediglich, es bestünden tatsächliche Anhaltspunkte dafür, daß sie es sei. In der Öffentlichkeit wird dieser Unterschied nicht wahrgenommen, zumal wenn der Abschnitt über die JUNGE FREIHEIT sich im – mit braunem Rand markierten – Abschnitt „Rechtsextremismus" des Verfassungsschutzberichts befindet und diese Zeitung ohne Unterschied zwischen eindeutig rechtsextremistische Bestrebungen eingeordnet wird. Die Presse stützt ihre Behauptung, die JUNGE FREIHEIT sei rechtsextremistisch, auf die Verfassungsschutzberichte, und die JUNGE FREIHEIT hat keine Chance, gerichtlich gegen diese Bewertung vorzugehen. Sie hat nicht einmal die Möglichkeit, gegen die in der Presse immer wieder erhobene Tatsachenbehauptung gerichtlich vorzugehen, die JUNGE FREIHEIT werde vom Verfassungsschutz als rechtsextremistisch bezeichnet. So hat das Landgericht Mannheim den Erlaß einer einstweiligen Verfügung gegen die Rhein-Neckar-Zeitung abgelehnt, die die JUNGE FREIHEIT als „Neonazi-Zeitschrift" bezeichnet hatte. Das Gericht meinte, diese – sachlich absurde – Bewertung sei deshalb durch die Meinungsfreiheit gedeckt, weil sie sie nicht willkürlich sei, sondern darin eine sachliche Grundlage habe, daß die JUNGE FREIHEIT vom Verfassungsschutz Nordrhein-Westfalen beobachtet werde und das OVG Münster dies gebilligt habe. (Gemeint war sicherlich nicht die Beobachtung, die nie Gegenstand eines Rechtsstreits war, sondern die Erwähnung im Verfassungsschutzbericht.)

> LG Mannheim, Urteil vom 14.6.2002 – 7 O 175/02 – Urteilsabdruck S. 8f. (Kopie anbei)

Das Oberlandesgericht Braunschweig hat den Antrag auf Erlaß einer einstweiligen Verfügung gegen die Neue Osnabrücker Zeitung abgelehnt, mit dem die Unterlassung der Behauptung erreicht werden sollte, die JUNGE FREIHEIT werde vom nordrhein-westfälischen Verfassungsschutz als rechtsextremistisch eingestuft. Das Gericht meint, es handele sich hierbei nicht um eine falsche Tatsachenbehauptung. In den Berichten des Verfassungsschutzes Nordrhein-Westfalen würden nicht lediglich Anhaltspunkte für den Verdacht einer rechtsextremistischen Bestrebung aufgezählt. Wenn zu diesen Anhaltspunkten auch vielfältige Formen der Zusammenarbeit mit „anderen Rechtsextremisten" gezählt werden, dann lege es der Gebrauch des Begriffes „andere" durchaus nahe, daß auch die JUNGE FREIHEIT vom Verfassungsschutz bereits in die Reihe der zum Vergleich herangezogenen Rechtsextremisten eingeordnet werde.

> OLG Braunschweig, Urteil vom 29.3.2001 – 2 U 187/00 – Urteilsabdruck S. 2 (Kopie anbei)

Die JUNGE FREIHEIT sieht sich daher gegenüber dem nordrhein-westfälischen Verfassungsschutz in der absurden Situation, daß sie einerseits den nordrhein-westfälischen Verfassungsschutz verwaltungsgerichtlich nicht auf die Unterlassung der Äußerung verklagen kann, sie sei rechtsextremistisch, weil das Verwaltungsgericht die entsprechende Klage abweist mit der Begründung, der Verfassungsschutzbericht enthalte eine solche Äußerung nicht und auch sonst habe der nordrhein-westfälische Verfassungsschutz dies nicht geäußert, sondern immer nur von „tatsächlichen Anhaltspunkten für den Verdacht" des Rechtsextremismus gesprochen,

> VG Düsseldorf, Urteil vom 14.2.1997 – 1 K 9318/96 – Urteilsabdruck S. 37 (Kopie wurde mit der Verfassungsbeschwerde überreicht)

und der nordrhein-westfälische Verfassungsschutz sich immer wieder auf die Position zurückzieht, er bezeichne die JUNGE FREIHEIT nicht als rechtsextremistisch, sondern bringe in seinem Verfassungsschutzbericht lediglich den Verdacht zum Ausdruck, es handele sich um eine rechtsextremistische Bestrebung.

> Vgl. z. B. das Schreiben des nordrhein-westfälischen Innenministeriums vom 29.1.2001 an Rechtsanwalt Brunner, S. 1 (Kopie anbei)

Andererseits kann die JUNGE FREIHEIT sich nicht dagegen wehren, daß die Massenmedien die Verfassungsschutzberichte so verstehen und zitieren, als würde dort nicht lediglich ein Verdacht geäußert, sondern als würde die Verfassungsschutzbehörde dort amtlich der JUNGEN FREIHEIT eine rechtsextremistische Ausrichtung zuschreiben.

2. Für die vorliegende Verfassungsbeschwerde ist der Umstand, daß die Massenmedien die Verfassungsschutzberichte so verstehen, als werde dort nicht lediglich der Verdacht geäußert, die JUNGE FREIHEIT verfolge rechtsextremistische Ziele, sondern als stehe es fest, daß sie rechtsextremistisch sei, unter folgenden Aspekten von Bedeutung:

a) Die Verfassungsbeschwerde ist schon deshalb begründet, weil (1.) dem Land Nordrhein-Westfalen die Verbandskompetenz fehlt und weil (2.) der Eingriff in die Rechte der Beschwerdeführerin auf einer Vorschrift beruht, die in der Auslegung durch das VG Düsseldorf und das OVG Münster verfassungswidrig ist. Insofern kommt es auf die oben dargelegten Gesichtspunkte nicht an. Jedoch zeigen diese Gesichtspunkte, daß es im vorliegenden Fall nicht um eine Bagatellstreitigkeit geht, sondern daß der Beschwerdeführerin durch das Verhalten des nordrhein-westfälischen Verfassungsschutzes sehr schwerwiegende Nachteile entstehen und dringende Abhilfe geboten ist (dazu näher unter III.).

b) Außerdem wirkt sich der genannte Umstand auf die Hilfsargumentation unter zwei Aspekten aus:

aa) Verhältnismäßigkeitsprüfung: Ihre politische Wirkung entfalten die Verfassungsschutzberichte in erster Linie durch ihre Wirkung auf die Massenmedien. Die breite Öffentlichkeit liest nicht die Verfassungsschutzberichte. Aber die Massenmedien orientieren sich in ihrer Berichterstattung und in ihren Bewertungen an den Verfassungsschutzberichten, wenn es um die Bewertung politischer Gruppen oder Publikationen als „extremistisch“ geht. Gerade hierin besteht der immense politische Einfluß, den die Verfassungsschutzberichte haben. Die Erwähnung im Verfassungsschutzbericht führt, wie die oben angeführten Beispiele zeigen, dazu, daß die JUNGE FREIHEIT in der Medienöffentlichkeit als „rechtsextremistisch“ dargestellt wird, ohne sich zivilrechtlich dagegen wehren zu können. Der Umstand, daß im Verfassungsschutzbericht darauf hingewiesen wird, es lägen „tatsächliche Anhaltspunkte für den Verdacht einer rechtsextremistischen Bestrebung“ vor, mildert in der Praxis die stigmatisierende Wirkung des Berichts so gut wie gar nicht ab. Die Verfassungsschutzberichte liefern nicht lediglich einen Beitrag neben vielen anderen zur politischen Meinungsbildung, sondern sie werden von den Massenmedien hinsichtlich der Bewertung einer Gruppe oder einer Publikation als „extremistisch“ wie eine eindeutige Erkenntnisquelle benutzt. Sie haben insofern quasiautoritativen und meinungslenkenden Charakter. Wer dort erwähnt wird, hat so gut wie keine Chance, sich vom Ruch des Extremismus zu befreien, sofern nicht der Verfassungsschutz selbst sein Urteil korrigiert.

bb) Erforderlichkeit der Erwähnung in der Rubrik „Rechtsextremismus”: Wie schon in der Verfassungsbeschwerdeschrift dargelegt, verstößt es gegen den Grundsatz der Erforderlichkeit, die JUNGE FREIHEIT in der Rubrik „Rechtsextremismus" zu erwähnen, obwohl – aus der Sicht des nordrhein-westfälischen Verfassungsschutzes – nur ein Verdacht besteht; ein besonderes Kapitel für bloße Verdachtsfälle wäre ein milderes Mittel (wenn man unterstellt, der Bericht über Verdachtsfälle wäre überhaupt zulässig). Die oben erwähnten gerichtlichen Entscheidungen zeigen, wie notwendig eine klare Abgrenzung der Verdachtsfälle von Fällen des erwiesenen Extremismus wäre (besonderes Kapitel mit besonderer Überschrift im Bericht, ggf. auch andere farbliche Markierung, ausdrückliche Erklärung des Unterschiedes), um überhaupt nur eine Hoffnung zu haben, daß in der Medienöffentlichkeit die Aussage des Verfassungsschutzberichts nicht falsch rezipiert wird.

II.

Seit Erhebung der Verfassungsbeschwerde sind zwei für die Entwicklung der Eingriffsdogmatik wichtige Entscheidungen des Bundesverfassungsgerichts ergangen: der Osho-Beschluss vom 26.6.2002 – 1 BvR 670/91 – und der Glykol-Beschluss vom 26.6.2002 – 1 BvR 558/91 und 1 BvR 1428/91. Zu den möglichen Auswirkungen dieser Entscheidungen auf die vorliegende Verfassungsbeschwerde möchte ich wie folgt Stellung nehmen:

1. Ist die Erwähnung der JUNGEN FREIHEIT im Verfassungsschutzbericht als Grundrechtseingriff zu qualifizieren?

a) Soweit es um das Persönlichkeitsrecht geht (ob man dieses in Art. 2 I i.V.m. 1 I GG oder im Falle eines Presseunternehmens in Art. 5 GG garantiert sieht), liegt nach allen in Literatur und Rechtsprechung vertretenen Auffassungen zweifelsfrei ein Eingriff vor. Die Erwähnung im Verfassungsschutzbericht stellt eine unmittelbare, finale Beeinträchtigung des Persönlichkeitsrechts dar. – Die beiden neuen Entscheidungen haben das Persönlichkeitsrecht nicht als Maßstab herangezogen; insoweit sind sie für den vorliegenden Fall nicht von Bedeutung.

b) Nicht unmittelbar, sondern mittelbar betroffen sind die Meinungs- und die Pressefreiheit sowie die Berufsfreiheit (Art. 5 I und 12 GG). Die Betroffenheit der Beschwerdeführerin ergibt sich insoweit aus den voraussehbaren Auswirkungen, die der Verfassungsschutzbericht auf das Verhalten Dritter, nämlich (potentieller) Leser, Abonnenten, Kioskkäufer,

Geschäftspartner sowie Partner journalistischer Kontakte hat. Wie in der Verfassungsbeschwerdeschrift dargelegt (S. 13-24), liegt auch insoweit ein Grundrechtseingriff vor.

Der Osho- und der Glykol-Beschluß sind geeignet, Zweifel daran zu wecken, ob der Eingriffsbegriff, wie dies vom Bundesverwaltungsgericht und von der ganz herrschenden Literaturmeinung mittlerweile anerkannt war, auf mittelbare Beeinträchtigungen erstreckt werden kann. Im Osho-Fall nämlich hat das Bundesverfassungsgericht ausdrücklich gesagt, diskreditierende Äußerungen über eine „Sekte" seien keine Eingriffe in die Religionsfreiheit. Und im Glykol-Fall sagt der Senat, der Veröffentlichung einer Liste glykolhaltiger Weine habe im konkreten Fall keine Eingriffsqualität gehabt, obwohl der Senat meinte, der Inhalt der Liste liefe auf eine Warnung vor diesen Weinen hinaus.

Ob die Begründungen dieser Entscheidungen in jeder Hinsicht dogmatisch konsistent sind[1], bedarf hier keiner Erörterung. Entscheidend ist, ob sich aus den Entscheidungen etwas ergibt, was die Begründung der Verfassungsbeschwerde in dem genannten Punkt negativ tangiert. Dies ist aus folgenden Gründen nicht der Fall:

aa) Im Glykol-Fall hat das Bundesverfassungsgericht einen Eingriff verneint, weil dort die rechtlichen Grenzen staatlichen Informationshandelns eingehalten worden seien. Der Senat verwendet zur Begründung dieser Auffassung zwar zum Teil allgemeine – und insoweit problematische – Formulierungen[2], doch ist die Argumentation spezifisch auf die Berufsfreiheit bezogen, und zwar auf solche staatlichen Informationen, durch die „Markttransparenz" hergestellt werden soll: Marktbezogene Informationen, so argumentiert der Senat, beeinträchtigten die Berufsfreiheit des betroffenen Wettbewerbers nicht, sofern der Einfluß auf wettbewerbserhebliche Faktoren ohne Verzerrung der Marktverhältnisse erfolge.

Diese auf bestimmte Wirtschaftsinformationen zugeschnittene Argumentation läßt sich auf den vorliegenden Fall nicht übertragen. Hier dient die „Information" durch den Verfassungsschutzbericht in keiner Weise

---

1 Dazu eingehend *Murswiek*, Das Bundesverfassungsgericht und die Dogmatik mittelbarer Grundrechtseingriffe, NVwZ 2003, 1 ff.

2 Vgl. dazu *Murswiek*, NVwZ 2003, 1 (4).

der Herstellung von Transparenz im wirtschaftlichen Wettbewerb. Sie ist nicht darauf gerichtet, Marktteilnehmern die für rationale ökonomische Entscheidungen benötigten Informationen bereitzustellen. Vielmehr handelt es sich um eine Einflußnahme auf den politischen Meinungskampf.

Außerdem beschränkt sich der Verfassungsschutzbericht keineswegs auf die Vermittlung zutreffender Tatsachenbehauptungen (wie im Glykol-Fall die Bekanntgabe tatsächlich zutreffender Glykolgehalte in bestimmten Weinen), sondern in erster Linie geht es um politische und rechtliche Bewertungen, mit denen die im Verfassungsschutzbericht als „extremistisch" qualifizierten Subjekte gezielt bekämpft werden. Schon aus diesen Gründen ist – auch nach den Kriterien der Glykol-Entscheidung – ein Eingriff zu bejahen.

Im übrigen geht der Senat im Glykol-Fall davon aus, daß auch weiterhin die Maßstäblichkeit von Art. 12 GG gegeben ist, wenn die rechtlichen Grenzen des staatlichen Informationshandelns – wie im vorliegenden Fall – überschritten werden.

bb) Im Osho-Fall sieht der Senat mittelbar-faktische Beeinträchtigungen einer Religionsgemeinschaft, die aus abträglichen staatlichen Äußerungen resultieren, zwar nicht als Eingriffe an, jedoch als „sonstige Beeinträchtigungen", vor denen Art. 4 I, II GG ebenfalls Schutz biete. Ob die Unterscheidung von „Eingriffen" und „sonstigen Beeinträchtigungen" dogmatisch ausgereift ist[3], kann hier dahinstehen. Denn diese Unterscheidung hat im Osho-Fall lediglich die Funktion, für bestimmte Arten von Beeinträchtigungen vom Erfordernis einer gesetzlichen Ermächtigungsgrundlage absehen zu können. Im vorliegenden Fall ist aber nicht das Fehlen einer gesetzlichen Ermächtigungsgrundlage das Problem, sondern ihre verfassungswidrige Interpretation und Anwendung.

Wegweisend auch für den vorliegenden Fall ist demgegenüber die Feststellung des Senats, daß auch „sonstige Beeinträchtigungen" am Maßstab des betroffenen Spezialfreiheitsrechts zu messen sind. Im Osho-Fall war das Art. 4 I, II GG, im vorliegenden Fall ist dies Art. 5 I GG. Damit hat das Bundesverfassungsgericht sich von einer früheren, längst dogmatisch veralteten Entscheidung abgekehrt, nach welcher die indirekten Auswir-

---

3 Kritisch *Murswiek*, NVwZ 2003, 1 (5).

kungen der Einstufung als „extremistisch" in einem Verfassungsschutzbericht nur am Maßstab des Willkürverbots zu messen sind[4]. Der Osho-Beschluß macht es vor allem den Verwaltungsgerichten unmöglich, ihre auf die erwähnte alte Entscheidung des Bundesverfassungsgerichts gestützte Rechtsprechung fortzuführen, nach der Verfassungsschutzberichte nicht in die Presse- oder die Meinungsfreiheit eingreifen. Diese Rechtsprechung war schon mit der modernen Entwicklung der verwaltungsgerichtlichen Rechtsprechung zu wirtschaftsbezogenen Warnungen oder Sektenwarnungen unvereinbar (dazu bereits die Verfassungsbeschwerdeschrift S. 22-24). Jetzt bestätigt der Senat im Osho-Fall ausdrücklich, daß auch mittelbar-faktische nachteilige Auswirkungen staatlichen Informationshandeln auf ein grundrechtliches Schutzgut Beeinträchtigungen sind, die am Maßstab des – mittelbar – betroffenen Grundrechts gemessen werden müssen. Was für Art. 4 GG gilt, muß insoweit für Art. 5 GG genauso gelten.

Vergleicht man den vorliegenden Fall mit dem Osho-Fall, dann ist die Maßstäblichkeit von Art. 5 I GG hier sogar noch viel eindeutiger als dort die Maßstäblichkeit von Art. 4 I, II GG. Denn im Osho-Fall nahm der Senat an, daß die mittelbaren nachteiligen Auswirkungen der staatlichen Äußerungen über die Osho-Bewegung nicht intendiert waren (Rn. 69). Dennoch hat der Senat eine Beeinträchtigung der Religionsfreiheit, also die Anwendbarkeit von Art. 4 I, II GG, und im Ergebnis sogar einen Verstoß gegen dieses Grundrecht bejaht. Im vorliegenden Fall geht es demgegenüber nicht nur um eine bloß in Kauf genommene Folge eines auf andere Ziele gerichteten Staatshandelns. Sondern der Verfassungsschutzbericht dient der Bekämpfung der dort als „extremistisch" bezeichneten Subjekte; sein Ziel besteht gerade darin, potentielle Anhänger und Sympatisanten – bei einer Zeitung potentielle Leser und Abonnenten – zu warnen und abzuschrecken und damit zugleich die Verbreitung und den Einfluß der Zeitung einzudämmen. Wegen der finalen Ausrichtung des Verfassungsschutzberichts liegt ein „herkömmlicher Eingriff" im Sinne der Terminologie der Osho-Entscheidung vor[5]. Sollte man das nicht so sehen, dann wäre aber auf jeden Fall eine „sonstige Beeinträchtigung" gegeben, die am Maßstab des Art. 5 I GG zu messen wäre.

---

4 *BVerfGE* 40, 287.

5 Vgl. *Murswiek*, NVwZ 2003, 1 (5f.).

Der Osho-Beschluß bestätigt somit die in der Verfassungsbeschwerdeschrift vertretene Auffassung, daß die Verfassungsbeschwerde schon deshalb begründet ist, weil das Verwaltungsgericht und das Oberverwaltungsgericht die Bedeutung der Pressefreiheit und der Meinungsfreiheit bei ihrer Entscheidung verkannt haben.

2. Anwendbarkeit des Verhältnismäßigkeitsgrundsatzes: Der Osho-Beschluß stellt auch klar, daß Beeinträchtigungen durch staatliches Informationshandeln am Maßstab des Verhältnismäßigkeitsgrundsatzes und nicht lediglich am Maßstab des Willkürverbots gerechtfertigt werden müssen.

3. Begrüßenswert ist auch, daß der Senat im Osho-Beschluß feststellt, die Osho-Bewegung mit Attributen wie „destruktiv" und „pseudoreligiös" zu versehen, sei diffamierend. Und es sei nachvollziehbar, wenn die Beschwerdeführer geltend machten, infolge dieser Äußerungen hätten sie schwerwiegende Nachteile zu befürchten, etwa den Verlust vorhandener und das Ausbleiben neuer Mitglieder oder das Unterbleiben finanzieller Unterstützungsleistungen.

Derartige Folgen staatlicher diffamierender Äußerungen haben nach der Lebenserfahrung eine hohe Wahrscheinlichkeit für sich, lassen sich aber fast niemals konkret beweisen. Deshalb ist es richtig, wenn das Bundesverfassungsgericht hier – im Unterschied zu den Verwaltungsgerichten im vorliegenden Fall – keine höheren Anforderungen an die Substatiierung erlittener Nachteile stellt, als diese plausibel geltend zu machen.

Hinzuzufügen ist, daß die Diffamierungen, denen die JUNGE FREIHEIT durch die Verfassungsschutzberichte ausgesetzt ist, noch weit schwerwiegender in ihrer diffamierenden Wirkung sind als die Vorwürfe, die gegen die Osho-Bewegung erhoben wurden.

III.

1. Die Verfassungsbeschwerde ist mittlerweile seit fast zwei Jahren anhängig. Sie richtet sich gegen die Verfassungsschutzberichte des Landes Nordrhein-Westfalen von 1994 und 1995. Die Beschwer, gegen welche die Verfassungsbeschwerde sich wendet, besteht seit Erscheinen des Verfassungsschutzberichts über das Jahr 1994 im Frühjahr 1995, also seit acht Jahren.

Es liegt auf der Hand, daß die nachteiligen Wirkungen der Stigmatisierung als „rechtsextremistisch", denen die Beschwerdeführerin sich ausgesetzt sieht, mit fortschreitender Zeit nicht geringer werden, sondern sich verfestigen. Es ist nicht etwa so, daß die Verfassungsschutzberichte der Jahre 1994 und 1995, die Gegenstand dieser Verfassungsbeschwerde sind, allmählich in Vergessenheit geraten und somit die tatsächliche Beschwer sich verflüchtigt. Vielmehr baut auf diesen Berichten die weitere Behandlung der Beschwerdeführerin durch die Verfassungsschutzbehörden auf. Das Land Nordrhein-Westfalen hat auch in den Verfassungsschutzberichten der folgenden Jahre die JUNGE FREIHEIT in der Spalte „Rechtsextremismus" geführt; einzelne andere Bundesländer und – wenn auch vorsichtiger – der Bund sind dem nordrhein-westfälischen Beispiel später gefolgt. Die Massenmedien stehen ganz unter dem Einfluss dieser Verfassungsschutzberichte und bilden sich kein eigenes Urteil.

Angesichts der verwaltungsgerichtlichen Rechtsprechung, welche die verfassungsrechtlichen Maßstäbe grundlegend verkennt, wäre es auch zwecklos, jeden einzelnen neuen Verfassungsschutzbericht mit einer verwaltungsgerichtlichen Klage anzugreifen. Vielmehr ist die Beschwerdeführerin auf eine Grundsatzentscheidung des Bundesverfassungsgerichts zur Wahrung ihrer Grundrechte dringend angewiesen. Solange die mit dem vorliegenden Verfahren angestrebte Grundsatzentscheidung nicht vorliegt, werden die Verfassungsschutzbehörden fortfahren, in verfassungswidriger Weise die Beschwerdeführerin als angeblich „extremistisch" zu diffamieren.

Diese Diffamierung hat sehr schwerwiegende nachteilige Auswirkungen für die publizistischen Möglichkeiten der Beschwerdeführerin. Ich erinnere: Leser werden abgeschreckt, die Zeitung zu kaufen oder gar zu abonnieren. Kioskbesitzer lehnen den Verkauf dieser Zeitung ab. Die JUNGE FREIHEIT wird in den Möglichkeiten der Werbung für die eigene Zeitung stark eingeschränkt, ja, massenwirksame Werbung wird praktisch unmöglich gemacht. Seit Denunzierung der JUNGEN FREIHEIT in den Verfassungsschutzberichten verweigern überregionale Zeitungen die Aufnahme von Werbeinseraten für die JUNGE FREIHEIT. (Die einzigen Ausnahmen sind Unterschriftenaktionen gewesen, die allenfalls mittelbar als Werbung angesehen werden können und nicht der Selbstdarstellung oder werbewirksamen Anpreisung der Zeitung dienten.) Es gibt fast keine Werbung in der JUNGEN FREIHEIT. Keine

Werbeagentur vermittelt Inserate für eine im Verfassungsschutzbericht erwähnte, angeblich „rechtsextreme" Zeitung, kein großes Unternehmen will seinen Ruf mit Werbung in einer so gebrandmarkten Zeitung schädigen. Auf diese Weise hat die Beschwerdeführerin bereits immense wirtschaftliche Schäden erlitten. Sie stand schon kurz vor dem wirtschaftlichen Zusammenbruch, worüber der nordrhein-westfälische Verfassungsschutz genüßlich berichtete (VSB 1996). Die Zeitung konnte nur aufgrund des großen – auch finanziellen – Engagements derjenigen Menschen überleben, die die Zeitung wirklich kennen, nämlich ihrer Leser. – Auch die journalistischen Möglichkeiten sind erheblich eingeschränkt. Zwar findet die JUNGE FREIHEIT erfreulicherweise immer wieder prominente Interviewpartner. Die meisten prominenten Politiker oder Wissenschaftler und sonstige für eine Zeitung interessante Persönlichkeiten aber sind nicht bereit, einen publizistischen Beitrag für eine Zeitung zu leisten, die im Verfassungsschutzbericht erwähnt wird.

Derart schwerwiegende Nachteile kann eine Zeitung nicht dauerhaft verkraften. Allein die finanziellen Einbußen wachsen mit jedem Monat, der auf die verfassungsgerichtliche Entscheidung gewartet werden muß, durch welche die verfassungswidrige Stigmatisierung beseitigt wird.

Ich bitte daher dringend darum, über die vorliegende Verfassungsbeschwerde nun möglichst bald zu entscheiden.

2. In diesem Zusammenhang möchte ich hinzufügen, daß diejenigen Menschen, die ihr Urteil über die JUNGE FREIHEIT nicht aus den Massenmedien oder aus den Verfassungsschutzberichten beziehen, sondern die sich selbst ein Urteil bilden können, nämlich die Leser der JUNGEN FREIHEIT, die Einstufung dieser Zeitung als „extremistisch" für absurd halten. In der – durch eigene Lektüre der Zeitung – informierten Öffentlichkeit wird die Erwähnung der JUNGEN FREIHEIT im Verfassungsschutzbericht als politischer Skandal angesehen. Die Leser der JUNGEN FREIHEIT wissen, daß diese Zeitung nicht extremistisch ist und daß der nordrhein-westfälische Verfassungsschutz mit seiner unzutreffenden Einstufung der Zeitung als „extremistisch" nur das Ziel verfolgen kann, den Einfluss einer politisch unbotmäßigen Zeitung zurückzudrängen.

Daher haben rund 3000 Leser der JUNGEN FREIHEIT einen „Appell für die Pressefreiheit" unterzeichnet, der in der FAZ und in der Süddeutschen Zeitung veröffentlicht wurde. Der Ministerpräsident des Landes

Nordrhein-Westfalen wird darin aufgefordert, die diskriminierenden Maßnahmen gegen die JUNGE FREIHEIT zu stoppen und diese Zeitung nicht mehr im Verfassungsschutzbericht zu erwähnen sowie es zu unterlassen, sie des Extremismus zu verdächtigen. Eine Kopie der in der SZ erschienenen Anzeige füge ich bei.

Diesen Appell haben auch etliche prominente Persönlichkeiten unterzeichnet, die über jeden Verdacht erhaben sind, irgendeine Sympathie für Extremisten zu haben. Hervorgehoben seien beispielsweise:

- Dr. Franz Alt, Journalist (früherer Moderator des Fernsehmagazins „Report“)
- Bundesforschungsminister a. D. Andreas von Bülow (SPD)
- Dr. Herbert Fleissner, Geschäftsführer der Buchverlage Herbig Langen Müller
- Innensenator a. D. Heinrich Lummer (CDU)
- Prof. Dr. Erwin K. Scheuch
- Prof. Dr. Walter Schmitt-Glaeser, Staatsrechtslehrer, ehemaliger Präsident des Bayerischen Senats
- Prof. Dr. Robert Spaemann

In diesem Zusammenhang gestatte ich mir auch eine persönliche Bemerkung: Als Generalbundesanwalt a. D., der sich uneingeschränkt der freiheitlichen demokratischen Grundordnung verpflichtet fühlt, hätte ich die anwaltliche Vertretung der Beschwerdeführerin auf keinen Fall übernommen, wenn ich nicht persönlich voll und ganz hinter dem Anliegen der Verfassungsbeschwerde stünde und nicht der Überzeugung wäre, daß die JUNGE FREIHEIT völlig zu Unrecht als „extremistisch“ eingestuft wird. Für mich handelt es sich nicht um einen beliebigen anwaltlichen Auftrag, sondern mit der Übernahme der Prozessvertretung im vorliegenden Fall will ich mich aus eigener Überzeugung für den Schutz der Meinungs- und Pressefreiheit gegen die verfassungswidrige Drangsalierung durch den nordrhein-westfälischen Verfassungsschutz einsetzen.

3. Mit den vorstehenden Bemerkungen wollte ich zeigen:

- Die Verfassungsbeschwerde ist sehr dringlich, da die Nachteile, die die Beschwerdeführerin zu Unrecht erleidet, sehr groß und sogar existenzgefährdend sind.

- Es handelt sich um eine Angelegenheit von großem politischen Gewicht. Der Verfassungsschutz wird instrumentalisiert, um eine unbequeme politische Stimme mundtot zu machen. Das wird nicht nur von der Betroffenen selbst so gesehen, sondern von Tausenden Menschen, die sich aufgrund eigener Lektüre der Zeitung ein eigenes, unabhängiges Urteil machen.

Daher nochmals meine dringende Bitte, dieses Verfahren nun zügig voranzubringen und zu einer baldigen Entscheidung in der Sache zu kommen.

Rechtsanwalt Alexander von Stahl

Appell an den NRW-Ministerpräsidenten

Appell für die Pressefreiheit

Gegen die Verletzung demokratischer Grundrechte durch den NRW-Verfassungsschutz

Auf Initiative des Innenministeriums Nordrhein-Westfalen wird seit 1995 die Berliner Wochenzeitung JUNGE FREIHEIT vom dortigen Landesamt für Verfassungsschutz in seinen Berichten „erwähnt". Der schwerwiegende Vorwurf der „tatsächlichen Anhaltspunkte für den Verdacht auf rechtsextremistische Bestrebungen" gegen eine auf dem Boden des Grundgesetzes stehende Zeitung stellt eine Verletzung demokratischer Grundrechte dar. Die durch eine staatliche Behörde erhobenen Vorwürfe setzen eine politisch unbequeme Wochenzeitung unter massiven Druck. Die vom NRW-Verfassungsschutz publizierten Vorwürfe haben konkrete wirtschaftliche und politische Diskriminierungen zur Folge. Interviewpartner, Autoren, Anzeigenkunden und Vertriebspartner geraten unter öffentlichen Druck, wenn sie mit der JUNGEN FREIHEIT in Verbindung stehen.

Seit 1996 führt die JUNGE FREIHEIT ein aufwendiges Verwaltungsstreitverfahren gegen das Land Nordrhein-Westfalen. Seit Juni 2001 liegt der Fall im Rahmen einer Verfassungsbeschwerde beim Bundesverfassungsgericht in Karlsruhe. Die JUNGE FREIHEIT faßt in dieser Verfassungsbeschwerde die wesentlichen Grundrechtsverstöße zusammen, die durch die verfassungswidrige Erwähnung der JUNGEN FREIHEIT im NRW-Verfassungsschutzbericht ausgelöst werden:

„Verletzung der Meinungsfreiheit
(Art. 5 I 1, 1.Alt.GG) und der Pressefreiheit
(Art. 5 I 2, 1. Alt. GG), des Persönlichkeitsrechts
(Art. 2 I i. V. m. 1 I bzw. 5 I 2 oder
12 I GG), der Berufsfreiheit (Art. 12 I GG)
und des Gleichheitssatzes / Willkürverbots
(Art.3 I GG)"

(Verfassungsbeschwerde JF ./. NRW, S. 1)

Wir fordern den Ministerpräsidenten von Nordrhein-Westfalen auf, dafür zu sorgen, daß die diskriminierenden Maßnahmen des NRW-Innenministeriums gegen die Wochenzeitung JUNGE FREIHEIT unverzüglich gestoppt werden, daß die JUNGE FREIHEIT nicht mehr im Verfassungsschutzbericht des Landes NRW erwähnt wird und daß es der NRW-Verfassungsschutz unterläßt, die JUNGE FREIHEIT in den Verdacht des Extremismus zu setzen.

Erstunterzeichner: Dr. Franz Alt, Journalist, Baden-Baden; Adolf-Heinrich von Arnim, Dirigent i.R., Gerswalde; Ferdinand Fürst von Bismarck, Friedrichsruh, Andreas von Bülow, SPD-Politiker, Bundesforschungsminister a. D. und Geheimdienstexperte; Dr. Herbert Fleissner, Geschäftsführer der Buchverlage Herbig Langen

Müller, München; Otto von Habsburg, Schriftsteller, Pöcking; Martin Hohmann, CDU-MdB, Neuhof; Prof. Dr. Klaus Hornung, Universitätsprofessor, Reutlingen; Prof. Dr. Hans-Helmut Knütter, Universitätsprofessor, Bornheim-Rösberg; Gerhard Löwenthal, Journalist, Wiesbaden; Heinrich Lummer, Innensenator a. D. von Berlin, Berlin; Prof. Wolfgang Mattheuer, Bildermacher, Leipzig; Prof. Dr. Klaus Motschmann, Hochschullehrer, Berlin; Prof. Dr. Gerard Radnitzky, Wissenschaftstheoretiker, Korlingen; Prof. Dr. Bernd-Thomas Ramb, Universitätsprofessor, Linden; Prof. Andreas Graf Razumovsky, langjähriger Auslandskorrespondent der *FAZ*, Wien; Joachim Schäfer, Hauptgeschäftsführer des Bundes der Selbständigen NRW; John Schäfer, Landesvorsitzender JU Mecklenburg-Vorpommern, Rostock; Prof. Dr. Erwin K. Scheuch, Professor für Soziologie, Köln; Prof. Dr. Walter Schmitt-Glaeser, Hochschullehrer, Bayreuth; Manfred Graf von Schwerin, Geschäftsführer, Berlin; Prof. Dr. Wolfgang Seiffert, Hochschullehrer, Hamburg; Prof. Dr. Robert Spaemann, Universitätsprofessor, Stuttgart; Dr. Carl-Gustaf Ströhm, langjähriger Osteuropakorrespondent der Tageszeitung *Die Welt*, Wien; Wolf-Dieter Graf Yorck von Wartenburg, Bergassessor, Wittibreut; Prof. Dr. Günter Zehm, Philosophieprofessor, Bonn

Weitere Unterzeichner: Dr. Helmut Achter, Dipl.-Landwirt, Schillingen ü.Trier; Silke Adam, Erzieherin, Hamburg; Thorsten Adams, Student, Koblenz; Wolfgang Adler, Bankkaufmann, Karben; Gunnar Adolphi, Diplomingenieur, Büchenbach; Dagmar Adrian, Bankkauffrau, Löwenstein; Manfred Aengenvoort, Kaufmann, Oberhausen; Herward Ahrends, Diplomingenieur, Norderstedt; Reinhard Ahrens, Geschäftsführer, Buxtehude; Frank Ahrens, Selbstständig, Goslar; Dr. Franz-Josef Albers, praktischer Arzt, Ottobrunn; Dr. med. Gösta Albrecht, Chirurg, Bullay; Günter Algner, Brandschutzbeauftragter, Berlin; Alois Alt, Rentner, Bruckmühl; Renate Alt, Rentnerin, Leipzig; Martin Altmann, Angestellter, Berlin; Dr. Oskar Altwirth-Dental-Neuheiten, Zahnarzt, Altheim, Österreich; Hans Joachim Am Wege, Beamter, Bad Segeberg; Herbert Ammon, Berlin; Uwe Amthauer, KFZ-Meister, Maintal; Fritz Ander, Rentner, Monzernheim; Gunnar Anders, Diplomingenieur, Berlin; Florian Anders, Steuerfachgehilfe, Hamburg; Christian Anders, Student, Greifswald; Fred Andrien, Oberstudienrat i.R., Lohr / Main; Magdalene Angrick, Sonderschullehrerin i.R., St. Augustin; Rudolf Anheisser, Rentner, Mainz; Erhard Apelt, Jurist, Berlin; Frank Klaus Arens, Theaterplastiker, Bochum; Frank Armbruster, Oberstudienrat, Ebringen; Bodo Arndt, Finanzanalyst, Hamburg; Eberhard Arnhold, Rentner, Rostock; Peter Arning, Kraftfahrer, Marl; Roland Arnold, Unternehmensberater, Mörlenbach; Hajo Artopé, Verleger, München; Hans Assmann, Lehrer, Rotenburg; Hans Aufgebauer, Rentner, Wehr; Franz Augustin, Rektor i. R., Perl; Simon Aumeier, Oberstudienrat, Weiden; Alfred Aust, Diplomingenieur, Gelsenkirchen; Ingrid Averbeck, Schülerin, Bremen; Dr. H. Averbeck, Lilienthal; Manfred Backerra, Oberst a.D., Hamburg; Franz Bader, Lehrer, Markt Schwaben; Max Baerschneider, Diplomingenieur, Augsburg; Wolfgang Bagus, Polizeibeamter a.D., Frankfurt; Werner Bahl,

Pensionär, Rieseby; Holde Bahndorf, Oberstudienrat i.R., Schwelm; Konrad Bahr, Lehrer /Studienrat, Marburg; Götz Baier, Diplom-Volkswirt, Marbach; Dr. H.-J. Ballstaedt, Arzt für Allgemeinmedizin, Freiburg; Walter Baltrusch, Rentner, Delmenhorst; Dieter Balz, Dieburg; Klaus J. Bandel, Rentner, Isny; Dr. Elmar Bange, Zahnarzt, Walpertskirchen; Gabriele Bannier, Stadträtin, Mainz; Karl Bär, Lagerverwalter, Helmeroth; Jürgen Bareiss, Rentner, Meddersheim; Stefan Barends, Rentner, Köln; Dr. Hansjochen Barfod, Arzt, Flensburg; Imke Barnstedt, Schauspielerin, Berlin; Adriane Baron, Rentnerin, München; Friedemann Bartel, Erfurt; Volkmar Herbert F. Barth, Rechtsanwalt, Essen; Dr. Heinz P. Barth, Unternehmensberater, Embsen; Dr. Dieter Bartling, Chemiker, Darmstadt; Nikolaus Bartzsch, Bankangestellter, Frankfurt; Rudolf Bassler, Diplom-Wirtschafts-Ingenieur, Stuttgart; Dr. Claus-Peter Basson, Rentner, Bad Homburg; Herbert Bastl, Soldat/ Hauptmann, Ellwangen; Rolf Bauer, Dipl.-Kaufmann, Stuttgart; Heinrich Bauer, Oberstleutnant a.D., Reichersbeuern; Hans-Joachim Bauer, Rentner, Berlin; Andreas F. Bauer, Schüler, Estenfeld; Thomas Bauer, Unternehmer, Rödental; Fridolin Bauer, Versicherungskaufmann, Ditzingen; Helmut Bauer, Wirtschaftsprüfer, Köln; Uwe Baues, Unternehmer, Monheim; Dr. Götz Baum, Diplomchemiker, Koblenz; Richard Baumann, Dipl.-Bertriebswirt, Ellwangen; Alexander Baumbach, Kraftfahrer, Erfurt; Bernd Baumeister, Lagerist, Berlin; A. Baumer, Konstrukteur, Amberg; Peter Baumgart, Personalfachkaufmann, Berlin; Gerd Baums, Rechtsanwalt, Frankfurt; Friedrich Baunack, Sänger, Wüstenfeld; Dr. Fritz Baunack, Bad Hersfeld; Ulrich Baur, Ochsenfurt; Sacha Baustian, Forstassessor, Hamburg; Wolfgang Beck, Pensionär, Swisttal; Horst Beck, Rentner, Schwalbach; Huwald Becker, Diplom-Ingenieur i.R., Neumünster; Ralf Becker, Markthändler, Ense; Herbert Becker, Rentner, Hagen; Franz Becker, Rentner, Eisingen; Jens Becker, Student, Heidelberg; Hans-Harald W. H. Becker, Technischer Angestellter, Karlsruhe; Reinhard-Justus Becker, Verleger, Delmenhorst; Hubert-Ulrich Beckhaus, Bankkaufmann, Wiesenbach; Günter Beckmann, Pensionär, Bottrop; Bernd Beckmann, Sachverständiger/ Kommunalpolitiker, München; Kurt Beeck, Quartiersmann / Kaufmann, Hamburg; Erich Begemann, Diplomingenieur, Bad Salzuflen; Ulrich Behrenz, Dipl.-Ing., Hamburg; Dr. Norbert Beier, Physiker, Lahnstein; Prof. Dr. Lothar Beinke, Osnabrück; Wolfgang Beitzinger, Studiendirektor, Mauerstetten; Thomas Bendt, Oberschüler, Tönisvorst; Dr. Philipp Bennecke, Leitender Angestellter i.R., Wiesbaden; K. H. Bennewitz, Rentner, Kleinmachnow; Helmut Bense, Diplom-Kaufmann, Frankfurt/Main; Dr. Johannes Berchmann, Studienrat , Berlin; Frank Berger, Apotheker, Bremerhaven; Hans Alfred Berger, Flugingenieur i.R., Bad Bramstedt; Ingeborg Berger, Hausfrau, Böhmenkirch; Barbara Berger, Rektorin a. D., Dortmund; Willi Berger, Rentner, Steinhagen; Dr. Georg Berkemeier, Musikwissenschaftler, Lörrach; Kristof Berking, Filmemacher, Gescher; Hans Harald Bermann, Sozialpädagoge, Frankenthal; Peter W. Bernatek, Verw.-Angestellter, Frankfurt; Gerold Bernert, Freier Autor, Mühltal; Helmut Bernhardt, Ingenieur / Hauptmann d. R., Meßkirch; Heinz Bernitt, Bonn; Günther Bernlöhr, Rentner, Esslingen; Hans-Dieter Berretz, Köln; Ursula Besser, Berlin; Friedlinde Besserer, Industrie-Fachwirtin, Nordendorf; Herbert Beßler, Notar a.D., Rottenburg; Harald Bestehorn, Marktredwitz; Karl Betz, Hauptgeschäftsführer, Reiskirchen; Winfried Beuck, Hamburg; Helmuth Beuermann, Bautechniker, Frankfurt; Dr. Helmut Beutler, Diplom-Chemiker, Kelkheim; Zephyrin Beywl, Rentner, München; Oliver Biederstedt, Freier Sportjournalist, Seelübbe; Hans-Henning Bieg, Zahnarzt, Bremen; Dr. Helmut Biehler, Hautarzt, Bad Nenndorf; Michael Bieler, Dipl.-Pädagoge, Berlin; Brigitte Bielke, Diplom-Ingenieur-Agrar, Möllensdorf; Roland Biernacki, Student, Würzburg/Oberdürrbach; Dr. Gunther Biesing, Flugkapitän i.R., Hofheim-Lorsbach; Daniel Bigalke, Student, Berlin; Dr. Jörg-B. Bilke, Publizist, Bonn; Ursel Binding, Hausfrau, Bassenheim; Benjamin Birkstedt, Schüler, Herdecke; Wilfried Birner, Regierungsdirektor i.R, Gräfelfing; Dr. med. Gerd Biron, Chirurg, Bodenwöhr; Margit Blanck, Hausfrau, Icking; Irene Blankenheim, Studiendirektorin i.R., Eisenberg; Dr. Lothar Bleeker, Studienrat, Euskirchen; Ellinor Blenk, Elektromechaniker, Berlin; Axel-H. Blohm, Journalist, Frankfurt; Frank Blome, Elektroinstallateur, Hannover; Werner Blome, Rentner, Hildesheim; Dr. Jürgen Blum, Arzt, Münsing; Joachim Böcher, Schlossermeister, Gelsenkirchen; Dr. Frank Böckelmann, Schriftsteller / Publizist, München; Wilhelm Böcking, Tischlermeister, Siegen; Wolfgang Böckmann, Steuerberater, Rastatt; Hans-Jürgen Boddin, Stadtrat, Mainz; Karsten Böde, Oberstleutnant a.D., Lüneburg; Wilhelm Boelk, Rentner, Herford; Dirk Boese, Gärtner, Berlin; Dr. Otto Boese, Rentner, Berlin; Wolfram Boese, Sozialarbeiter i.R., Berlin; Heidrun Boese, Verlagsbuchhändlerin, Berlin; Anton Bögl, München; Martin Bohlender, Student, Freising; Dr. Reinhard Böhler, Studiendirektor, Lauf; Walter Bohlinger, Pensionär, Darmstadt; Werner Böhm, Diplom-Kaufmann, Köln; Stefan Böhmer, Rechtsanwalt, Erlangen; Britta Bohr, Hausfrau, Lüneburg; Dr. Kin-Arno Bohr, Neurologe + Psychiater, Lüneburg; G,rard Bökenkamp, Student, Berlin; Christoph Bolay, Diplom-Ingenieur, Öhringen; Dr. Hartmut Bolte, Baustoffingenieur, Leipzig; Dr. Herbert Bolte, Oberstudiendirektor i.R., Wietze; Dr. Peter Bonfils, Kinderarzt, Lengerich; Dr. Dieter Bonfils, Rechtsanwalt und Notar, Alfeld; Horst Bonnier, Pensionär, Stühlingen; Renke Borchert, Oberstudienrat a.D., Tornesch; Hanno Borchert, Redakteur, Hamburg; Michael Borgelt,

Büroangestellter, Osnabrück; Johannes Borger, Rechtsanwalt, Hamburg; Hilde Bormann, Rentnerin, Wentorf; Helmut Börner, Sonderschulrektor/Dipl.-Ing., Arkebek; Eckhard Boschem, Rentner, Landau/PF.; Erich Bösl, Weinfachhändler, Hersbruck; Hubert Bossmann, Berufspädagogin, Harzgerode; Eva Böttcher, Rentnerin, Stuttgart; Heinz Brach, Sparkassen Angestellter i. R., Auersmacher; Dr. Ralph Brachtel, Arzt, Mainz; Wolfgang Brammen, Kiel; Theodor Brand, Bezirksstadtrat a.D., Berlin; Michael Brand, Diplom-Betriebswirt (FH), Haibach; Dr. Michael Brandt, Arzt, Dresden; Dr. Rolf Brandt, Facharzt für Allgemeinmedizin, Baunatal; Prof. Dr. Bertolt Brandt, Hochschullehrer, Schöneiche; Sebastian Braun, Diplom-Betriebswirt, München; Christa Braun, Lehrerin a.D., Hattenhofen; Wolfram Braun, Spechbach; Werner Bräuninger , Frankfurt; Prof. Dr. Gregor Bräutigam, Hochschullehrer, Köln; Hugo Brehmer, Technischer Angestellter, Pölitz; Burkhard Breit, Oberstleutnant a.D., Wielenbach; Wulf Brettschneider, Rechtsanwalt, Sulingen; Edelbert Breu, Studiendirektor, Lauterhofen; Siegfried Brey, Kfz-Sachverständiger, Mudersbach; Dr. Achim Briegel, Selbstständig, Rockenberg; Dr. Gottfried Briemle, Ökologe, Aulendorf; Charlotte Brinkmann, Lehrerin i.R., Duisburg; Detlef Britt, Geschäftsführer, Berlin; Gisela Bröcker, Rentnerin, Bienenbüttel; Kurt Brockhausen, Landw.Oberrat i. R., Northeim; Hendrik Brödenfeld, Weimar; Dr. Rainer Brorsen, Leitender Angestellter, Hamburg; Lieselotte Brorsen, Realschul-Oberlerer a. D., Lübeck; Thomas Brosius, Selbständiger Kaufmann, Saarbrücken; Rüdiger Brucker, Graz, Österreich; Hans Brückl, Bibliothekar, Bad Kösen; Martin Brückner, Diplom-Ingenieur, Bielefeld; Walter Brumm, literarischer Übersetzer, Grattersdorf; Horst Bruns, Realschullehrer a.D., Heusenstamm; Heinrich Brunssen, Architekt, Freiburg; Rudi Buchholz, Rentner, Berlin; Otto Buchhorn, Oberst a.D., Dornstetten; Dr. Beate Buchinger, praktische Ärztin, Geisl./Eybach; Alfred Buchmüller, Diplom-Ingenieur, Östringen; Friedrich Büchner, Rentner, Ludwigsstadt; Sebastian Buck, Beamter, Stuttgart; Arno Buckert, Erpel; Dr. Dirk Budde, Hochschullehrer, Geldern; Klaus Buff, Diplom-Psychologe, Bergisch Gladbach; Frank Bügel, Diplomingenieur, Hamburg; B. Bühler, Oberstudienrat a.D., Büsum; Klaus Bührer, Student, Köln; Dr. Peter Bulke, Oberlandwirtschaftsrat, Bad Krozingen; H. v. Bünau, Landwirt i.R., Tostedt; Klaus Büngeler, Oberstudienrat, Kiel; Joachim Burchardi, Diplom Kaufmann / Oberleutnant d. R., Hamburg; Uwe Burger, Rentner, Tangstedt; Dietrich Burkhardt, Bauingenieur i.R., Witzenhausen; Jelto Burmeister, Oberst a. D., Geretsried; Klaus H. Burmeister, Pensionär, Berlin; Werner Burmeister, Pensionär, Hamburg; Olaf Busch, Diplom Ingenieur i. R., Hamburg; Harald Busch, Kfm.-Angestellter, Ellerbek; Oliver Buschendorf, Verwaltungsfachangestellter, Espelkamp; Wolfgang Büscher, Pfarrer i.R., Helmstedt; Horst Buschmann, Diplomingenieur, Solingen; Karl-Heinrich Buschmans, IT Produktionssteuerer, Kerken; Dr. Günther Busse, Arzt, Berlin; Joachim Bütow, Wirtschaftsingenieur, Delmenhorst; Paulus Büttner, Pastor i.R., Berlin; Werner Butz, Lehrer, Sassenburg; Michael Campe, Übersetzer, Salzgitter; Prof. Dr. med Peter Carl, Chefarzt, Deggendorf; Hermann Casel, Pensionär, Bad Hersfeld; Erich Celle, Rentner, Mainz; M. W. Cenek, Chemiker, Neu-Ulm; Gunther Chlebowski, Kraftfahrer, Leipzig; von Udo Collani, Diplomingenieur, Bielefeld; Dr. med. Arnd Commichau, Facharzt, Breitengüßbach; Hans-J. Conhoff, Rektor i.R., Bernbeuren; Walter Conrad, Diplomingenieur, Löhne; Hans-Peter Conrad, Rentner, Zella-Mehlis; Ilse Conrad-Kowalski, Lehrerin i.R., Lübeck; Ilse Conrad-Kowalski, Lübeck; Gerd F. Cöster, Unternehmer, Recklinghausen; Tobias Courtial, Student, Hattersheim; Cord-Wulf Crome, Rentner, Horb; Manfred Czerwinski, Diplom-Ingenieur, München; Frank Czupkowski, Kaufmännischer Angestellter, Köln; Adolf Czupor, Pensionär, Münster; Alfred Dagenbach, Gärtnermeister, Heilbronn; Elfi Damian, Hamburg; L. K. Damko, Diploningenieur, Bad Krozingen; Dr. Gerhard Dammann, Facharzt, Basel, Schweiz; Jan Däms, Elektro-Meister, Aschersleben; Horst Danger, Beamter a.D., Bad Oldesloe; Albert Danner, Diplom-Ingenieur, Kuppenheim; Andrea Danner, Hausfrau, Bad Reichenhall; Karl-Heinz Danner, Zollbeamter, Bad Reichenhall; Michael de la Camp, Rentner, Hamburg; Wolfgang de la Chaux, Rentner, Göttingen; Rolf Decker, Diplom-Sozialwissenschaftler, Loxstedt; Matthias Deege, Abiturient, Haßloch; Gero Dehnen, Student, Aachen; Karl-Heinz Deiß, Diplom-Chemiker, Hockenheim; Ellen Dembowski, Erzieherin, Wiesbaden; Dr. Martin Demmeler, Rentner, Großhesselohe; Frank Demmig, Verkaufsleiter, Dittelsheim-Heßloch; Dr. Elgin Demmler, Tierärztin, Lauingen; Ludwig Denk, Unternehmer, Beuerbach; Dr. Ulrich Deserno, Diplomingenieur, München; Ulrich Deubler, Diplomingenieur, Mittenwald; Ulrich Deuschle, Diplom Volkswirt, Notzingen; Rudolf Deußen, Dipl.-Ing, Düsseldorf; August Didong, Rentner, Gut Weiler; Christian Dienstbühl, Student / Leutnant d.R., Tübingen; Dr. Bruno Diesch, Pensionär, Friedrichshafen; Horst Diesner, Ingenieur, Radeberg; Hans Dietloff, Rentner, Berlin; Wera Dietrich, Hausfrau, Gräfelfing; Wolfgang Dietrichs, Unternehmensberater, Kleinmachnow; Dr. Gunnar Dietz, Diplom-Biologe, Göttingen; Heinrich P Dietz, Diplom-Verwaltungswirt, Odendorf; Dr. Bodo Dietz, Diplom-Volkswirt, Coburg; Paul Dinkel, Diplomingenieur, Bobingen; Johann Ditters, Informatiker i.R., Seevetal (Maschen); Hans-Jürgen Dobberkau, Studienrat i.R., Diepholz; Rolf Dodenhoff, Münster; Udo Doepper, Diplomingenieur, Leipzig/Lausen; Hans Doerner, Stadtrat a.D., Bad Kissingen; Hans-Dieter Döll, Kfz-Mechaniker, Sonthofen; Karl-Heinz Domroese, Pensionär, Schandelah; Thomas Döring, Altenpfleger, Bochum; Rudolf Dorn, Diplomingenieur, Bernried; A. Dörr, Pfarrer i. R , Schwäbisch Hall; Armin Dörsam, Kaufmann/Rentner, Ludwigshafen; Ernst Helmut Dost, Lehrer i. R., Quickborn; Klaus Dräger, Elektromechaniker, Kiel; Harry Drechsler, Bauingenieur, Jena; Gerhard Drechsler, kaufmännischer Angestellter, Melsungen; Daniel Drees, Brochterbeck; Kurt Drefke, Elektriker, Sparwiesen; Heinz Drieschner, Rentner, Lindhorst; Dietrich Dube, Kommunikationsdesigner, München; Sigrid Duensing, Bonn; Dr. Karl-Peter Duesing, Paderborn; Dr. H.-U. Dummersdorf, Leitender Angestellter, Burscheid; Christian Dunger, Angestellter, Bad Ems; Rainer Durek, Kaufmann, Berlin; Joachim Dürre, Techn. Angestellter, Neu-Ulm; Elfriede Duschl, Hausfrau, Miesbach; Matthias Duschl jr., Fachoberlehrer, Miesbach; Matthias Duschl sen., Pensionär, Miesbach; Herwart Duske, Diplom-Kaufmann, Grömitz; Gottfried Dyrssen, Jesteburg; Heinz Ebel, Versicherungsdirektor a. D., Berlin; Götz Eberbach, Studiendirektor a.D. und Redakteur, Notzingen; Nicole Eberle, Krankenschwester, Donauwörth; , Ebermann, Physiotherapeutin, Hochdorf; Helmut Eberspächer, Diplomingenieur, Esslingen; Dieter Ebert, Prokurist + Stadtrat, Pforzheim; Dieter Eckardt, Rentner, Köln; Günter Eckert, Export-Manager, Techau; Manfred Eckstein, Oberstudienrat i. R., Coesfeld-Lette; Fritz Eder, München; Werner Egretzberger, Privatier, Regensburg; Gernot Egretzberger, Student, Regensburg; Joerg Ehm, Feinmechaniker, Mühlhausen; Giselher Ehrhardt, Prokurist, Glinde; Hans Ehri, Textiltechniker i.R., Helmbrechts; Wolfgang Eichholz, Beamter, Lübeck; Paul Eickershoff, Rentner, Michelstadt; Prof. Dr. Gerhard Eiselt, Staatssekretär a. D., Berlin; Rudolf Eisenbeiß, Rentner, Ludwigshafen; Eckard Eiserbeck, Pensionär, Ragow; Frank Ellebrecht, Student, Aschersleben; Dieter Ellwanger, Leinfelden; Stefan Elßer, Volkswirt, Stuttgart; Günter Elze, Buchhändler, München; Uwe-Jens Emke, Lauenburg; Dr. Richard Emmerich, Augenarzt, Bonn; M.O. Enderes, Rechtsanwalt, Wiesbaden; Franz Endlweber, Dipl.-Kaufmann, Berlin; Josef Engel, Sonderschullehrer i. R., Olsberg; Manfred Engel, Berlin; Werner Engl, Ingenieur, Hessdorf; Achim Englaender, Apotheker, Köln; Norbert Englisch, Rentner, Frankfurt; Prof. Göran Englund, Professor, 27231 Simrishamn, Schweden; Dr. Jürgen Ennker, Chefarzt i. R., Burgwedel; Reiner Erbarth, Kaufmann, München; Gerhard Erdmann, Diplom-Kaufmann, Remseck; W. H. Erfling, Studienrat, Bissendorf; Hans Erhardt, Ingenieur, Nürtingen; Peter Erkelenz, Berlin; Rudolf Erler, Rektor i.R., Wiesbaden; Margrit Ernst, Pensionärin , Ainring; Dr. Werner Esser, Notar a.D., Köln; Ulrich Eßer, Student und Journalist, Augsburg; Michael H. Esther, Verkaufsleiter, Basdorf; Stefan Etzel, Autor, Frankfurt; Fritz Eulitz, Dipl.-Chemiker, Seefeld; Hermann Evers, Ministerialrat a. D., Bad Schwalbach; Christa Eymess, Rentnerin(Dipl.-Bibl.), Kassel; Joachim Eckehard Faber, Musiklehrer i. R., Bad Wörishofen; Jörg Faber, Oberstudienrat / Oberstleutnant d. R., Amerdingen; Robert Falch, Zeitsoldat, Harburg-Ebermergen; Dr. Ludwig Fanghänel, Chemiker, München; Ralf Farwer, Elektroinstallateurmeister, Berlin-Wittenau; Dr. Heinrich Fasse, Arzt, Lünen; Siegmar Faust, Schriftsteller, Reichenberg; Georg Fehst, Kaufmann, Berlin; Gerhard Femppel, Geschäftsführer, Stuttgart; Hermann Fenbert, Rechtsanwalt, Schwäbisch Hall; Dr. Vera Finckenstein, Ärztin, Semlow; Dr. Henning Finger, Tierarzt, Obergünzburg; Manfred Finke, Bremen; Dr. Wolfgang Fischer, Arzt, Berlin; Werner Fischer, Bauingenieur, Brand-Erbisdorf; Gottfried Fischer, Diplom-Ingenieur i.R., Dresden; Hans-Peter Fischer, Maler, Blaustein; Dr. Hans-Jürgen Fischer, Zahnarzt, Ansbach; Dr. Gerhard Fischer, Hamburg; Dr. Gerhard Fischer, Schifferstadt; Anita Fiß, Oberstudienrätin i. R., Berlin; Georg Flämig, Oberstleutnant a.D., Troisdorf; Günther Fleischer, Kaufmann, Ganderkesee; Klaus Fleischmann, Kaarst; Irmgard Fleißig, Rentnerin, Meinhard-Grebendorf; Dr. Karl Heinz Flessenkämper, Facharzt i. R., Lippstadt; Günter Flick, Sprengmeister, Berlin; Werner Flores, Selbstst. Kaufmann, Willich; Heinz Flöter, Rechtsanwalt, Usingen; Manfred Flöther, Diplombetriebswirt, Köln 2; Dr. Horst Fode, Apotheker, Reinhardshagen; Otto Foedtke, Diplom-Forstwirt, Aschaffenburg; Wolfgang Foellmer, Pensionär, Göttingen; Torsten Foelsch, Verwaltungsangestellter, Groß Gottschow; Heiko Folkerts, Architekt, Bernried; Jürgen Förster, Diplom Physiker, Wartenberg; Christian Förster, Diplom-Pädagoge, Heidelberg; Heiderun Förster, technische Assistentin, Wartenberg; Günter Frank, Fluglotse i.R., Bad Feilnbach; Dieter Franke, Diplomkaufmann, München; Hubertus Franzky, Karlstadt; Jean-Auguste Frechu, Bankmitarbeiter, Marmande F., Frankreich; Heinz Freimuth, Beamter a.D., Berlin; Melanie Freismuth, Schülerin, Feldheim; Hans-Dieter Freitag, Dipl. Physiker, Leipzig; Heinrich Fremmer, München; Knut Frenzel, Apotheker i.R., Kiel; Jürgen Frenzel, Baufacharbeiter, Gräfenhain; Adolf Frerk, Oberstudienrat i.R., Geldern; Peter Freund, Soldat a.D., Witzenhausen; Theodor Freundorfer, Fabrikant, München; Ralf Frevel, Diplom-Betriebswirt, Marburg; Johannes Frey, ev. Pfarrer, Bremervörde; Wolfgang Frey, Textilkaufmann, Bad Wildbad; Jan Erik Freytag, Student, Eschborn; Albrecht Fricke, Diplomlandwirt, Hammah; Joachim Frieben, Diplomphysiker, Potsdam; Dietmar Friedemann, Unternehmensberater, Böchingen; Helga Friedrich, Hausfrau, Coburg; Ulf Friedrich, Maurermeister, Gelsenkirchen; Günther Friese, Rentner, Stuttgart; Georg Frisch, Rentner, München; Gerold Frisch, Techniker, Köln; Richard Fritsch, Dipl.-Ing., Straßlach; Volker Fritsch, Diplom-Physiker, Karlsruhe; Gerolf Fritsche, Offenbach; Ernst Fritzsch, Walluf; Ralf Fritzsche, Historiker und kaufmännischer Angestellter, Münster;

Hans-Achim Fritzsche, Rechtsanwalt, München; Hans-Joachim Frohböse, Kaufmann, Westerland/Sylt; Kilian Fröhlich, Abiturient, Eggenfelden; Joachim Fröhlich, Apotheker, Gauting; Gustav Fröhlich, Handelsvertreter, Berlin; Dietrich Frohmann, Diplom-Ingenieur i.R., Frankfurt; Ursula Fromm, Beamtin, Hamburg; Kurt Fromm, Diplom-Geophysiker, Einbeck; Gisbert Fromm, Kriminaloberkommissar i.R., Berlin; Dr. Jürgen Fromme, Historiker, Duisburg; Marius Frosch, Schüler, Böblingen; Michael Früchtel, Architekt, Berlin; Ingeborg Fründt, Rentnerin, Wuppertal; Dudo Func, EDV-Kaufmann, Neu-Ulm; Dr. Werner R. H. Funck, Rechtsanwalt, Lasbek-Gut; Norbert Funk, Pensionär, Minden; Dr. med. Wolfgang Furch, Frauenarzt, Bad Nauheim; Gerd M. Gabler, Chemiker, Mülheim-Kärlich; Wolfgang Gäbler, Diplomvolkswirt, Stuttgart; Dieter Gaede, Rentner, Leichlingen; Manfred Gail, Detektiv, Bad Dürrheim; Herbert Gaiser, Dipl.Wirtschaftsingenieur, München; Lothar Galke, Musiklehrer, Waldbröl; Jürgen Ganz, Pensionär, Oberhausen; Immo Garrn, Ingenieur, Berlin; Arnd Joachim Garth, Creative Director, Berlin; Herbert Gassen, Diplom-Volkswirt, Bruchköbel; Prof. Hans Gebhard, Hochschulprofessor, Hamburg; Klaus Gebuhr, Rentner, Nidda; Dr. Hans Gehr, OSt.-Dir. a.D., Happurg; Horst Gehrke, Dipl.-Ing., Halstenbek; Dr. Roland Gehrke, Hamburg; Horst H. Geisel, Rentner, Duisburg; Wolfgang Geißheimer, Dipl.-Ing., Kelkheim/Ts.; Jens Geißler, Kaufmann, Berlin; Fabian Quintin Geißler, Kunsterzieher, Dresden; Jan-Peter Geißler, Masseur, München; Dr. Thomas A. Geks, Pensionär, Bonn; Helmut Gelhaar, Pensionär, Glückstadt; Franz Gell, Rechtsanwalt, München; Josef Gemeinder, Diplom-Ingenieur, Coburg; Gerhard Gendera, Rentner, Herne; Ingrid Gendrolus, Rentnerin, München; Christoph Generotzky, Diplomingenieur, Bielefeld; Dietmar Genzel, Diplomingenieur, München; Arthur Gerhard, Pensionär, Esslingen; Karl Gerhard, Rentner, Dietzhölztal; Wolfgang Gerhardt, Brigadegeneral a.D., Rendsburg; Frank Gerlach, Elektromonteur, Ahrensdorf; Jens Gerlach, Student, Gittelde; Eva Gerlach, Berlin; Ulrich Gerlinger, Oettingen; Manfred Gerloff, Rektor i. R., Berlin; Richard Wilh. Gersie, Rentner, Rehden; Barbara Gerspacher, Lehrerin, Elzach; Wolfgang Gerzer, Photograph, München; , Gesellschaft für , Schwalmstadt; Gerd Hertel Gherardi, Angestellter, Mannheim; Stefan Giebler, Student, Leutnant d. R., Cottbus; Rolf Giering, Bauingenieur / Hauptmann d. R., Kalchreuth; Axel Gierspeck, Geschäftsführer, Göttingen; Christel Giese, Rentnerin, Hückelhoven; Dr. Albrecht Giese, Richter am Oberlandesgericht, Emmelshausen; Dr. Bernhard Giesguth, Arzt, Mönchengladbach; Bernhard Gietzelt, Rentner, Garmisch-Patenkirchen; Hilmar Ginser, Diplomingenieur, Bad Kissingen; Hans-Oskar Girle, Lehrer i. R., Krefeld; Manfred Glandien, Taxifahrer, Düsseldorf; Monika Glaser, Apothekenhelferin, Landshut; Gudrun Glaser, München; Ronald Gläser, Journalist, Berlin; Martin Gleiniger, Rentner, Hannover; Dr. Peter Gleißner, Internist, Böblingen; Prof. Dr. Eckart Gleißner, Weissach; Stefan W.B. Gloge, Diplom-Ökonom, Wuppertal; Walter Glomp, Rentner, Gräfelfing; Waldemar Glowik, Forstingenieur / Revierförster, Wust; Magdalena S. Gmehling, Seubersdorf; Dr. Reinhard Gnauck, Arzt für Innere Medizin, Mainz; Karl Gobes, Studiendirektor a.D., Leutkirch; Georg Goeldner, Rentner, Beselich; Daniel Goepper, Elektriker, Wuppertal; Ludwig Goergens, Steuerberater, Berlin; Hans-Joachim Goerke, Richter a. D., Gießen; Dr. Klaus-Jürgen Goldmann, Dipl.-Erdölgeologe, Ennepetal; Kurt E. Goldmann, Geschäftsführer i. R., Altenglan; Rüdiger Goldmann, Oberstudienrat, Düsseldorf; Jürgen Gopp, Diplomingenieur i.R., Wahrenholz; Steffen Goretzki, Student, Frankfurt; Georg Gorgon, Diplom-Physiker, Puchheim; Rudolf Gorgulla, Diplomingenieur, Berlin; Prof. Dr. Hans F. Gorki, Hochschullehrer, Dortmund; Hans-Jürgen Goßner, Göppingen; Heinrich Götte, Europäischer Beamter, Berlin; Reimar Göttsching, Diplom Pädagoge i.R., Bonn; Reimar Göttsching, Diplom-Pädagoge i.R., Bonn; Klaus Götz, Architekt u. Stadtplaner, Marburg; Martin Gotzes, Arzt, Neustadt-Weinstrasse; Friedhelm Grabe, Rentner, Witten; Götz Graf, Diplom Ingenieur, Architekt / Gefreiter, Vehlin; Martin Gräf, DB-Beamter, Künzell; Eckardt Grashoff, Großhandelskaufmann, Chemnitz; Gerda Grasmeier, Angestellte, Gießen; Eva Margarete Grass, Sonderschullehrerin i. R., Schwäbisch Gmünd; Dietrich Gratias, Ingenieur i.R., Bad Nenndorf; Andreas Graudin, Jurist, Berlin; Uwe Graupner, Diplom-Betriebswirt, Much; Hans Graupner, Rentner, Berlin; Johannes Grego, Rentner, Solingen; Rochel Gregor, Architekt, Pforzheim; Peter Grethen, Diplomingenieur, Legden; Klaus Grieck, Rentner, Heilbronn; Manfred Grimm, Versicherungskaufmann, Undeloh; Rolf Grimmer, Geschäftsführer, Bad Dürkheim; Michael Grob, Würzburg; Frank Grobe, Dokumentationsleiter, Frankfurt; Dr. Rolf Grobe, Rentner, Koblenz; Klaus Gröbig, Gewerkschaftsvorsitzender, Berlin; Hans Groeneveld, Rentner, Hann Münden; Alfred Grohmann, Dipl.-Ingenieur, Wentorf; Werner Gröling, Kaufmann, Berlin; Hubert Gronauer, Student, Bamberg; Sabine Gronotte, Greven; Alfred Grösel, Rentner, Oberhausen; Markus Groß, Beamter, Hamburg; Astrid Gross, Diplompsychologe, Wiesbaden; Hanns-Günter Grosser, Schriftsteller, Bad Münstereifel; Dr. Rudolf Großkopf, Diplomingenieur, Königsbronn; Helmut Grossmann, Außenhandels-/Industrie-Kfm., Vaterstetten; Marianne Großmann, Dipl. Wirtsch. Ing., Berlin; Benjamin Grub, Medizinstudent, Mainz; Thomas Grubert, Werkzeugmacher, Garbsen; Horst M. Grudde, Selbstständig, Berlin; Annemarie Grudde, Selbstständig, Berlin; Michael Gruhn, Angestellter, Berlin; Michael Grünberger, Krankenpfleger, Gaiberg; Johanna-Christina Grund, Baden bei Wien, Österreich; Lothar Grundig, Oberstleutnant a.D., Walldürn; Wolfgang Grundl, Angestellter, Laupheim; Karl Grüner, Frankfurt; Bruno Gubitz, Pensionär, Velden, Österreich; Gino Guckuk, Rechtsanwalt, Halle; Edgar Guhde, Dozent, Düsseldorf; Arno Guischard, Rektor a.D., Schwarme; Karl-Haeinz Gundlach, Fleischermeister, Erfurt; Hansgeorg Günther, Feuerwehrbeamter, Göttingen; Annemarie Günther, Rentnerin, München; Konrad Guthardt, Oberstleutnant a.D., Kassel; Karsten Güther, Student, Lüneburg; Karsten Güther, Nordhorn; Helmut Gutjahr, Lehrer, Dassel; Heinz Gutwasser, Rentner, Köln; Johannes Gutzmann, Diplomingenieur i.R., Bremen; Arne Leonardo Guzzoni, Diplom-Volkswirt, Hamburg; Federico Guzzoni, Freiburg; Giorgio Guzzoni, Hochschullehrer, Freiburg; Günther Haag, Privatier, Möckmühl; Wolfgang Haars, Industriekaufmann, Salzgitter; Wolfgang Heinz Haas, Kapitänleutnant a.D., Lohmar; Dr. Gerhard Haas, Physiker, Quickborn; Dr. Klaus Haase, Allgemeinarzt, Speyer; Herbert Haaß, Dipl.-Ing., Bad Vilbel; Bernhard Haass, Diplom-Ingenieur (FH), Mönchengladbach; Georg Haberland, 1. Bürgermeister a.D. - Jurist, München; Inge Habermann, Aalen; Michael Habig, Beamter, Bochum; Hubert Hackl, Gymnasiallehrer / Studiendirektor, Buxheim; Dr. Christian Haellmigk, Augenarzt, Heilbronn; Gerald Haertel, Verkaufsleiter, Ettlingen; Dieter Haese, Dipl.-Ing., Bonn; Ralf Hagenloh, Dipl.-Ing., München; Joachim Hahn, Diplom-Ingenieur, Griesbach; Werner Hahn, Oberstleutnant a.D., München; Ernst Hahn, Oberstudienrat i.R., Dinkelsbühl; Dr. med. Dietrich Hahn, Bielefeld; Dr. Reinhard Hähn, Unternehmensberater, Vilsheim; Norbert Hahner, Pensionär, Penzberg; Franz Hahnl, Rentner, Aschau; Josef Haidl, Forstamtsrat a.D., Ingolstadt; Stefan Haimerl, Schreinermeister, München; Werner Hainmüller, Steuerberater, Weingarten; Rosemarie Hajo, Berlin; Daniel Hallerbach, Kaufmännischer Angestellter, Niederkassel; Hannelore Hamann, Kauffrau a.D., Herne; Klaus-Ulrich Hammel, Oberst a. D., Rohrbach; Heinz Hammer, Rentner, Fulda; Dr. Fritz Händel, Nürnberg; Hans-Jürgen Hanelt, Beamter i.R., Berlin; Dr. Manfred Hanke, Arzt, Heidelberg; Heinz-Werner Hanke, Ingenieur, Großerlach; Günther Hankofer, Politologe, Taufkirchen; Paul Helmut Hannig, Schleiden; Carsten Hansen, Assesor, Neudorf-Bornstein; Dr. Reginald Hansen, Steuerberater, Köln; Dr. Udo Hanstein, Forstdirektor a.D., Schneverdingen; Klaus Hartmann, Diplom-Kaufmann, Weinheim; Martin Hartmann, Lithograph, Babenhausen; Helene Harttmann, Bad Soden; Dr. Hans G. Hartung, Baiersdorf; Erhard Haschka, Techniker i.R., Loiching; Olaf Haselhorst, Historiker, Henstedt-Ulzburg; Adolf Hasenkamp, Diplom-Betriebswirt, Velbert-Neviges; Dr. Johann Georg Hasenkamp, Oberforstmeister a.D., Marburg; Lutz Haske, Diplom Ingenieur / Stabsunteroffizier d. R., Berlin; Christine Hasler, Realschullehrerin a.D., Wolfsburg; Hans-Jörgen Hasselmann, Richter, Ebersberg; Regina Hasselmann, Ebersberg; Michael Haubold, Friedhofsverwalter, Chemnitz; Matthias Hauer, Jurastudent, Pressesprecher der Jungen Union Essen, Essen; Wilfriede Hauffen, München; Matthias Haug, Student, Sonthofen; Peter Haunit, Apotheker, Erkrath; Werner Hauptmann, Selbstständiger Kaufmann, Nürnberg; Frank Hauptmann, System Operater, Hemer; Otto Hausmann, Rentner, Sinzig; Ferdinand Hausmann, Rentner, Tegernheim; Klaus-Peter Häusser, Drucker, Neuried; Klaus Haustein, Korrektor, Tuttlingen; L.M. Hauswedell, Oberst a. D., München; Dr. Walter Hawelka, Dozent i.R., Geretsried; Roland Hebsacker, Schriftsetzer, VS-Villingen; Hermine Hecker, Hausfrau, Hamburg; Eberhard Heder, Oberst a.D., Warburg; Prof. Dr. Winfrid Hedergott, Northeim; Harald Heermann, Industriekaufmann, Düsseldorf; Jörg Hefenbrock, kaufmännischer Angestellter / Obergefreiter d. R., Bremen; Helmut Hefer, Rechtsanwalt + Notar, Hagen; Dr. Horst Hefler, Arzt, Hamburg; Wolfgang Hegemeister, Realschullehrer/ Dozent i.R., Remmels; Heinz Hegenberger, Diplom-Kaufmann, Landau; Stephanie Heidelmeyer, Beamtin i.R., Alzenau; Harald Heidemann, Oberstleutnant a.D, Bruchsal; Bernhard u. Marcela Heidemann, Bünde; Prof. Dr. Ulrich Heider, Dozent, München; Manfred Heidrich, Industriekaufmann, Wetzlar; Gerhard Heil, Diplom-Kaufmann, Weinheim; Günter Heimann, Diplom-Volkswirt i.R., Herborn; Jörg Heimburger, Kronberg; Wilfried Hein, kaufmännischer Angestellter, Hannover; Adolf Heinecke, Düsseldorf; Karl J. Heinemann, Diplom-Ingenieur, München; Gerhard Heining, Werkzeugmacher, Wassertrüdingen; Dr. Manfred Heinisch, Rechtsanwalt, Frankfurt; Lothar Heink, Rentner, Berlin; Siegfried Heinrich, Bauingenieur i. R., Ingolstadt; Elisabeth Heinrich, München; Joachim Heinze, Dipl.-Ing., München; Axel Heinzmann, Arbeiter, Wannweil; Dieter Heisig, Kaufmann, Markt Einersheim; Detlev Heitz, Verleger, Krefeld; Günter Heldmann, Archivassistent, Schwalbach; Harry D. Hellebronth, Diplom-Volkswirt, Hannover; Dr. Eberhard Heller, Lektor, Ergertshausen; Horst Heller, Leutnant d. R., Kirchseeon; Dr. Heinz-Werner Heller, Hannover; Wolfgang Hemkens, Lehrer, Moers; Martin Henkel, Diplom-Ingenieur Elektro/Nachrichtentechnik, Geisa; Klara Henkel, Oberinspektor a.D.(Finanzen), Erfurt; Klaus Henneberger, Verwaltungsoberamtsrat, Taufkirchen; Dietmar-Dominik Hennig, Industriekaufmann, Stuttgart; Leo Hennig, Rentner, München; Udo Hensel, Diplom-Ingenieur, Garbsen; Helmut Henzl, Unternehmensberater, Nürnberg; Hendrik Herdler, Oberseifersdorf; Günter Hergesell, Drucker, Berlin; Simon Hergt, Lehrer, Ratzenburg; Horst J. G. Hermann, Diplom-Ingenieur, Hamm; Manfred Hermann, Vertriebsmanager, Gelsenkirchen; Wolfgang Hermann, Germering; Erich Hermanns,

Rentner, Nürnberg; Maren Hermannsen, Lehrerin i.R., Lütjenburg; Prof. Dr. Karl Hermes, Professor, Regensburg; Dr. Albrecht Herrmann, Arzt, Lübeck; Gunther Herrmann, Diplom-Braumeister, Bad Wildungen; Tilo Herrmann, Fabrikant-Pensionär, Köln; Werner Herrmann, Rentner, Cuxhaven; Frank Herrmann, Sachbearbeiter, Berlin; Edmund Hertling, Buchhändler und Antiquar, Mudershausen; Georg Karl Hertrich, Diplomingenieur, Inzell; Dr. Hans Georg Hess, Rechtsanwalt, Wunstorf-Idensen; Manfred Heßel, Umweltwissenschaftler, Waltrop; Jürgen Hetmank, Diplomingenieur, St Leon-Rot; Dieter Heuber, Baldham; Stefan Heuer, Dozent, Rostock-Kassebohm; Dr. Marietheres Heufer, Düsseldorf; Hans-Jürgen Heumann, Bielefeld; Hans-Alfred Heveker, Rechtsanwalt und Notar, Kassel; Wolfram Heydel, Oberstleutnant a.D., Wuppertal; P.-R. Heydenreich-Ehringsdorf, Oberstleutnant a. D., Bremervörde; Dr. Jürgen Heydrich, Stadtrat von Köln, Köln; Ralf Hickethier, Leipzig; Karl Hiekisch, Lehrer i.R., Berlin; Dr. Hermann Hiery, Unternehmensberater, Denia/ Klicante, Spanien; Gunhild Hilger, Krankenschwester, Göttingen-Nikolausberg; Henrich Hill, Post-Pensionär, Bremen; Thomas Hillenbrand, Kunstmaler/ Sozialpädagoge, Linz/Rhein; Gerhard J. Hiller, Historiker(im Ruhestand), Bonn; Annette Hiller, Rechtsanwältin, Bitburg; Otto Hiller von Gaertringen, Philologe, Bitburg; Herbert Hilpert, Chemieingenieur, Schwelm; Rainer Hinkelmann, Sicherheitsfachkraft, München; Jens Hinrichsen, Bundeswehrangestellter, Fellbach; Ruedi Hintermann, Chefredakteur DIE IDEE , Bollingen, Schweiz; Helmut Hintz, Pensionär, Tuttlingen; Ditmar Hinz, Lehrer, Berlin; Dr. Werner Hinzmann, Pensionär, Berlin; Hans Hippenheim, Direktor a.D., Ottobrunn; Karl-Heinz Hirmer, Selbstständig, Bassum; J. G. Hochheuser, Rentner, Düsseldorf; Wolfgang Höcke, Sonderschullehrer, Anhausen; Klaus Hoeck, Köln; Carola-Marcella Hoehne, Journalistin, Leinfelden-Echterdingen; Michael Hoeppner, Chemielaborant, Berlin; Andreas Hofer, Diplom-Wirtschafts-Ingenieur, Puchheim; Dr. Horst Hoffmann, Arzt, Kiel; Rolf Hoffmann, Physikingnieur, Human-Ökologe, Großenaspe; Carsten Hoffmann, Postobersekretär, Schiffweiler; Christian Hoffmann, Student, Leonberg; Lothar Hoffmann, Bücken; Karsten D. Hoffmann , Diplom-Verwaltungswirt, Wohlsdorf; Dr. Klaus Hoffmeister, Althütte; Stephan Hoffrichter, Bankkaufmann, Langenfeld; Ulrich Hoffstadt, Steuerberater, Lindlar; Dr. Otto Hofmann, Diplomingenieur, Brunnthal; Klaus-Jürgen Hofmann, Technischer Kaufmann, Egenburg; Maxi Milian Hofmeister, München; Erich Högn, Bankkaufmann/Rentner, Königstein; Dirk Hohensohn, Informatiker, München; Friedebert Hohmeier, Pastor i.R. / Dozent, Cuxhaven; Hermann Höhn, Diplom-Betriebswirt, Wiesbaden; Patrick Höhne, Finanzwirt, Rosbach; Andreas Holder, Diplom-Kaufmann, Berlin; Uwe Holdorf, Oberstleutnant a. D., Fockbek; Ingo Höll, Diplom-Ingenieur, Bad Sachsa; Hubert Holland, Rechtsanwalt / Obergefreiter d. R., Heidelberg; Heinz Holzapfel, Rentner, München; Werner Holzheu, Verleger, Mering; Hubert Holzmair, Industriemechaniker, Großkarolinenfeld; Bernhardt Holzwarth, Diplom-Volkswirt, Neu-Anspach; Jürgen Höpfner, Schriftsteller, Emmering; Heinz-Jürgen Hoppe, Rentner, Fulda; Heinz-Herbert Hoppmann, Sonderschulrektor i.E., Kirchlengern; Udo Höppner, Lagerfacharbeiter, Bergisch Gladbach; Reiner Höppner, Raumausstatter, Bergisch Gladbach; Helga Horatz, Rentnerin, Oberhausen; Alexander Hörl, Diplom-Ingenieur, Greiling; Jörg Horn, Autor im Ausland, Brüssel, Belgien; Helmut Horn, Diplom-Pädagoge, Wuppertal; Juergen C. Hornack, Berater, Wiesbaden; Thomas Hornschuh, Student, Wildenspring; Hans M. Hosius, Verwaltungsrichter a.D, Ansbach; Hans M. Hosius, Verwaltungsrichter a.D., Ansbach; Dr. Hans Hövelmann, Dorsten; Christa Hoyer, Hausfrau, Oldenburg; Dr. Christian Hoyer, Grafschaft-Birresdorf; Jasmin Huber, Schülerin, Schweigen-Rechtenbach; Wolfgang Hübner, Kapitän zur See a.D., Wingst; Fritz Hübner, Realschullehrer a.D., Köln; Gerd Hudasch, Verwaltungsangestellter, Bad Oeynhausen; Dieter Huhn, Bürokaufmann, Berlin; Hilde Hülsmeyer, Düsseldorf; Jürgen K. Hultenreich, Autor, Berlin; Dieter Humbs, selbständiger Kaufmann, Würzburg; Dieter Hümmer, Ebersburg; Gerald Hundertmark, Kaufmann, Gelsenkirchen; Alfred-Heinz Hunold, Diplom-Kaufmann, Korschenbroich; Paul-Ernst Huppert, Cand. Ing., Mettmann; Rolf Huppert, Diplom-Volkswirt, Mettmann; Karl-Martin Husemann, Bad Salzuflen; Jürgen Huth, Berufsschullehrer, Haltern am See; Dr. Horst Hüttenbach, Landwirt, Bonn; Wolfgang Idzikowski, Wuppertal; Albert Ihlefeldt, Essen; Dr. Arthur Illchmann, Saal; Marianne Immig, Rentnerin, Duisburg; Frank Irion, Schlüsselfeld; Arno Isenberg, Sozialversicherungsangestellter, Gevelsberg; Tom Iwanowski, Mississauga, Ontario, Canada; Mathias Jacob, Rottenburg; Dr. Wolfgang Jacobi, Diplom Ingenieur / Leutnant d. R., München; Sascha Jacobi, Fahrzeugbauer, Düsseldorf; Werner Jacobi, Juwelier, Leinfelden; Dr. J.F. Jacobs, Facharzt, Mindelheim; Eugen Jacobs, Kaufmann i.R., Nümbrecht; Ilse Jacobs, Rentnerin, Remscheid; Christel Jaeger, Lehrerin i. R., Braunschweig; Dr. Konrad Jäger, Oberstudienrat a.D., Freiburg; Helmut Jähnich, Kaufmann, Duisburg; Erhard Jahnke, Soldat a.D., Rotenburg-Wümme; Ulrich Jahr, EDV-Berater, Tangstedt; Dieter Jais, Architekt BDB, Holzkirchen; Hartmut Jakob, Rentner, Gera; Dr. Lothar Jakobi, Hals-Nasen-Ohrenarzt, Hagen; Winfried Jakobi, Dinslaken; Lutz Jankus, Dolmetscher, Volljurist, Halle; Lutz Hotel Asystenta Jankus, 15333 Bialystok, Polen; Dieter Jansen, Verlagskaufmann, Bergheim; Dr. Elmar Janssen, Wirtschaftsprüfer, Bergisch Gladbach; Peter Jantsch, Rentner, Bad Mergentheim; Dr. Albrecht Jebens,

Geschäftsführer, Uhldingen-Mühlhofen; Walter Jeckel, Kassenverwalter i.R., Prien a. Ch.; Walter Jeckel, Kassenverwalter i.R., Prien; Guido Jenke, Kriminalbeamter, Oranienburg; Edward Jenkins, Germanist, München; Dr. Stefan Jentsch, Geologe, Neustadt; Klaus Jentsch, Maschinen-Techniker, Queidersbach; Johannes Jeromin, Nördingen/ OT Löpsingen; Helmut Jeserer, Diplom Volkswirt / Oberleutnent a.D., Reichersbeuern; Prof. Dr. Jens Jessen, Freier Journalist, Mainz; Tobias Jocham, Student, Passau; Alois Jochem, Beamter i.R., Püttlingen; Friedrich Jöckel, Spediteur, Grünberg; Gerold Joel, Rentner, Buchholz; Gerhard Johannes, Dreieich; Jahnfried Jopski, Rentner, Baiersdorf; Hans-Werner Jordan, Forstdirektor a.D., Muhr am See; Sebastian Jörn, Eisen- und Stahlgießer / Hauptgefreiter d. R., Einbeck; Kurt Josten, Ludwigsburg; Werner Jotzo, Rentner, Rosdorf; Filip Jovic, SW-Entwikler, Waldkirch; Jean-Louis Jullien, Lehrer, Syke; Otto Jung, Bankkaufmann, Hamburg (Marienthal); Robert W. Jung, Bundesbeamter i.R., Haßloch; Daniel Jung, Immobilienkaufmann, Berlin; Christian Jung, Jurist, Berlin; Walter Jung, Rentner, Schellerten; Dr. Cornelius Junghans, Ulm; Bernd Jungnickel, Physiker, Seeheim-Jugenheim; Dirk Jungnickel, Regisseur, Berlin; Peter Junk, Maschinenschlosser, Langen; Marie-Luise Junker, Hausfrau, Ladenburg; Eva-Maria Just, Diplom-Bibliothekerin, Celle; Ernst Kabelitz, Landwirt, Lemgow; Klaus Kachelmann, Versicherungskaufmann, Bönningstedt; Klaus Kaden, Diplomingenieur, Kornwestheim; Hilmar Kaiser, Fregattenkapitän a.D., Heidenrot-Dickschied; Prof. Dr. med Diethelm Kaiser, Kinderarzt, Pforzheim; Klaus Kaiser, Rentner, Hohenhorn; Bernhard Kaiser, Techniker i.R., Halle/Westf.; Dr. Max Kaizik, Diplom-Ingenieur, Puchheim; Dr. Egon Kaletsch, Herr Trautmann unbekannt, Wissmar; Edmund Kaliske, Rentner, VS-Weigheim; Jürgen Kallenbach, Berufsschullehrer, Berlin; Georg Kallmeyer, Rentner, Wolfenbüttel; Dr. Wolf Kalz, Riedlingen; Frieder Kammerer, Polizist, Herdwangen; Evelyn Kaphingst, Rentnerin, München; Dr. Axel Kappatsch, Informatiker, Altenhain; Anton Kapusta, Schlossermeister, Telgte; Marcus Karger, Angestellter, Wetter; Gerhard Karger, Oberstleutnant a.D., Grafschaft; Joachim Karich, Selbständig, Leipzig; Margret Karn, Pensionärin, Duisburg; Gerd Karpenstein, Kapitänleutnant a. D., Schneverdingen; Erhard Karrer, Richter i.R., Büdingen; Dr. Frowin Karstädt, Vorsitzender Richter am Oberlandesgericht a.D., Kiel; Hans-Joachim Kaspar, Industrie-Kaufmann, Walsrode; Johannes Kaßelmann, Beamter, Pforzheim; Roland Kaufmann, Diplomingenieur, Bischweier; Detlev Kaut, Rechtsanwalt, Weitewelt-Seedorf; Peter Kawa, IT-Consultant, Mainz; Dr. Volker Kay, Braunschweig; Stefan Kayser, Diplomingenieur, Herzogenrath; Torsten Kehler, Diplom Kaufmann, Hannover; Hans Günther Keller, Bundesbahnbeamter i.R., Worms; Joseph Keller, Jurist, München; Armin Kellert, Diplom-Chemiker, Gaggenau; Frank Kemper, Fachapotheker, Meerbusch; Volker Kempf, Sozialwissenschaftler, Düsseldorf; Ralf Kerkovius, Frankfurt; Hannes Kernert, Diplom-Kaufmann, Frankfurt; Dr. Matthew Kershaw, Politologe, Schmalkalden; Ralf Kersting, EDV-Medizin-Assistent, Aachen; Hans-Gert Kessler, Rentner, München; Ursula Keßler-von Nathusius, Pensionärin, Marburg; Rolf Kettermeyer, Organisationsleiter, Moosburg; Dr. Josef Ketzer, Jurist/Autor, Wien, Österreich; Karin Khemlyani-Albrecht, Designerin / Hausfrau, Bendestorf; Otto Kiefer, Holzwickede; Wilfried Kiel, Herford; Norbert Kies, Architekt i.R., Stuttgart; Elisabeth Kiese, Rentnerin, Rödental; Siegbert Kiesiel, Kaufmann, Travemünde; Dr. Immo Kießling, Diplom-Physiker, Prien; Dr. Dieter Kipsch, Diplom Physiker, Gröditz; Hermann J. Kirchberg, Maler und Lackierermeister, Kölln; Paul Kirchhof, Laubach; Lydia Kirchmayr, Betriebswirtin, Starnberg; Herbert Kirschner, Maschinenschlosser/Rentner, Landshut; Günther Kissel, Solingen; Dr. Eberhard Klafki, Oberstudienrat i.R., Rastatt; Thorsten Klahn, Diplomingenieur, Großenaspe; Dr. Konrad Klarr, Diplom-Geologe, Wolfenbüttel; Dr. Wolfgang Klatt, Regierungsdirektor, Oberkirch; Reinhard Klaus, Dipl.-Chemiker, Berlin; Karl Klebig, Diplom-Ingenieur i.R., Berlin; Eberhard Kleffmann, Industriekaufmann, Wuppertal; Erika Klein, Angestellte, Brühl; Wolfgang Klein, Rentner, Bremen; Georg Klein, Rentner, Bad Hönningen; Wilhelm Klein, Rentner, Mörfelden- Walldorf; Alexander Klein, Selbstständiger Kaufmann, Köln; Prof. Dr. J. Winfried Klein, Hattingen; Günter Kleindienst, Journalist und Pressefotograf, Lehrte; Wolfgang Kleine, Kaufmann, Bad Reichenhall; Söhnke Kleiner, Diplomingenieur & Diplomwirtschaftsingenieur (FH), Garbsen; Dr. Hans-Jerg Kleiner, Rentner, Kronberg; Erika Kleinmann, Rentnerin, München; Prof. Dr. Wolfgang Klenner, Diplom-Psychologe, Oerlinghausen; Rudolf Kliem, Rentner, Soltau; Jens Kliemann, Rechtsreferendar, Bautzen; Guido Klietz, Rentner, Saalfeld; Karl u. Eva Klimesch, Rentner, Herezogenaurach; Ulrich Klinner, Exportkaufmann, Auhagen; Frank Klöcker, Chemiearbeiter, Hanau; Günther Kloppert, Oberst a. D., Wilhelmshaven; Elvira Kloss, Dolmetscherin, Lübeck; Andreas Kloß, Kaufmann, Berlin; Dr. Joachim Klowski, Hamburg; Raimund Kluber, Rentner, Darmstadt; Arnold Kludas, Grünendeich; Katrin Knacke, Hausfrau, Berlin; Martin Knappke, Professor Diplomingenieur, Karlsruhe; Bernhard Knapstein, Pressesprecher, Hamburg; Otto Knaus, Rentner, Mengen; Stephan Kneipp, Lokführer, Mönchengladbach; Gerhard Knieper, Oberstudienrat i.R., Unna; Arndt Knigge, Studienrat, Hamburg; Hans Knizia, Frankfurt; Elmar Knobel, Nachtwächter, Freiburg; Dipl.-Ing. Manfred Knoblich, Diplom-Ingenieur, Raunheim; E.-Günther Knoche, Rentner, Hattersheim; Günter Knoll, Diplom-Betriebswirt, Dortmund; Margarete Knorr, Heilbronn; Dieter

Knost, Kommunikationswirt, Bielefeld; Uwe Knuth, Lehrer, Buchholz; Thomas Knuth, Selbständiger, Berlin; Paul Koch, Bestatter, Hannover; Rainer Koch, Dipl.-Päd., Zernsdorf; Jürgen Koch, Fernmeldehandwerker, Bad Münstereifel; Udo Koch, Karosseriebauer, Diekholzen; Peter Koch, Oberstudienrat i.R., Heidelberg; Dr. Hermann Koch, Rentner, Baddeckenstedt; Wilhelm Koch, Rentner, Duisburg; Günther Koch, Selbständiger, Isen; Alex Koch, Student, Rostock; Hubert Koch, Verkäufer, Hildesheim; Hiltraud Koch, verkäuferin, Hildesheim; Dr. Wilfried Koch, Zahnarzt i.R., Wesseln; Peter Kochwasser, Industriekaufmann, Nürtingen; Erich Kock, Schriftsteller, Köln; Dr. Reinhard Kockläuner, Patentanwalt, Hofheim/Ts; Dr. Wilhelm Ködel, Kaufmann, Lauingen; Edgar Kohler, Verwaltungfachsangestellter, Kappelrodeck; Friedrich Köhler, Diplomingenieur, Offenburg; Hans-Georg Köhler, Industriekaufmann i.R., Usingen; Hans Köhler, Rentner, Darmstadt; Dr. Alexander Köhler, Soziologe, Kirchzarten; Gerriet Kohls, Geograph, Seelze; Margaretha Kohls, Hausfrau, Bielefeld; Christoph Kohls, Student, Bielefeld; Ulf Köhncke, Diplomingenieur, Velbert; Ingo Köhncke, Diplom-Ingenieur, Beverungen; Reinhold Köhrer, Rentner, Murr; Thies-Otto Kolbe, Itzehoe; Martin Kolbe, Basel, Schweiz; Wolfgang Kolster, Diplom-Physiker, Syke; Helmut König, Lehrer, Fredeburg; Eberhard König, Oberleutnant a.D., Baiern/Weidach; Hans Dieter König, Sonderschullehrer, Saarlouis; Joachim Konschak, Malsburg-Marzell; Jan Koops, kaufmännischer Angestellter, Vechta; Prof. Dr. Eilhard Koppenhöfer, Kiel; Prof. Erhard Korkisch, Professor Architekt, Freising; Ilse Korte, Soziologin, Poecking; Daniel Körtel, Labortechniker, Kassel; Otto Körtge, Diplomingenieur, Göttingen; Ilse Kosin, Lehrerin a.D., Hamburg; Wolfgang Koska, Industriekaufmann, Duisburg; Gert H. Köster, Oberstudienrat, Osnabrück; Therese Kotalla, Hausfrau, Hattingen; F. Benno Kott, Schriftsteller, Filderstadt; Timo Kötter, Student, Schlangen; Prof. Dr. H Kottowski-Dümenil, Professor, Düsseldorf; Wilhelm Kowarsch, Pastor i. R., Bremen; Ernst-Markfried Kraatz, Diplom-Ingenieur, Hagen; Jürgen Krachenberger, Techniker, Hochdorf; Axel Kracke, Diplom-Wirtschafts-Ingenieur, Bad Nauheim; Alexander Krah, Schüler, Freiensteinau; Wolfgang Kräher, Diplom-Ingenieur, Bad Dürkheim; Dr. Karl-Heinz Kramer, Arzt i.R., Glan-Münchweiler; Winfried Kramer, Rentner, Ortenberg; Horst Krämer, Diplomingenieur, Berlin; Hans-Dirk Krämer, Diplomingenieur, Langenfeld; Georg Kranz, Arzt, Bad Schussenried; Karl-Jörg Krapat, Stahlbau-Ing., Dortmund; Hans-Karl Kratzenberg, Landwirt, Waldkappel-Bischhausen; Ernst Hildebert Kratzsch, Fach-Gruppenseminarleiter a.D., Rosengarten; Christian Krause, Soldat, Castrop-Rauxel; Markus Krause, Student / Obergefreiter d. R., Dresden; Rudolf Krauser, Musiklehrer, Heidenheim; Peter Krausse, Versorgungstechniker, Berlin; Wolfgang Kreipe, Lehrer i.R., Berlin; Anneliese Kreis, Rentnerin, Gießen; Ingrid Kremers, Lehrerin i.R., Simmerath; Marcel Krense, Demen; Barbara Kreße, Religionslehrerin, Berlin; Wolfgang Kreuter, Diplomingenieur, Obrigheim-Asbach; Ulrich Kriehn, Literaturwissenschaftler, Neuenstein; Tanja Krienen, Erzieherin/Autorin, Unna; Helmut Krieser, Ingenieur, Lind-Plittersdorf; Hans-Werner Krissel, Lehrer a.D., Kirchen; Herbert Kröger, Dipl.Ing. Stud. Dir. i. R., Bünde; Christian Kroitzsch, Diplomingenieur, Ulm; Ortrud Kroll, Kauffrau, Berlin; Erwin Krombholz, Rentner, Tettnang; Hartmut Kron, Bankkaufmann, Bad Nauheim; Werner Kropf, Oberstudienrat, Saarlouis; Ernst Kropf, Richter a.D., Saarlouis; Dr. Rudolf Kropp, Pensionär, Stuttgart; Dr. Endrik Krügel, Physiker, Swisttal; Dr. Gustav Krüger, Diplom-Physiker, Herrenberg; Mathias Krüger, Pastor, Hestedt-Ulzburg; Georg Krüger, Rentner, Ovelgönne; Manfred Krüger, Rentner, Ronneburg; Ingeborg Krüger, Rentnerin, Stuttgart; Sybille Kuchel, Rentnerin, Hamburg; Dr. Ralf Ekkehardt Kügler, Rektor i.R., Visselhövede; Lars Kuhlemann, Student, Eystrup; Leander Kuhlisch, Fahrdienstleiter, Wiesbaden; Gisela Kuhlmann-Falbe, Essen; Klaus Kühlmeyer, Techniker / Gefreiter d. R., Baunatal; Dr. Wolfgang Kühn, Arzt, Kiel; Joachim Kulenkampff, Kaufmann, Northeim; Jens Kullik, Neumünster; Johanna Kulterer, Hausfrau, Radenthein, Österreich; Dr. Helmut Kulterer, Pensionist, Klagenfurt, Österreich; Jürgen Külz, Oberstleutnant a.D., Weilheim; Dr. Gunther Kümel, Virologe, Frankfurt; Prof. Dr. Horst Kummer, Ingenieur, Dresden; Prof. Bernhard Kunst, Hochschullehrer, Rösrath; Prof. Dr. Egon Kunze, Diplom-Chemiker, Bergisch Gladbach; Richard Kunze, Hauptmann a.D., Leinfelden; Lilo Kunze, Nürnberg; Kurt F. Kunzmann, Rentner, Leverkusen; Dr. Wolfgang Küper, Arzt/ Pensionär, Paderborn; Heiner Küper, Prokurist i.R., Rielasinger-Worblingen; Wolfgang Kupke, Diplomingenieur, Halle; Karl Kuppstadt, Rentner, Melsungen; Friedrich Kurreck, Rentner, Offenbach; Dr. Eckehard Kursawe, Simmerath; Dr. Jörg Kürschner, Journalist, Berlin; Torsten Kurschus, Unternehmer, Greifswald; Peter Kurth, Diplomingenieur, Königswinter; Karl-Heinz Kurz, Oberstleutnant a.D., Telgte; Prof. Dr. W. Kurzweg, Professor, Berlin; Prof. Dr. med H.J. Kuschke, Internist, Bad Nauheim; Dr. Karsten Küspert, Apotheker i.R., Langenfeld; Bernhard Kutschera, Beamter, Bremen; Helmut Kutzeer, Rentner, Norden; Susanne Kutzner, Betriebswirtin, Leverkusen; Alexander Laber, Student, Ilshofen; Siegfried Lackner, Texter / Pressesprecher, München; Wolfgang Lademann, Diplomingenieur, Heilbronn; Brigitte Ladwig, Pensionärin, Hannover; Wolfgang Ladwig, Rentner, Hannover; Werner Lamberth, Ludwigshöhe ü.Mainz; Hans-Jürgen Läms, Großhandelskaufmann, Bielefeld; Doris Landenbach, Lehrerin, Frankenthal; Bettina Landmesser, Diplom-Kauffrau, Hamburg; Karl M. Lang, Gymnasiallehrer i. R.,

Messingen; Ulla Lang, Bruchköbel; Siegfried Lange, Augenarzt, Ebstorf; Kurt Lange, Baustoffkaufmann, Solingen; Hellmut Lange, Lehrer i. R., Höningen; Julius Karl Langenberg, Realschullehrer a.D., Bonn; Hermann Langer, Rentner, Pappenheim; Dieter Langer, Wachtmeister, Heidenau; Gudrun Lappas, Rentnerin, Dürrholz; Hans Peter Lastovka, Buchhändler i. R., Freilassing; Stephan Laubach, Kreisvorsitzende Schüler Union Essen, Essen; Richard Lauber, Pensionär, Wien, Österreich; Werner Lauch, Buchhändler a.D., Mörfelden-Walldorf; Dr. Gerhard Lauch, Pensionär, Tornesch; Martin Lauer, Polizeiobermeister i. BGS, Amöneburg; Hans-Jürgen Laufer, Privatier, Kiedrich; Gudrun Launer, Rentnerin, München; Ulrich Lauterbach, Lehrer, Bad Vilbel; Klaus Lawrenz, Rentner, Ottersberg; Waldemar Legarth, Diplom-Verwaltungswirt, Rodgau; Rudolf Lehberger, Rentner, Erbach/Odw; J. C. Ludwig Lehmann, Lorch; Wolfgang Lehmann, Rimbach; Heinz-Otto Lehmann, Marineoffizier a. D., Wilhelmshaven; Erwine Lehming, Diplom-Sozialpädagogin, Köln; Walter Lehnert, Diplomingenieur, Recklinghausen; Horst Lehr, Bildjournalist, Berlin; Karl-Heinz Leibold, Facharzt, Kalbach; Gertrud Leimeister, Rentnerin, Offenbach; Erich Leinhart, Elektromeister, Bühl; Johann Leisl, Landwirt, Trostberg; Georg Leister, Sulzbach; Ruppert Leistner, Rentner, Giengen; Liselotte Leistner, Rentnerin, Giengen/Brenz; Anton Leitner, Rentner, Olching; Siegfried Leitner, Zahnarzt, Altenstadt; Wilfried Lemcke, Rentner, Neustrelitz; Christian Lemm, Student, Düsseldorf; Stefan Lenger, LA Assessor, Darmstadt; Hans-Jügen Lenk, Maschinenbauingenieur, Berlin; Rolf Lenz, Werbekaufmann, Hofheim; Werner Lenzing, Studiendirektor a.D., Überlingen; Hans-Joachim Leopold, Rechtsanwalt, Laatzen; Stefan Leschniok, Rechtsanwalt, Münster; Fritz Leßmüller, Elektro-Monteur, Cottbus; Klaus Letzelter, Pirmasens; Leslie Leuzinger, Lehrerin, Hamburg; Hilmar Levie, freiberufl. Ingenieur, Delitzsch; Uwe Lewerenz, Angestellter, München; Katharina Lezoch, Studentin, Düsseldorf; Dr. R. Lichtenfeld, Zahnarzt, Augsburg; Ortwin Lieb, Rentner, Düsseldorf; Dieter Lieberwirth, Diplom-Volkswirt, Stuttgart; Volker Liedtke, Rechtsanwalt, Reinbek; Joachim-A. Liedtke, Richter am Landessozialgericht a. D., Eckernförde; Fritz Likus, Apotheker, Solingen-Höhscheid; Horst Lill, Hauptbrandmeister i.R., Kaufering; Alexandra Maria Linder, Übersetzerin, Finnentrop; Wolfram Lindner, Fregattenkapitän a.D., Swisttal; Erich Lindner, Rentner, Trier; Hans-Werner Lingemann, Bankkaufmann, Bad Oeynhausen; Bert Link, Augenoptiker, Saarbrücken; Siegfried Link, Kaufmann, Dornhan; Gisela Linnemann, Dozentin i. R., Haren; Michael-Hermann Linnemann, Schüler, Einbeck; Ulrike Linnenbrink, Schriftstellerin, Neuenkirchen; Johann Lippenberger, Kaufmann, Offenbach; Christian Lipprandt, StR a.D., Dieburg; Karl-Ernst Lober, Leitender Angestellter a.D., Fahrdorf; Ekkehard Loch, Topograph, Lüdenscheid; Prof. Dr. Alfred Locker, Systemtheoretiker, Wien, Österreich; Markus Löcker, Dipl.-Kaufmann, Düsseldorf; Friedel Loebel, Fusspflegerin, Haigerloch; Prof. Dr. Klaus Loeschke, Arzt, Fürstenfeldbruck; Gisela Loeschke, Dipl.-Biblothekarin, Rottenburg; Dr. Friedrich Löffler, Chemiker, Wesseling; Gunther Löffler, Techn. Zeichner, Froschgrund; Norbert Lohbreyer, Jurist, Dresden; Lotte Lohde, Pensionärin, Hann Münden; Dr. med. W.H. Lohmann, Arzt i.R., Wuppertal-Elberfeld; David Lohrmann, Achern; Irene Loose, Realschullehrerin i.R., Celle; Lennart Lopin, Student, Rostock; Dr. Paul Lorenz, Arzt, Berlin; Hans Joachim Lorenz, Diplom-Chemiker, Magdeburg; Ilsemarie Lorenz, Kauffrau, Hannover; Gernot Lorenz, Lehrer, Bendorf; Peter Nikolaus Lorenz, Personalreferent, Heusweiler; Werner Lorenz, Rentner, Datterode; Wolfram Lorenz, Groß Santersleben; Stephan Lorenzen, Biochemiker, Berlin; Hans Lötzsch, Diplomingenieur, Bad Vilbel; Dr. Karl Löwer, Allgemeinarzt, Aschaffenburg; Kurt Lübeck, Diplomingenieur, Frankfurt; Karl Luck, Diplomingenieur, Hilter; Dr. Justus Lücke, Wirtschaftsprüfer, Velbert; Prof. Dr. Reinar Lüdeke, Hochschullehrer, Passau; Holger Lüdtke, Landwirt, Kiel; Rainer Ludwig, Studienrat, Lüdenscheid; Erhard Lug, Diplom Ingenieur / Leitender Baudirektor, Sinzing; Horst Lühmann, Rentner, Rausdorf; Karl-Heinz Lukas, Diplom Sozialpädagoge, Schwabenheim; Christian Lüken, Auszubildender, Schönberg; Horst Lundgreen, Mannheim; Dieter Lürssen, Brauer, Netphen; Dominik Lüth, Klavierbauer, Stolberg; Gertrud Lutosch, Gymnasiallehrerin i.R., Rotenburg; Manfred Lüttke, Unternehmer, Rheinstetten; Peter Lutze, Dipl.-Ing. (FH), Berlin; Ernsthelmut Maasch, Diplom-Volkswirt, Hamburg; Erika Mabrouk, Verwaltungsangestellte, Wiesbaden; Wolfgang Macht, Bankkaufmann, Oestrich-Winkel; Dieter Mack, Lebensmittelchemiker, Stuttgart; Dr. Werner Mäder, Leitender Senatsrat i. R., Berlin; Karl H. Magnet, Beratender Ingenieur, Wiesbaden; Hubert Mahlmeister, Dipl-Kaufmann, München; Ruth Mahr, Kunstgewerblerin, Berlin; Walter Mai, Fregattenkapitän a.D., Holzkirchen; Dr. Joseph Maier, Architekt und Bauforscher, Erlangen; Berthold Mainka, Rentner, Frickenhausen; Sven Makoschey, Beamter, Kahl; Dieter Mallon, Diplomingenieur, Hüttenberg; Dieter Malmer, Nürnberg; Hans-Georg Malskies, Rentner, Steinfurt; Karlheinz Mämecke, Werbeleiter i. R., Nürtingen; Wolfram Mandel, Diplom-Bibliothekar, Bielefeld; Heiko Mandel, Student, Eggenstein; Johannes Mandl, Rentner, Neuwied; Armin Mannbar, Kraftfahrer, St Wendel; Gudrun Manns, Oberstudienrätin i. R., Füssen; Rolf Manteufel, Diplom-Ingenieur, Bad Harzburg; Dr. Wolf Marguerre, Ingenieur i.R., Wachtberg-Villiprott; Horst Markert, Diplom-Ingenieur, Rostock; Horst Marsau, Gießerei-Ingenieur, Garbsen; Dr. Hartwig Martens, Altwittenbek; Kuno Martin, Prokurist i. R., Freiburg; Dieter

Martin, Schlosser, Wolfen; Stefan Marwede, Geschäftsführer, München; Marie-Luise Marwede, Kfm. Angestellte, München; Dr. Frigga Marx, Ärztin i.R., Dresden; Helmut Marx, Qualitätsberater, Heidelberg; Dirk-René Marx, Student, Mainz; Annekläre Mascus, Fulda; Hanns-Ferdinand Maßmann, Rentner, Bremen; Ulrich Mathies, Kaufmann, Valldemossa JB, Spanien; Christoph Mattern, Bankkaufmann, Hagen; Monika Mattern, Hausfrau, Hagen; Rolf Mattes, Postamtsrat a.D., Köln; Ulrich Matthes, Oberstleutnant a. D., Jena; Winfried Matthias, Pensionär, Dortmund; Bodo Matzat, Dipl.-Ing., Gotha; Hannelore Matz-Pranckel, Medizinisch Technische Assistentin, Hamburg; Prof. Dr. Hermann May, Wirtschaftswissenschaftler, Offenburg; Monika May von Helldorff, München; Wolfgang Mayer, Lehrer, Erfurt; Ingeborg Mayer, Lehrerin i.R., Stockach; Dr. Ingrid Alice Mayer, Rentnerin, Dresden; Richard Mayr, Rentner, Nürnberg; Yvonne Mechler, Erzieherin, Einbeck; Christina Mecking, Schülerin, Eschborn; Adolf Mecklenburg, Dozent für Marketing, Nürnberg; Walter Medinger, Schreiner, Neustadt; Leonore Meier, Hausfrau, Moorrege; Reinhold Meier, Regierungsbeamter a.D., Grafenwiesen; Gerhard Meier, Rentner, Uetersen; Peter Meier-Bergfeld, Journalist, Gratwein, Österreich; Johannes Meinhard, Realschullehrer i. R., Diekholzen; Dr. Hans Meiser, Rohrdorf; Katharina Meißl, Hausfrau, Eichenau; Lars Meissner, Bankkaufmann, Berlin; H.-O. Melior, Steinmetzmeister, Wildenbruch; Siegfried Mellinger, Ingenieur, Koblenz; Christopher Mellinghaus, Kaufmann, Peine; Franz Mensch, Rentner, München; Heinrich F. Menze, Rechtsanwalt, Schwalbach; Vanessa Menzel, Studentin, Kiel; Johannes Mergelmeyer, Oberstudienrat i.R., Witten; Anja Mersmann, Waghausen; Dr. Eckardt Mesch, Stud. Direktor, Oldenburg; Jörg Metelmann, Beamter, Neubrandenburg; Jörg Mettig, Diplom-Mathematiker, Freiburg-Kappel; Bernhard Mey, Fischer, Heikendorf; Thomas Meyer, Diplom-Ingenieur, Nürnberg; Felix Meyer, Heilpraktiker/Rentner, Neunburg; Albrecht Meyer, Jurist / Major d. R., Koblenz; Elmar Meyer, Lehrer i.R., Münster; Simon Meyer, Rechtsreferendar, Erlangen; Otto-E. K. Meyer, Rentner, Essen; Erika Meyer, Rentnerin, Zweibrücken; Wolfgang Meyer, Verwaltungsangestellter, Hamburg; Otfried Meyer, Unterschleißheim; Hermann Meyer, Hilpoltstein; Martin Meyer-König, Schüler, Meßkirch; Dr. B. Meyer-Krieghoff, Chemiker, Isernhagen; Bruno Michalski, Berlin; Horst Michel, Rentner, St. Ingbert; Christoph Michl, Pastor, Horneburg; Franz Mies-Holmer, Realoberlehrer i. R., Weisweil; Kay Mieske, Kreisvorsitzender der JUNGEN UNION Rostock, Rostock; Armin Migod, Maschinenbauingenieur, Wattenheim; Günther Mikulla, Lehrer a.D., Pantenburg; Peter Milchsack, Kaufmann, Feldberg; Manfred Millen, Malermeister, Altstrimmig; Dr. Hans Joachim Mischke, Abteilungspräsident, Frechen; Hans Joachim Mischke, Oberst a.D., Tutzing; Dr. med. Rolf Mischung, Hofheim; Christa Mittelsten-Scheid, Oberstudienrätin i.R., Wuppertal; Theodor Mittrup, Diplomvolkswirt, Berlin; Oliver Moelle, Reiseverkehrskaufmann, Donauwörth; Gerd Möhlmann, Krankenpfleger, Berlin; Dr. Rudolf Möhn, Hautarzt, Hanau; Siegfried Mohr, Diplom Ingenieur / Obergefreiter d. R., Kaiserslautern; Uwe Mohr, Köln; Christoph Möhring, Bankkaufmann, Hamburg; Heiko Möhring, Geschäftsführer, Düsseldorf; Hans-Joachim Moldenhauer, Verwaltungsbeamter i.R., Raisdorf; Oliver Mölle, Donauwörth; Heinz-Georg Möllenbrok, Landwirt i.R., Preetz; Axel Möller, Bürokaufmann, Stralsund; Helmuth Möller, Dipl.-Vw., Hamburg; Michael Möller, Geschäftsführer, Frankfurt; Willi Möllers, Rentner, St. Michaelisdonn; Hans Möller-Sahling, Diplom-Finanzwirt, Hasloh; Heinz Monnheimer, Unternehmer i.R., Gras-Ellenbach; Dr. Bernhard Mönnighoff, Oberstudiendirektor a.D., Wilhelmshaven; Giuseppe Monticelli, Software-Entwickler, Hamburg; Dr. Werner Mörath, Industrieberater, Meerbusch; Martin Moravec, Investment-Banker, München; Markus Mörl, Medienkaufmann, Bad Camberg; Hayo Moroni, Rechtsanwalt, Norderney; Rudolf Moroschan, Busfahrer, Wiesbaden; Lieselotte Mosler, Rentnerin, Bad Homburg; Dr. Markus Motschmann, Chefarzt, Haldensleben; Peter Mottinger, Verwaltungsangestellter, Hamburg; Jürgen Mottner, Diplomingenieur, Marburg; Martin Peter Muck, Beamter, Bruchweiler-Bärenbach; Bernd Muckenschnabel, Verkaufsdirektor, Barsbüttel; Dr. P. Mühlbradt, Zahnarzt, Eningen; Christof Mühling, Rechtsanwalt, Mannheim; Manfred Müller, Autor, Neuss; Horst Müller, Bäckermeister i.R., Saarbrücken; Arno Müller, Diplomingenieur, Ubstadt-Weiher; Jeannette Müller, Fremdsprachensekretärin, München; Brigitte Müller, Hausfrau, Neunkirchen; Prof. Dr. Horst Müller, Hochschullehrer, Denzlingen; Thomas Müller, Kaufmännischer Angestellter, Berlin; Christian Müller, Kaufmännischer Angestellter, Essen; Baal Müller, Literaturwissenschaftler, München; Klaus Müller, Lokführer, Dallgow; Tobias Müller, Meister ET, Dresden; Hans Müller, Oberstleutnant a.D., Köln; Heinz Müller, Pensionär, Aldingen; Roderich Müller, Professor i.R., Bad Aibling; Günter Müller, Realschullehrer i. R., Gelnhausen; Elfriede Müller, Rentner, Berlin; Manfred Müller, Rentner, Wolfsburg; Walter Müller, Rentner, Lippstadt; Dr. Rudolf Müller, Studiendirektor i. R., Waging; Hansjörg Müller, Unternehmer, Bayreuth; Frank Müller, Volkswirt, Stahnsdorf; Rudolf Müller, Berlin; Prof. Dr. G. Müller-Schwefe, Univ.-Prof., Tübingen; Roman Müllner, Unternehmer, Gauting; Reinhard Mummelthey, Mathematiker/Gefreiter, Geltow; Peter Mundt, Rechtsanwalt, Magdeburg; Harald Mundt, Superintendent a.D., Esens; Oliver Muschiol, Nachhilfe-Lehrer, Münster; Dr. Peter Mussi, Rechtsanwalt, Klagenfurt, Österreich; Gernot Muthig, Beamter i.R., Hünstetten-Limbach; Michael Mutz,

Leitender Verwaltungsdirektor, Berlin; Dr. Milan Muzinic, Menschenrechtler, Rijeka, Kroatien; Prof. Dr. H. Nachtigall, Marburg (Lahn); Erwin Nader, Sparkassendirektor i.R., Parsberg; Christian Näser, Kfm. Angestellter, Nümbrecht; Dr. Helmut Naue, Arzt, Capri/Na., Italien; Walter Naumann, Rentner, Weilmünster; Dr. Heinz Nawratil, Notar, Friedberg; Olaf Neitzel, Kaufmann, Berlin; Peter Nennstiel, Kapitän, Vollersode; Dr. Georg Nesemann, Biologe, Hofheim-Lorsbach; Eduard Neudert, Diplomingenieur, Dieburg; Dr. Franz Neuendorff, Arzt für Allgemeinmedizin i.R., Oberursel; Heinz Neuhaus, Direktor i.R., Seelze; Helmut Neuss, Konteradmiral a.D., Kiel; Kimon-Adolf Neusser, Realschullehrer i.R., Wunsiedel; Hans Niefanger, Schulleiter a.D., Dortmund; Dr. Wolfgang Niehoff, beratender Geologe, Marsberg; Dr. H. G. Niemann, Arzt, Alfeld; Jochen Niemeyer, Studiendirektor i.R., Berlin; Achim Nieroda, Diplomingenieur (FH), Halle; Horst Niewidok, Lehrerin, Hemmingen; Horst Nistripke, Rentner, Halle; Helmut H. Nitsche, Beamter i.R., Gladbeck; Ursula Nitschke, Sängerin, Berlin; Hans W. Noack, Fregattenkapitän a.D., Nortorf; Maria Noack, Ahrensburg; Martin Noack, Student, Berlin; Gaston Nogrady, Markersbach; Detlef Nolde, Berlin; Alexander Noll, Bürstadt; Dr. Dagobert Nolte, Pensionär, Wiesbaden; Dr. Manfred Nopper, Rechtsanwalt, Stuttgart; Dr. Claus H.R. Nordbruch, Publizist, 0041 Die Wilgers Südafrika, Südafrika; Dejan Novak, Student, Düsseldorf; Johannes Nowak, Rechtspfleger i. R., Berlin; Klaus Nubian, Diplom-Ingenieur, Braunschweig; Hardo Obergefell, Diplom-Kaufmann, Duisburg; Klaus Oehme, Abfalltechniker/Fahrlehrer, Marienheide; Michael Oelmann, Herausgeber des WIRTSCHAFTSBLATTES, Hilden; Hermann Oetlinger, Dipl.-Informatiker (FH), Grenzach-Wyhlen; Friedrich Oettler, Selbstständiger, Wachtberg; Helge Ohlsen, Müllereitechniker, Hamburg; Markus Ohr, Kaufmännischer Angestellter, München; Horst Ollech, Lehrer, Buseck; Werner Olles, Publizist, Frankfurt; Klaus Dieter Oltrogge, Beamter, Bremen; Johannes Ordemann, Redakteur, Minden; Rita Orehovsky, Rentnerin, Würzburg; Dr. Erhard Orthgieß, Diplom Chemiker, Dresden; Peter Osländer, Elektriker, Stuttgart; Lüder Osmers, Oberstleutnant a.D., Hamburg; Helga Ost, Rentnerin, Regensburg; Martin Ostemer, Diplomingenieur, Leinach; Frank Otte, Student, Münster; Achim Ottersbach, Versicherungsvertreter, Bodenheim; Dr. Klaus Otto, Facharzt für HNO, Mannheim; Erhard Otto, Postbeamter i. R., Bad Berleburg; Rolf Otto, Rentner, Bad Vilbel; Anton Otto, Rentner, Biberbach; Detlef Otto, Kusterdingen; Emel Özdemir, Studentin, Nusplingen; Siegfried Pahlke, Lakiermeister, Löwenstein; Ivar Panga-Kronberg, Diplomingenieur, Architekt, Weimar; Walter Pannbacker, Student, Kiel; Markus Papastawru, Zahnarzt, Hamburg; Dr. Helmut Pape, Rentner, Kassel; Roland Pappa, Oberstudienrat, Jevenstedt; Volker Paquet, Physiker, Mainz; Ulrich Pätzold, Schöllnach; Günther Paulini, Dipl.-Ing., Memmingen; Dr. Hermann Pauls, Rechtsanwalt, Wiesbaden; Dietmar Paulun, Rentner, Bergisch Gladbach; Ralf Paulus, Krankenpfleger, Rinteln; Dr. Egbert Pauly, Köln; Ferdinand Peitz, Oberingenieur i.R., Bad Reichenhall; Prof. Dr. Ulrich Penski, Hochschullehrer, Hilchenbach; Dr. Heribert Pernes, Wirtsch. Lehrer i.P., Menden; Christian Pernhorst, Jurist, Kapitänleutnant d.R., Berlin; Henrik Peter, Diplomverwaltungswirt (FH), Eschenbach; Romain Petitjean, Student, Boulogne Billencourt, Frankreich; Oskar Petry, Gärtnermeister, Euskirchen; Dr. Christian Petzke, Pensionist, München; Manfred Petzold, Diplomingenieur, Leipzig; Helga Pfaff, Rentnerin, Berlin; Konrad Pfaffenritter, Oberstudienrat, Schwabach; Dr. Gerald Pfau, Angestellter, Hattersheim; Friedmar Pfeiffer, Dipl.-Ökonom, Leipzig; Wolfgang Pfeiffer, Gefreiter, Stuttgart; Mario Pfeiffer, Schlosser, Potsdam; Wolfram Pflug, em. Universitätsprofessor, Bispingen; Horst Philipowski, Wirtschaftsjurist, Pliezhausen; Gerrit Piechottka-Zölitz, Angestellter, Kiel; Johann Piehler, Hamburg; Dr. Arno Pielenz, Germanist, Gallinchen; Dr. Stefan Pienkny, Unternehmensberater, Schwabach; Dr. Klaus Pillhatsch, Nervenarzt, Regensburg; Dr. med. Erich Pillwein, Zahnarzt i. R., Aichwald; Konrad Pingel, Oberstleutnant a.D., Illerkirchberg; Dr. Friedrich Pirkl, Arzt, Ingolstadt; Dr. Hans Pirzer, Chemiker, Frankenthal; Hans-Ulrich Pittner, Zahnarzt, Güster; Fritz Plamper, Pensionär, Weiden; Andy Plank, Montagearbeiter, Dörrenbach; Jürgen Plank, Studienrat, Buch; Mechthild Plassmann, Oberstudienrätin i. R., Hamburg; Willi Plesetz, Busfahrer, Reichenbach a. d. Fils; Werner Pletscher, Rentner, Niefern-Öschelbronn; Philip Plickert, Student, München; Michael Plock, Selbstständig, Remscheid; Manfred Plöckinger, Versicherungsfachwirt, Freyung; Ansgar Plogmeier, Diplom-Ingenieur, Eppelheim; Wilfried Plug, Buchholz; Gernot Poferl, Betriebsleiter, Aalen; Konrad Pohl, Rentner, Ingolstadt; Hannelore Pohlenz, Kassel; Wolfgang Pohlmann, Oberstudienrat, Wuppertal; Mario Polanschek, Techn. Angestellter, Griesheim; Brigitte Pölert, Lehrerin, Höxter; Frank-D. Pölert, Oberstudienrat , Höxter; Svea Eilike Pölert, Studentin, Heidelberg; Michael Pollert, Rechtsanwalt, Salem; Dr. Hagen Polster, Arzt, Mielkendorf; Dr. Gerhard Popp, Diplom-Ingenieur, Nordendorf; Wolfgang Popp, Rechtsanwalt i. R., Nürnberg; Dr. Artur Pöschl, Diplom-Geologe, Friedberg; Günter Poser, Konteradmiral a.D., Bonn; Timo Pradel, Leitender Angestellter, Iserlohn; Dr. Peter Pralle, Hochschullehrer, Nürnberg; Hans-Jürgen Prange, Vertriebsassitent, Berlin; Dr. Herwig Praxl, Jurist, Stuttgart; Hans-Joachim Presche, Diplom-Ing., Kaarst; Helmut Preuß, Diplomingenieur, Bornheim; Peter Jürgen Pricelius, Rentner, Bremen; Sebastian Prinz, wissenschaftlicher Mitarbeiter, Berlin; Dietmar Pröger, Projektberater, Eschwege; Hans Prömm, Diplom-Volkswirt, Todtnau-Schlechtnau; Alois Przybyla, Angestellter/Rentner, Verweiler; Otto Pulch, Ingenieur, Stutensee; Siegfried Pültz, Schulleiter a.D., Siegsdorf; Gottfried Pürzel, Kirchheim; Ulrich Quante, Oberst a. D., München; René Queren, Student, Nürnberg; Volkhard Quitsch, Makler, Tübingen; Ingmar Quitsch, Vertriebsleitung, Nordheim; Michael Rabe, IT-Berater, Berlin; Andreas Rabenstein, Student, Jena; Dr. Roland Rack, Zahnarzt / Oberstabsarzt d. R., Kißlegg; Max Raddatz, Kaufmann i. R., Berlin; Otto Rademacher, Rentner, Langdorf; Wolfgang Radlinger, Pilot , Kloten, Schweiz; Dr. Marius Radtke, Berlin-Weißensee; Dr. med. Siegfried Rahn, Siegen; Axel Raisch, Student, Eislingen; Wolfgang Ramin, Beamter, Berg. Gladbach; Hans Rantz, Rentner, Stolberg; Dr. Sigrid Rapp, Oldenburg; Ludwig Rappel, Beamter, Regensburg; Elisabeth Raschhofer, Hausfrau, Burghausen; Helmuth Rath, Rechtsanwalt, Ottobrunn; Axel Rathjen, Diplomingenieur, Karlsruhe; Heinrich F. Rathjen, Geschäftsführer, Achim; Rolf Rathke, Stadtbaudirektor, Sipplingen; Eberhard Rathnow, Rentner, Trebbin; Bodo Rathsburg, Frankfurt; Bernd Ratz, Oberstudienrat i. R., Nidda; Andreas Rau, Rechtsanwalt, München; Hermann Raum, Ing. grad. i.R., München; Günther Rausch, Dipl.Ing. (FH), Kempten; Ludwig Rausch, Ingenieur, Weinheim; Herbert Rauter, Werbeberater, Karlsruhe; Erich Reckziegel, Diplomingenieur i.R., Düsseldorf; Ursula Redinger, Hausfrau, Lauben; Klas Reese, Diplomingenieur, Sien; Dr. Wilhelm Reese, Oberstudienrat, Friedenweiler; Karl-Heinz Rehnert, Chefredakteur, Stutensee; Günter Reich, Lehrer, Berlin; Anette Reichel, Dipl.-Anglistin, Ginsheim-Gustavsburg; Dr. Wolfgang Reichel, Oberursel; Tilmann Reichelt, Physiker, Bonn; Reinhold Reichert, Richter i.R., Ratingen; Horst Reichmann, Diplomingenieur, Lauf; Alfred Reif, Verkaufsingenieur a.D., Nürnberg; Karl Reif, Kulmbach; Manfred Reifegerste, Lehrer, Brand-Erbisdorf; Günter Reimer, Kaufmann, Bad Soden; Norgard Reimer, Kitzbühel, Österreich; Renate Reimold-Heinemann, Oberstudienrätin a.D., Schleching; Eberhard Reincke, Softwareentwickler, Berlin; Andre Reinecke, Diplomingenieur, Berlin; Dr. Winfried Reinke, Langenberg; Dr. Lothar Reinsch, Rechtsanwalt, Wuppertal; Helmut Reinstein, Holzkirchen; Helga Reintrock, Rentnerin, Idstein; Jörg-Helmuth Reinwein, Diplom-Volkswirt, Frankfurt; Hermann Reisch, Industriekaufmann i. R., Berlin; Alexander Reisewitz, Student, Düsseldorf; Ewald Paul Reiß, Bergmann i.R., Merzig; Wolfgang Renter, Pastor i.R., Kassel; Eberhard Retter, Lehrer, Ulm; Dr. Christian Reuleaux, Jurist, Hannover; Erwin Reus, Rektor Oberstd.R., Scheßlitz; Hermann Reuscher, Generalbevollmächtigter a.D., Celle; Harald Reuter, Küchenmeister, Großhandsdorf; Prof. Dr. Rolf Reuter, Berlin; Jürgen Rexer, Metallkundler, Schnaittach; Dieter Rheinberger, Gerichtspräsident a.D., Hamburg; Margarete Richter, Hausfrau, Lenzkirch; Gesche Richter, Lehrerin a.D., Karlsruhe; Lothar Richter, Oberstleutnant, Köln; Hartmut Richter, Referent, Berlin; Hans Richter, Rentner, Altenholz; Hans Riechers, Ingenieur i.R., Tönisvorst; Walter Rieck, Kaufmann, Bremen; Jürgen Rieck, Rentner, Eschborn; Knut Riehmer, Diplomingenieur (FH), Kospoda; Thomas Riemer, Apotheker, Otterndorf; Joachim Ringwald, Frankfurt am Main; Klaus Rink, Polizeibeamter i.R., Wölfersheim; Waltraud Rink, Wölfersheim; Wolfgang Risch, Diplom-Betriebswirt (FH), Wiesbaden; Manfred Ritter, Regierungsdirektor, Nürnberg; Wolfgang Röckelein, Verkaufsleiter a.D., Eching; Hans Röder, Kaufmann, Berlin; Lothar Rodermund, Rentner, Wolfenbüttel; Albert Rodewald, Tischlermeister, Hermannsburg; Hans-Joachim Roesner, Rentner, Hamburg; Martin Rogge, Polizeivollzugsbeamter im BGS, Berlin; Robert Rogge, Schüler, Bremen; Hans Rohde, Rentner, Köln; Manfred Rohde, Werkmeister i. R., Fritzlar; Stephan Rohner, Student, Leipzig; Margarete Rohrdantz, Rentnerin, Bad Schwartau; Wolfgang Röhreke, Lüneburg; Daniel Rohrig, Student, Rosdorf; Dr. Klaus Rohwedder, Bonn; Gunter Roller, Zahnarzt, Raisdorf; Ingrid Roloff, Hamburg; Prof. Dr. G. Romberg, Universitätsprofessor, Bovenden; Gigi Christel Romeiser, Chemotechnikerin, Maintal; Werner Römhildt, Diplom-Physiker, Nürnberg; Dr. Kurt Rommel, Rechtsanwalt, Neustadt; Wilhelm Röper, Diplomingenieur, Heilbronn; Thomas Roscher, Diplom-Kaufmann, Zeestow; Markus Roscher, Berlin; Wolfgang Rosenberg, Altenpfleger, Berlin; Rainer Rosenberg, Techniker, Rellingen; Timm Rosentahl, Jurist, Hamburg; Hermann Roser, Angestellter, Markgröningen; Dr. Günter Rosin, Kronberg; Peter Rossa, Elektriktechniker, Heppenheim; Nadine Roßbach, Studentin, Rostock; Werner Roßbach, Nürnberg; Kurt Roßberg, Oberamtsrat a.D., Kassel; Dr. Manfred Roßkopf, Straubing; Horst Rössler, Diplom-Ingenieur, Filderstadt; Dr. Kurt Rost, Wiesbaden; Robert Roth, Oberstudienrat a.D., Gau Algesheim; Gerhard Roth, Raumausstattermeister, Langenlonsheim; Dr. Albrecht Rothacher, Singapur, Singapur; Stefan Rothbauer, Student, München; Gerd Rothe, Trauersprecher, Bad Oeynhausen; Dr. Wulf Rothenbächer, Arzt, Rheda-Wiedenbrück; Mathias Röthinger, Diplom-Ökonom, Harburg; Otti-Marianne Roth-Meihöfer, Kaufmännische Angestellte, Köln; Peter Roths, Forstdirektor a. D., Ensch; Ingrid Rottengatter, Rentnerin, Unterhaching; Wilhelm Röttger, Landwirt i.R., Espelkamp; Michael Rubsch, Reichertshausen; Jürg Rückert, Arzt, Herbertingen; Hans-Georg Rudat, Baumeister, Oberstaufen; Gerhard F. Rudi, Oberst a.D., Bad Herrenalb; Ferdinand Rühe, Landwirt, Steinlah; Karl-Jürgen Rulff, Großhansdorf; Klaus Rümmler, Diplom-Pädagoge i.R., Brand-Erbisdorf; Alexander Ruoff, Unternehmensberater, Brüssel, Belgien; Michael Ruoff, Volkswirt, Brüssel, Belgien; Dr. Nikolaus Ruppenthal, Oberfeldapotheker d. R., Ingelheim; Heinz Ruppert, Rentner, Gelsenkirchen; Fritz Ruröde, Syke; Klaus Rutschmann, Zolloberamtsrat i.R., Ketsch; Brüder Manfred Rzany, Rentner, Viernheim; Bernd Saatzen, Pensionär, Achim; Alfred Sagner, Oberst a.D., Bonn; Claus Saloher, Grünwald; Johanna Salviti-Richter, Einzelhandelskauffrau, Mörschied; Leo Sand, Polizeibeamter i.P., Herrieden; Gisela Sanitz, Richterin i.R., Berlin; Roland Sattler, Dipl.-Informatiker, München; Karl Sattler, Major a.D., Landshut; Herbert Sauer, Pensionär, Schwelm; Axel Sauer, Unternehmensberater, Bad Salzuflen; Alexander Sauerland, Bauingenieur, Hamburg; Dr. Gerhard Sauermann, Mathematiker, Germering; Rolf Schaab, Oberstleutnant a.D., Bornheim; Helma Schaalo, Hausfrau, Pforzheim; Dr. Ekart Schaarschmidt, Dr.- Ingenieur, Waldbronn; Hermann Schaber, Karlsruhe; Martin Schade, Schüler, Chemnitz; Prof. Dr. Peter Schade, Freudenstadt; Peter Schadt, Kaufmann, Wiesbaden; Kurt A. Schaefer, Rentner, Vierden; Hans-Peter Schäfer, Diplomingenieur (FH), Sinzig; Manfred Schäfer, Pensionär, Issum-Sevelen; Eduard Schäfer, Zahnarzt, Berlin; Dr. Ekkehard Schaffner, Gynäkologe, Seeheim-Jugenheim; Eckart Schairer, Beratender Ingenieur, Stuttgart; Bernd Schaller, KFZ-Meister, Münchberg; Siegfried Schanno, Fahrlehrer, Alpirsbach; Rudolf Scharff, Rentner, Ludwigsburg; Gerhard Scharnick, Industriekaufmann, Birkenau; Eberhardt Schatz, Beratender Betriebswirt, Modautal; Florian Schaurer, Abiturient, Mannheim; Wolfgang Scheel, Schiffsingenieur, Lübeck; Alexander Scheid, Wirtschaftsinformatiker, Hofheim am Taunus; Dr. Hans-Christoph Scheiner, Arzt, München; Dr. Siegfried Scheipers, Iserlohn; Konrad Schellbach, Diplomingenieur, Kirchseitz; Mathias Schelle, Rentner, Fußstall; Prof. Dr. Michael Schenke, Professor für Informatik, Merseburg; Egon W. Scherer, Redakteur i.R., Neustadt; Herbert Scherner, Volksschullehrer a.D., Wadersloh; Rocco Schettler, Reiseverkehrskaufmann, Hamburg; Axel Schick, Privatdozent, Düsseldorf; Dr. Manfred Schidlowski, Hochschullehrer, Nieder-Olm; Karl Schiele, Köln; Claudia Schier, Studentin, Langebrück; Erhard Schiertz, Buchdrucker, Leipzig; Dr. Paul Schießl, Stolberg; Dr. Wolf-Erich Schiffers, Referent, Düsseldorf; Elke Schiffers, Rektorin, Bad Honnef; Dr. Stefan Schilling, Arzt / Oberstabsarzt d. R., Trier; Frank Schilling, Diplom-Betriebswirt, Berlin; Horst Schilling, Diplom-Verwaltungswirt (FH), Hannover; Sven Schilling, Landschaftsgärtner, Alfdorf; Ellen Schimmer, Erzieherin, Jockgrim; Hans Schinkel, Staatlich geprüfter Masseur, Horst; Hans-Heinrich Schirmer, Lehrer i. R., Elmshorn; Simon Schirrmeister, Groß-Außenhandelskaufmann, Eislingen; Reiner Schlechtriemen, Sozialarbeiter, Frankfurt; Max Schlegel, Rentner, Frankfurt; Wilhelm Schlegel, Lohmar; Karin Schleiffer, Medizin.-techn. Assistentin, Schleswig; Ernst Schlemm, Freiberufler, Syke; Johannes Schlesinger, Studiendirektor, Köln; Eberhard Schlicht, Rechtsanwalt, Torgau; Karl-Adolf Schlitt, Landrat a.D., Kiel; Heinz Georg Schlöder, Diplom-Physiker, Troisdorf; Werner Schlumberger, Dipl.-Vw., Untersteinbach; Thomas Schmalz, Stadtoberverwaltungsrat, Karlsruhe; Dietrich Schmeling, Rentner, Eckernförde; Georg K. Schmelzle, Berufsschullehrer, Norden; Rosmarie Schmid, Hausfrau, Biberach; Klaus Schmider, Hochschuldozent, GU 15 4PQ Surrey Camberley, Großbritannien; Thomas Schmidt, Angestellter, Luckenwalde; Günter Schmidt, Architekt, Berlin; Dieter Schmidt, Beamter i. R., Fuldabrück; Thomas Schmidt, Dipl.-Ing., Brünn; Udo Schmidt, Dipl.-Ing., Gefr. d. R., Berlin; Eugen Schmidt, Diplom Physiker i.R., Baden-Baden; Dr. Elmar Schmidt, Fachhochschullehrer, Physiker, Gaiberg; Dr. H. Schmidt, Geologie Direktor a.D., Hannover; Helga Schmidt, Hausfrau, Gummersbach; Ursula Schmidt, Hausfrau und Pflegerin, Kirchen; Egon Schmidt, Journalist, München; Hansjürgen Schmidt, Komponist, Jena; Horst Schmidt, Kraftwerksmeister, Waghäusel; Hartmut Schmidt, Lehrer, Northeim; Erich Schmidt, Frankfurt; Dietrich Schmidt, Rentner, Tostedt; Otto Schmidt, Rentner, Hamburg; Helmut Schmidt, Rentner, Bruchköbel; Gerhard Herman Willi Schmidt, Rentner, Kelkheim; Georg Schmidt, Schreiner, Nürtingen; Mechthild Schmidt, Sekretärin, Hamburg; Jens Schmidt, Student, Karlsruhe; Wolfgang Schmidt, Studiendirektor a.D., Gummersbach; Christian Schmidt-Hönow, Diplom-Ingenieur, Germering; Brigitte Schmidt-Klasen, Selbst. Luftverkehrskauffrau, Hochheim; Christoph Schmidt-Krayer, Unternehmer, Berlin; Jochen Schmitt, Referendar, Passau; Konrad Schmitt, Münster; Wilhelm Schmitz, Rentner, Frankfurt; Josef Schmöger, Maschinenbauingenieur, Würzburg; Heinz Schmolke, Pensionär, Stuttgart; Dr. Dieter Schneider, Arzt, Grebin; Erich Schneider, Kaufmann, Bad Neustadt; Helmut Schneider, Lehrer i. R., Kreuztal; Dietrich Schneider, Rentner, Oldenswort; Karl Heinz Schneider, Rentner, Eriskirch-Mariabrunn; Elisabeth Schneider, Rentnerin, München; Dr. Hans Peter Schneider, Steuerberater i. R., Weinheim; Reiner Schneider, Stimm- u. Sprachheillehrer, Berlin; Matthias H. Schnieders, Jurist, Idstein; Christian Schnoor, Student, Kiel; Erich Schnurbusch, Gärtner, Hildesheim; Roland Schnürch, Publizist, Düsseldorf; Hans-Peter Schoch, Diplomingenieur, Öhringen; Burkard Schoch, selbständiger Kaufmann, Berlin; Jürgen Schöck, Arbeiter, Andechs; Fabian Schöck, Student, Erlangen; Artur Schödel, Studiendirektor, Pegnitz; Andreas Schoemaker, Student der Rechtswissenschaft, Essen; Eva Schoenherr, Rentner, Berlin; Eggert Schoeniger, Biologe, Bad Moisburg; Kurt Schöfisch, Diplom-Betriebswirt, Düsseldorf; Heinz Schollwöck, Hausverwalter, Berlin; Dr. Dirk Otto Scholz, Arzt, Berlin; Christian Scholz, Call-Center Agent, Köln; Ilse Schönbein, Heilpraktiker, Seeheim-Jugenheim; Dieter Schöne, Diplom-Kaufmann, Remkersleben; Werner Schönmann, Diplomingenieur (FH),

Neuhofen; Helmut Schöpf, Rentner, Kulmbach; Hermann Schoppe, Erfurt; Wilfried Schöppner, Nottuln; Wolfgang Schorm, Abteilungspräsident a.D. im BKA, Taunusstein; Prof. Dr. Rudolf Schöttler, Bergisch Gladbach; Michael Schreiner, Heilenerziehungspfleger, Heinsberg; Peter A.M. Schreyer, Bad Salzuflen; Prof. Dr. Helmut Schröcke, Kottgeisering; Dr. Jörg Schröder, Dipl.-Forstwirt, Eberswalde; Helmut Schröder, Generalmajor a.D., Koblenz; Edmund Schröder, Kaufmann, Hamburg; Torsten Schröder, Kaufmann, Steinheim; Berthold Schröder, Oberstudienrat, Sundern; Peter Schröder, Postbote, Moselkern; Dr. med. Klaus Schröder, Zahnarzt, St Ingbert; Matthias Schroetel, Goldschmied, Senftenberg; Joachim Schroetel, Goldschmiedmeister i.R., Senftenberg; Willy Schroeter, Autor und Ethnologe, Hamburg; Ulrich Schroeter, Oberst a.D., Strausberg; Helmut Schropp, Oberstudienrat i.R., Bamberg; Prof. Dr. Karsten Schrör, Arzt, Frechen; Dr. Elke Schrör, Ärztin, Frechen; Stephan Schubert, Betreuer, Halle; Heinrich Schubert, Oberstleutnant a.D., Planegg; Gerhard Schubert, Rentner, Seßlach; Jörg Schubert, Webdesigner, Berlin; Raimond Schuboth, Schuster, Hof; Karl-Heinz Schuck, Diplom Betriebswirt (FH) / Feldwebel d. R., Idar-Oberstein; Norbert Schücking, Kaufmann, Elmshorn; Andreas Schuldt, Dipl.-Volkswirt, Wismar; Walter Schuldt, Polizeudirektor, Warnow; Manfred Schulenberg, Diplom-Verwaltungswirt (FH), Schwedeneck; Karl-Heinz Schüler, Oberamtsrat a.D., Baden-Baden; Johannes Schüller, Schüler, Chemnitz; Heinz-Franz Schulte, Beamter i.R., Münster; Gert Schultz, Landrat a.D., Klink OT Eldenburg; Christian Schultz, Hambergen; Helmut Schultze, Rentner, Wachenroth-Buchfeld; Dietrich Schulz, Oberstleutnant a.D., Rödental; Ekkehard Schulz, Rentner, Berlin; Werner Schulz, Rentner, Eggersdorf; Dietmar Schulz, Technischer Zeichner, Essen; Werner Schulz, Bonn; Jan-Andreas Schulze, Diplom-Politologe, München; Rolf Schulze, Oberstleutnant a.D., (MAD), Altdorf; Dr. Björn Schumacher, Jurist, Saarbrücken; Eugen Schumm, Übersetzer und Dolmetscher, Bamberg; Hardi Schumny, Dipl.-Betriebswirt, Blaustein; Falk-Hubertus Schütz, Jurist, Wuppertal; Dieter Schütz, München; Reinhard Schwabe, Diplom-Kaufmann, Much; Peter Schwabenthan, Diplom-Kaufmann, München; Otto Schwabenthan, Pensionär, München; Rainer Schwahlen, Diplom-Volkswirt, Düsseldorf; Michael Schwarz, Auszubildender im Einzelhandel, Essen; Rudolf Schwarz, Diplom-Ingenieur, Wolfsburg; Käthe Schwarz, Kontoristin, Offenburg; Olaf Schwarz, Lehrer, Neuenkirchen; Dr. Georg Schwarz, Staatsanwalt i.R., Wetzlar; L. Schwarzenfeld, Maler, Buenavista DN Tenerife, Spanien; Klaus Schwarzer, Versicherungsfachwirt, Oberhausen; Richard Schwarzmeier, Schlosser, Schrobenhausen; Heide Schwebel, Apothekerin, Immenhausen; Thomas Schwed, Student, Billigheim; Roger Schwedes, Polizeikommissar, Hattingen; Dieter Schwenkel, Diplomingenieur, Metzingen; Rosemarie Schwenkert, Krankengymnastin, Landshut; Dr. Renate Schweyen-Ott, Heilpraktikerin, München; Steve Schwittek, Kriminalbeamter, Berlin; Holger Scupin, Beamter, Barsinghausen OT Groß M; Lorenz Sedlmeir, Rentner, Feldkirchen; Markus Seebass, Beamter, Berlin; Ronald Seegert, Angestellter, Hamburg; Claria Seehase, Diplom-Sozial-Pädagoge, Borgentreich; Alfons Seelau, Zollbeamter i.R., Straelen; Holger Seelheim, Kriminalbeamter, Bad Honnef; Wolfgang Seelig, IT-Berater, Friedberg; Oliver Seidel, Diplom-Informatiker/Dozent, Grünheide; Karin Seidel, Studentin, Grünheide; Hermann Seidenberg, Historiker für Technik, Essen; Martin Seifert, Bankkaufmann, Werne; Berthold Seifert, Kaufmännischer Angestellter, Eibelstadt; Herbert Seifert, Rentner, Lünen; Jörn Seinsch, Steuerberater, Gummersbach; Friedrich Seitz, Rentner, Hanau; Sven Selbmann, Rechtsanwalt, Itzehoe; Werner Seligmann, Rentner, Weilheim; Dr. Robert Sellmeier, Physiker, Ennepetal; Helmut Selter, Rentner, Iserlohn; Reinher M. Seuffer, Techniker, Oberreichenbach; Klaus Sieben, Diplom Kaufmann, Leverkusen; Roland Siebert, Ausbildungsleiter, Neuental; Günter Siebold, Diplom-Sportlehrer, Burscheid; Christine Sieling, Agentur, Oberndorf; Sigrid Simon, Lehrerin i.R., Leipzig; Karl-Heinz Simon, Postbeamter, Neufahrn; Günter Singmann, Diplomingenieur, Hamburg; Gaby Sinzig, Bonn; Uwe Skibba, Angestellter, Mörfelden-Walldorf; Günter Slotta, Ingenieur i.R., Lübeck; Wolfgang Sobainsky, Lehrer, Karben; Adrian Sobek, Angestellter, Dortmund; Maximilian Sobota, Journalist, Kefenrod; Michael Soennichsen, Kaufmann, Quickborn; Hedi Soldner, Lehrerin a.D., München; Karl-Heinz Sommer, Bürokaufmann, Erfurt; Hans Jürgen Sommer, Staatsanwalt a.D., Winsen; Gottfried Söntgen, Rentner, Brühl; Hans Georg Spangenberger, Angestellter, Hameln; Dr. Erhard Spengler, Oberstudienrat, Stuttgart; Elisabeth Spensberger, Sekretärin i.R., München; Hans J. Spiekermann, Industriekaufmann, Düsseldorf; Heinz Spiekermann, Rentner, Basedow; Dr. Gisela Spieß, Oberstudienrätin, Freiburg; Martin Spieß, Schuhmacher, Berlin; Wolfgang Spindler, Seelsorger, Ellwangen; Dr. Franz Spitzauer, Beamter, Salzburg, Österreich; Rüdiger Spitzenberger, Sinsheim; Gerda Spöcker, Rentnerin, Waldenbuch; Hans Georg Sporer, Korrektor, Frankfurt; Monika Sprengel, Dipl.-Biologin, Berlin; Karl Nikolaus Spürgin, Rentner, Emmendingen; Hasso G. Stachow, Journalist, Gauting; Dr. Walter Staffa, Arzt, Nürtingen; Dr. Walter Staffa, Nürtingen; Jürgen Stahf, Journalist, Trebel; Christian Stahl, Regensburg; Alfred Stähler, Rentner, Kreuztal; Gerd Stamer, Unternehmensberater, Wedemark; Waldemar Stanko, Rentner, Dortmund; Dr. med. F-W. Stapperfenne, Kalletal; Manfred Staundt, Oberstudienrat, Neunkirchen; Heinz Stechbart, Polizeihauptkommesar a.D., Berlin; Karl Steffen, Selbständ. Dipl. Ing., Gera; Wilhelm Steffen, Steuerberater, Melle; Albrecht Steimle, Ingenieur, Stuttgart; Hubert Steimle,

Kundendienstleiter, Stuttgart; Hans-Werner Stein, Isernhagen; Wilfried Steinberg, Industrie-Kaufmann, Eisenhüttenstadt; Jan-Dieken Steinbömer, Notar a.D., Aurich; Jürgen Steinborn, Beamter i. R., Dietzenbach; Herbert Steinjan, Diplom-Volkswirt, Ockenheim; Diether Steinke, Oberstudienrat a.D., Nordenham; Jürgen Stelter, Diplomingenieur, Walluf; Friedrich Stelzel, Diplomingenieur, München; Karsten Stening, Steuerfachgehilfe, Coesfeld; Dieter Stephan, Oberstudienrat, Bensheim; Friedrich Steuber, Jurist, Lichtenfels-Sachsenberg; Dr. Axel Stieb, Physiker, Umkirch; Dr. Manfred Stieler, Grundlagenforscher, Essen; Jakob Stirken, Neuss; Michael Stöber, Jurist, Neunkirchen-Seelscheid; Carsten Stock, Hamburg; Ilse Stöckel, Lehrerin a. D., Alt-Krassow; Daniel Stöckel, Obstgärtner, Kirchheim; Henning A. Stöltzel, Diplom-Kaufmann, Busdorf; Jo-Hannes Stork, Bauingenieur, Büren; Rupert Stork, Jurist, Bad Säckingen; Carl Störmann, Rentner, Laval, Quebec, Canada; Peter Störmer, Kaufmann, Wuppertal; Ingeborg Strahl, Angestellte, Gevelsberg; Fritz Sträßner, Diplomingenieur i.R., Lübbenau; Ingo Straub, Beamter, Ulm; Martin Straub, Bundesbahnhauptsekretär, Uhingen; Dietbert Straub, Schreiner, Steinheim; Thomas Straub, Speditionskaufmann, Augsburg; Hermann Straub, Unternehmer, Diplom-Ingenieur, Steinheim; Michael Straulino, Student, Donauwörth; Jürgen Strauß, Lychen; Carsten Strehler, Student, Stolberg; Jürgen M. Streich, Studiendirektor a.D., Alveslohe; Timo Streubel, Student, Oldenburg; Margarita Stritter, Unternehmerin, Mainz 1; Frank Stritzl, Student, Flörsheim-Wicker; Christa Strümpell, Hausfrau, Hamburg; Bernd Milan Stüber, Künstler, Münster; Peter Stücklen, Pfarrer, Rudersberg; Heiner Studer, Rentner, Berlin; Ronny Stumpe, Wirtschaftsjurist, Torgau; Dietrich Stümpfel, Gärtnermeister, Hilden; Gotthold Stümpfel, Gärtnermeister, Hilden; Dietlinde Stümpfel, Hausfrau, Hilden; Lothar Sturm, Architekt, Dresden; Mario Stützer, Bauingenieur, Frankfurt; Alexander Suchy, Rechtsanwalt a.D., Fürth; Roger Süllhöfer, Chemiker, Wuppertal; Prof. Dr. Fritz Süllwold, Universitätsprofessor, Frankfurt; Rolf-Helmut Sünderhauf, Diplomingenieur, Rösrath; Dieter Surmann, Lehrer/ Hauptfeldwebel d.R,, Hamm; Hans-Ludolf Süßenguth, Pensionär, Lütjenburg; Bernd Sydow, Diplom-Ingenieur, Berlin; Zoltan Szankay, Professor d. politischen Philosophie, Bremen; Heinz Tabke, Diplomingenieur, Rotenburg; Gerhard Täschner, Bildhauer, Prien/Chiemsee; Harald Teichmann, Schönwalde; Gernot Tesch, Diplom-Kaufmann, Rostock; Philipp Tetzner, Auszubildender, München; Kurt Teuber, Rentner, Wesel; Dr. Roland Teufel, Psychotherapeut, Stexwig; Holger Teuteberg, Diplomingenieur, Lohne; Hans-Jürgen Thede, Ingenieur, Bad Kissingen; Johannes Thiel, Dipl.-Theol., Berlin; Leo Thiel, Pensionär, Lübeck; Eckehard Thiel, Psychotherapeut , Berlin; Michael Thiele, Kaufmännischer Angestellter, Lütjensee; Werner W. Thiele, Selbstständig, Diespeck; Siegfried Thieler, Steuerberater, Neu Wulmstorf; Jürgen Thode, Kaufmann, Ebstorf; Maria Thole, Diplom-Psychologe, Königslutter; Christa Thoma, Hausfrau (früh. Dolmetscherin), Gundelfingen; Klaus-Ulrich Thomann, Pensionär, Hannover; Thorsten Thomsen, Student, Kiel; Wolfgang R. Thorwirth, Oberstudienrat i. R. und Autor, Gummersbach; Dr. Wolf Tietze, Geograph / Wissenschaftsjournalist, Helmstedt; Oskar Titze, Chemotechniker, Frankfurt; Klaus-R. Töllner, Ernährungsberater, Waltrop; Manfred Tost, KFZ-Mechaniker, Braunschweig; Franz Totzauer, Kriminalhauptkommissar i.R., Rödermark; Horst Trabandt, Beamter i. R., Lebach; Günter Trampenau, Rentner, Emsdetten; Regine Trau, Lehrerin i. R., Mainz; Uwe Trau, Oberstleutnant a.D., Mainz; Bernhard Trause, Ansbach; Alfons Trautner, Bankdirektor, Gräfenberg; Michael Treml, Diplomgeograph, Heidelberg; Dr. Hans-Joachim Trenner, Medizinaldirektor i. R., Bad Orb; Dr. Karlheinz Treumer, Augenarzt, Flensburg; Jana Triebel, Tele-Service-Mitarbeiter, Mühlheim; Friedrich Trieschmann, Bau-Ing., Berlin; Werner Tröster, Kaufmann, Dortmund; Berthold Trottnow, Headhunter, Stuttgart; Lars Truknus, Student, Schönkirchen; Dr. Christoph Truöl, Ingenieur, Dresden; Ralf Tschinkel, Diplomingenieur, Berlin; Burkhart Tschirch, Göttingen; Dr. Michael Tunger, Autor, Regensburg; Norbert Tusk, Ingenieur/Rentner, Offenbach; Dr. Karsten Uffhausen, Lüneburg; Heinrich Uhl, Forstassessov, Oberstleutnant a.D., Dozent Wirtschaftsakademie, Seevetal-Fleestadt; Jürgen Uhlemann, Diplom-Ingenieur, Dippoldiswalde; Reinhard Uhle-Wettler, Brigadegeneral a.D., Timmendorfer Strand; Dr. Franz Uhle-Wettler, Generalleutnant a.D., Meckenheim; Torsten Uhrhammer, Student, Hamburg; Werner Uhrig, Kaufmann, Aschau; Dr. Max-Rainer Uhrig, Studiendirektor, Zell; Wolfram Uhrig, Zahnarzt, St Blasien; Jürgen Ullmann, Diplomingenieur-Oeconom, Plauen; Johann Ullrich, Dipl.-Ing. Elektrotechnik, Berlin; Justus Ullrich, Rentner, Hessisch Lichtenau; Siegfried Ullrich, Schulleiter a.D., Viersen; Bernhard Ullrich, Bad Schwartau; Dieter Umbach, Lehrer a.D., Königswinter; Heinz Uthmann, Rentner, Bergheim; Thilde Utikal, Rentnerin, Siegen; Helmuth Utzinger, Rentner, Wallhalben; Dr. med. Alexander Vaissie, Facharzt, Hamburg; Hans van Ellen, Rentner, Heusweiler; Wolf van Helden, Oberzollrat a.D., Leonberg; Peter van Rensen, Brigadegeneral a. D., Tutzing; Dr. Irmgard van Zanten, Arzt, Ditzingen; Dr. Holger Vanselow, Chefarzt, Haßfurt; Eckart Veigel, Pfarrer, Stadtallendorf; Dr. Herbert Veigel, Zahnarzt i.R., Sigmaringen; Herbert Veil, Diplom-Übersetzer, Mainz; Winfried Veil, Rechtsanwalt, Berlin; Dr. Otto Velten, Diplom-Chemiker i.R., Mainz; Karsten Vercheer, Selbständig, Tangstedt; Emmanuel Vernardos, Kaufmann, Aphidnai/ Attika, Griechenland; Jochen von Versen, Oberstleutnant a.D., Bonn; Günter Viebig, Rentner, Zwickau; Dr. Adolf Vincon, System-Ingenieur, München; Götz F.

Vinnen, Unternehmensberater ., Darmstadt; Gerhard Vöckler, Historiker / Oberstleutnant a.D., Berlin; Paul Voelker, Rentner, Hildesheim; K.G. Vogel, Dipl.-Ing., Hannover; Ernst Voges, Rentner, Hannover; Günther Vogl, Laborant, Altötting; Ernst Voigt, Diplomingenieur, Delmenhorst; Walter Voigt, Richter, Radebeul; Andreas J. Voigt, Schriftsteller/Publizist, Berlin; Otto Voigtländer, Ingenieur, Remscheid; Klaus Volk, akademischer Direktor a.D., Augsburg; Superintendent Ernst Volk, Pfarrer, Morbach; Melanie Volk, Neidenstein; Dr. Albrecht Völkel, Facharzt für Orthopädie, Duisburg; Dieter Völker, Lehrer i. R., Dormagen; Dr. Herbert Völkl, Diplomagraringenieur, Wachtberg; Erich Vollmer, Diplomingenieur i.R., Wilhelmshaven; Heinz Volz, Oberst. a.D., Münster; Dr. Ingeborg von Ahsbahs, Zahnärztin, Bonn; Hans von Allwörden, Diplomingenieur, Wrist; Michael von Bartenwerffer, Diplom-Kaufmann, Everswinkel; Michael von Bartenwerffer, Everswinkel; Axel von Baumbach, Forstassessor/ Oberleutnant d. R., Kirchheim; Dr. Helga von Brauchitsch, Ärztin, Zürich, Österreich; Anton von Broen-Schimmelpfennig, Publizist, Passau; Alexander von Caprivi, Wuppertal; Jürgen von Corvin-Wiersbitzki, Finanzberater, Raisting; Karl von den Driesch, Oberst a.D., Hohenfurch; Dr. Busso von der Dollen, Institutsleiter / Hauptmann d. R., Lahnstein; Kasimir von Dziembowski, Diplom-Ingenieur/Rentner, Frankenthal; Leuther von Gersdorff, Rentner, Otterfing; Jürgen von Gyldenfeldt, Rentner, Merzig; Gregor von Held, Bodenwissenschaftler, Bad Essen; Gunhild von Heyking, Rentnerin, Stuttgart; Alfred von Hülst, Regierungsdirektor i.R., Neuss; Dieter von Kopp, Diplomingenieur, Koblenz; Thies Uwe von Leesen, Referent a.D., Raisdorf; Hans-Joachim von Leesen, Verlagsbuchhändler, Mönkeberg; Heyno von Münchhausen, Apelern; Peter von Oelsen-Vietnitz, Rentner, Hermannsburg-Oldendorf; Dr. Adrian von Oer, Brigadegeneral a.D., Chieming; Meinrad von Ow, Publizist, München; Odert von Poll, Frankfurt; Dr. Dieter von Puttkamer, Bochum; Felicitas von Saucken, Sekretärin, München; Antonius von Schierstaedt, Student, Münster; Regina von Schrenck-Notzing, „Leiterin der „"Münchener Winterakademie""", Ammerland; Ernst von Schröder, Pensionär, Bonn; Dr. Ernst-Friedrich von Wagenhoff, Uhrmacher, Berg; Prof. Alexander von Waldow, Professor Diplomingenieur, Eckernförde; Prof. Dr. K-H. von Wangenheim, Biologe, Leutnant zur See a.D., Jülich; Dr. Sieghart von Watzdorf, Diplom-Ingenieur, Kaarst; Dr. Ulrich von Witten, Oberstadtdirektor a. D., Celle; Marek von Wnuck, Dipl.-Math., Vechelde; Andreas Vonderach, Historiker, Oldenburg; Helmut Voss, Rentner, Wietze; Horst Voss, Hamburg; Reinhold Voßschulte, Wirtschaftsjournalist, Kaarst; Reinhart Wächter, Diplomingenieur, Winningen; Dr. Klaus-Jürgen Wächter, Zahnarzt + Oralchirurg, Alf; Dr. Eberhard Wagemann, General a.D., Göttingen; Michael Wagemann, Student, Mülheim; Gerhard Wagner, Bauingenieur, Ratingen; Wulf Wagner, Diplom-Ingenieur, Berlin; Markus Wagner, Geschäftsführer, Bad Oeynhausen; Dr. A. Wagner, Landwirt, Wetzlar; Karl Wagner, Rentner, Dettelbach; Dr. Hans-Joachim Wahn, Pensionär, Georgsmarienhütte; Hans Wallau, Studiendirektor, Asbach; Gisela Wallesch, Rentnerin, Braunschweig; Dietmar Wallmichrath, Elektro-Meister, Essen; Gudrun Walther, Hausfrau, Gnissau; Götz Walther, Lehrer a.D., Simmern; Dr. Thomas Walther, Psychologe, Frankfurt; Gisela Waltner, Oberstudienrätin i.R., Bolanden; Klaus Warczinski, Rentner, Düsseldorf; Thomas Warnke, Verleger, Köln; Kai Wassermann, Student, Halle; Dr. Günther Webeking, tech. Geschäftsführer, Dillenburg; Ulrich Weber, Diplom-Gewerbelehrer i.R., München; Dr. Trutz Weber, Forstdirektor i.R., Waldsolms; Heinz Weber, Journalist, Essen; Eric Weber, Landtagsabgeordneter a.D., Hof; Horst Weber, Rentner, Heikendorf; Klaus Weber, Rentner, Braunschweig; Hans Martin Weber, Bremen; Maria Wech, Rentnerin, Esslingen; Wolf Wech, Sonderschullehrer, Uhingen; Klaus Wechsler, Landwirt, Gattendorf; Karsten Weder, Diplom-Geograph, Frankfurt; Günther Weege, Rentner, Stuttgart; Frank Weeverink, Diplomingenieur, Berlin; Hans Wegener, Fabrikant i. R., Lauterbach; Lore Wegener, Rentner, Bergisch Gladbach; Dr. Gunda Wegner, Zahnärztin, Auggen; Helmut Wehrmann, Rentner, Wien, Österreich; Dr. Axel Wehrmeister, Arzt, Coburg; Dr. Gerhard Weich, Facharzt, Saarbrücken; Matthias Weick, Diplom-Betriebswirt (BA), Karlsruhe; Gerd Weidemann, Diplomingenieur, Hemmingen; Norbert Weidner, Student, Bonn; Norbert Weidner, Student, Bonn; Dr. Mathias Weifert, Studienrat, Cochem; Anton Weigl, Landwirt, Tettenagger; Frank Weigt, Drucktechniker, Oerlinghausen; Werner Weik, Freier Handelsvertreter, Villingen-Schwenningen; Jochem Weikert, Textiltechniker, Ratingen; Richard Weinacht, Rentner, Mutterstadt; Ernst Weinel, Diplomingenieur, Ludwigshafen; Johann Weinfurtner, Diplomingenieur (FH), München; Manfred Weinhold, Hamburg; Thomas Weinl, Student, München; Prof. Dr. Klaus Weinschenk, Professor, Berlin; Peter Weis, Rentner, Berlin; Matthias Weiß, Konstrukteur, Erding; Dr. Volkmar Weiss, Privatdozent, Leipzig; Gerhild Weiß, Rentnerin, Preetz; Wilhelm Weitkamp, Studiendirektor a.D., Münster; Adolf Welhausen, Pensionär, Garbsen-Havelse; Edith Welhausen, Rentnerin, Garbsen; Erik Weling, Lagerarbeiter, Mainz; Gundula Wellendorf, Angestellte, Hamburg; Michael Welsch, Briefzusteller, Waldsolms; Günther Wend, Rentner, Dresden; Jutta Wendland, Hausfrau, Hamburg; Johannes Wendnagel, evang. Pfarrer, Pfaffenhofen; Ekkehart Wendorff, Kapitän, Mildstedt; Bernd Went, Rentner, Frankfurt; Hilmar Werfel, Schulbuch-Redakteur i.R., Frankfurt; Cornelius Werhahn, Kreisoberbaurat a.D., Kirchnüchel; Klaus R. Werhand, Metallbildhauer, Döttesfeld; Willy Werner,

Chemotechniker, Bad Nenndorf; Matthias Werner, Goldschmiedemeister, Lindau; Heidemarie Werner, Kosmetikerin, Lindau; Herbert Werner, Lehrer i.R., Ludwigshafen; Heinz Werner, Rentner, Bredenbek; Markus C. Werner, Richter, Leipzig; Stefan Werner, Student, Eschweiler; Franz Wesner, Volkschullehrer i.R., Dortmund; Alexander Wessel, Bürokaufmann, Berlin; Paul Westenhorst, Rentner, Hemer; Adolf Westerheide, Bauassessor, Oerlinghausen; Herbert Westermann, Professor, Dortmund; Dr. Karl-August Wetjen, Ingenieur, Ebringen; Mirko Wetterling, Diplomingenieur, Hochdorf; Rolf Wetzel, Dipl.-Ing. (FH), Edingen-Neckarhausen; Harald Wetzel, Diplom-Kaufmann i.R., Köln; Walter Weyel, Apotheker i.R., Herborn; Helmut Weyers, Lager-/Transporthelfer, Meerbusch; Käthe Wichert, Hausfrau, Lindau; Heidrun Widmer, Familienmanagerin, Steinheim; Klaus Wiebers, Rentner, Berlin; Christfried Wiedemuth, Agraringenieur, Obercunnersdorf; Edwin Wieder, Rentner, Hamburg; Dr. Günther Wiegand, Flemhude; Rainer Wiehagen, Depotwart, Berlin; Wolfgang Wiehle, Diplom-Informatiker, München; Ramon Wierer, Student, Berlin; Philipp L. Wiesenäcker, Unternehmensberater, Niedernhausen; Georg Wiesholler, Gymnasiallehrer a.D., Ottobrunn; Wolfgang Wilde, Finanzbeamter, Bonn 1; Dr. Hartwig Wilde, Gymnasiallehrer, Braak; Karl Wildermuth, Pensionär, Rheda-Wiedenbrück; Tobias Wilhelmsen, Forstwirt, Einbeck; Günther Wilke, Lüneburg; Wilfried Wilke, Ludwigshafen; Kurt Wilken, Rentner, Saarlouis; Dr. Werner E. Wille, Diplom-Chemiker, Berlin; Georg Willet, Maurermeister, Walluf; Prof. Dr. Eberhard Willich, Hochschullehrer, Heidelberg; Georg Willig, Archivar, Berlin; Burkhard Willimsky, Dozent, Schuldirektor, Berlin; Robert Willner, Maurermeister, Münchsteinach; Reinhard Willnow, Lehrer , Bremen; Stefan Wiltschko, Landesbeamter, Neckargemünd; Tobias Wimbauer, freier Autor, Publizist, Freiburg; Alois Wimmer, Lehrer a.D., Anger; Stefan Winckler, Publizist und Buchautor, Schöllkrippen; Andreas Windecker-Sachs, Unternehmer, Bad Vilbel; Prof. E. Windemuth, Professor, Ottobrunn; Erich Windgassen, Rentner, Hagen; Siegfried Winke, Diplomingenieur (FH), Berlin; Franz-Ludwig Winkle, Diplom-Finanzwirt, Kempten; André Winkler, Dipl.-Ing., Georgenthal; Harry Winterholler, Oberstabsfeldwebel a.D., Würzburg; Gerhard Winterling, Kaufmann, Schondorf; Klaus-Joachim Winters, Verkehrsfachwirt, Hannover; Dipl. Ing. Hans Wirtz, Neubiberg; Bernd Wirzinger, Schriftsetzer, Syrgenstein; Heidrun Wirzinger, Studentin, Saarbrücken; Irmgard Wirzinger, Horb; Fritz Wisotzki, Lehrer, Düvier; Andreas Wisuschil, Rechtsreferendar, München; Torsten Witt, Journalist, Berlin; Dr. Ute Witt, Zahnärztin, Berlin; Robert Wittenzellner, Bäckermeister, Zachenberg; Hellmut Wittmer, Rentner, Korbach-Lelbach; Reinhard Wnendt, Diplom-Betriebswirt, Plettenberg; Josef Wolberg, Bürokaufmann, Dorsten; Karl H. Wolbrandt, Waldwirt, Wennerstorf; Ricky Wolf, Elektro-Techniker, Mainz; Heinz Ernst Wolf, Rentner, Beidenfleth; Matthias Wolf, Wirtschaftsprüfer u. Rechtsanwalt, Bensheim; Helmut Wolfinger, Mechaniker, Schwäbisch Hall; Michael F. Wolfrum, Jurist, Kelkheim; Philipp Wolfrum, Student, Bonn; Claus M. Wolfschlag, Freier Journalist, Offenbach; Dr. Ernst Woltemas, Rentner, Solingen; Peter u. Anette Wolters, Hauptmann d. R., Verl; Hans-Willi Wolters, Schneidermeister, Köln-Braunsfeld; Dr. Peter Wörmer, Dipl.-Kfm, Puerto de la Cruz, Spanien; Hagen Wortmann, Metzger, Wuppertal; Hans Wunner, Kfz-Mechanikermeister, Escheburg; Inge Würker, Rentnerin, Ratingen; Andrea Wuttke-Haertel, Buchhändlerin, Ettlingen; Prof. Dr. Hans-Henning Zabel, Professor, Paderborn; Konrad Zacherl, Diplombauingenieur, München; Ornella Zaggia, Übersetzerin, Berlin; Dr. Christian Zak, Arzt, Berlin; Dietrich Zapf, Musikredakteur i.R., Bonn; Helmut Zech, Rentner, Ottobrunn; Eva Zedler-Schacht, Tierärztin, Barsinghausen; Mohammed Zeidan, Gastronom, Kirchheim; Andreas Zeidler, Ethnologe (Völkerkundler), München; Siegfried Zeisberger, Bankdirektor i.R., Oestrich-Winkel; Carsten Zeitz, Dipl-Ing., Hofheim-Lorsbach; Jörg Zeitzmann, Ingenieur, Mainz; Susanne Zeller-Hirzel, Musikerin i. R., Stuttgart-Weilimdorf; Karsten Zemke, Einzelhandelskaufmann, Berlin; Gert Ziegler, Journalist, München; Horst Ziemann, Konditor, Willingen; Ludwig Zierer, Rentner, Düsseldorf; Alfred Zies, Oberstleutnant a.D., Neu-Isenburg; Jürgen Zietz, Rentner, Hamburg; Konrad Zimmer, Bundesbeamter i. R., Königsberg; Ralf Zimmermann, Dipl.-Ing., Andisleben; Steffen Zimmermann, Diplomingenieur, Bonn; Thomas Zimmermann, Finanzberater, München; Markus Zimmermann, Kosmetiker/Altenpfleger, Thannhausen; Dr. Rainer Zimmermann, Publizist, Wetter; Rudolf Zimmermann, Rentner, Hetzdorf; Erich H. Zimmermann, Lohmar; Daniel Zindel, Student, Lage; Heinz Zinnecker, Oberstleutnant a.D., Meddersheim; Klaus Zinsmeister, Bankkaufmann, Leitheim; Fritz Zirngibl, Bankkaufmann/Immobilienmakler, München; Friedrich Zirwick, Dipl.-Ing. Patentassessor, Germering; Dr. Manfred Zobel, Ingenieur, Roßdorf; Gerhart Zobler, Organisationsprogrammierer, Niederkassel; Rudi Zoller, Maschinenbau-Ing., Neuburg;

... und weitere über 600 von 3000 Unterzeichnern.

Die politisch Verantwortlichen

Der Ministerpräsident
des Landes Nordrhein-
Westfalen
Peer Steinbrück
Stadttor
40213 Düsseldorf
Tel. 0211 / 837-01
Fax 0211 / 837-1150
Epost: poststelle@im.nrw.de

Innenminister des Landes
Nordrhein-Westfalen
Dr. Fritz Behrens
Haroldstraße 5
40213 Düsseldorf
Tel. 0211 / 871-01
Fax 0211 / 871 - 3355

Landtag von NRW
Platz des Landtags 1
40002 Düsseldorf
Tel. 0211 / 884-23 70
Fax: 0211 / 884-22 65

Landtagsfraktionen
SPD
Tel. 0211 / 884-22 28
Fax: 0211 / 884-28 53
Epost:
spd-fraktion@landtag.nrw.de

CDU
Tel. 0211 / 884-23 70
Fax: 0211 / 884-22 65
E-Mail: cdu-pressestelle@cdu-nrw-fraktion.de

FDP
Tel. 0211 / 884-21 17
Fax: 0211 / 884-3620
Epost: marianne.thomann-stahl@landtag.nrw.de

Grüne
Tel. 0211 / 884-28 87
Fax. 0211 / 884-28 90
Epost: gruene@landtag.nrw.de

Solidaritätskonto „Prozeßkostenhilfe“
Unterstützen Sie die JUNGE FREIHEIT bei ihrem Verfahren gegen Nordrhein-Westfalen durch eine Spende an:

JUNGE FREIHEIT
Stichwort: „Verfassungs-beschwerde“
Konto-Nr. 54 59 68 90 11
Berliner Volksbank
BLZ 100 900 00

Weiterführende Literatur zum Thema

Klaus J. Groth/J. Schäfer
Stigmatisiert

Der Terror der Gutmenschen. Die Autoren beschreiben die Methoden, mit denen die Diktatur der Political Correctness Andersdenkende im Lande ausgrenzt, sie vorzugsweise in die antisemitische, fremdenfeindliche oder rechtsradikale Ecke drängt. Sie lassen viele Betroffene zu Wort kommen, unter anderem auch den Chefredakteur der JUNGEN FREIHEIT, Dieter Stein. 295 Seiten, geb., Euro 24,80
Aton Verlag 2003
ISBN 3-9807644-5-1

Hans-Helmuth Knütter /
Stefan Winckler (Hrsg.)
Der Verfassungsschutz

Auf der Suche nach dem verlorenen Feind. Über den Verfassungsschutz ist manches geschrieben worden, was der Korrektur oder Klärung bedarf. Mit Beiträgen unter anderem von Caspar von Schrenck-Notzing, Heinrich Lummer und Manfred Brunner, der als Anwalt der JUNGEN FREIHEIT zum Prozeß gegen den Verfassungsschutz von NRW schreibt. 425 Seiten, geb., Euro 24,90
Universitas Verlag 2000
ISBN 3-8004-1407-4

Reihe Dokumentation/Edition JF

Reihe dokumentation Band 1

Dieter Stein (Hrsg.)
Die Tragödie des Westens
Beiträge und Interviews nach dem 11. September 2001 u. a. von Peter Scholl-Latour, Arundhati Roy, Franz Alt, Alain de Benoist, Rolf Stolz, Franz Uhle-Wettler
228 Seiten, Pb., Euro 9,90
ISBN 3-929886-10-3

Reihe dokumentation Band 2

Alain de Benoist
Die Wurzeln des Hasses
Ein Essay zu den Ursachen des globalisierten Terrorismus
64 Seiten, Pb., Euro 6,90
ISBN 3-929886-11-1

Reihe dokumentation Band 3

Der Streit um Martin Walser
Beiträge und Interviews von Eckhard Henscheid, Joachim Kaiser, Heimo Schwilk, Martin Walser, Günter Zehm u. a.
120 Seiten, Pb., Euro 8,90
ISBN 3-929886-13-8

Reihe dokumentation Band 4

Alain de Benoist
Die Schlacht um den Irak
Die wahren Motive der USA bei ihrem Kampf um Vorherrschaft
84 Seiten, Pb., Euro 7,90
ISBN 3-929886-14-6

**Wochenzeitung
JUNGE FREIHEIT**

Die JUNGE FREIHEIT (JF) wurde 1986 von Dieter Stein mit anderen Schülern und Studenten in Freiburg im Breisgau als Zweimonatszeitschrift ins Leben gerufen. 1990 gründeten die Redakteure den Verlag, 1993 übersiedelte die JF nach Berlin.

Seit Januar 1994 erscheint die JUNGE FREIHEIT als Wochenzeitung. Von Großverlagen gänzlich unabhängig schafft sie Platz für kontroverse Debatten, Meinungen und Nachrichten, die bei anderen Medien unter den Tisch fallen.

Zu ihren ständigen Mitarbeitern zählen u. a.: Alain de Benoist (Paris), Prof. Dr. Hans-Helmuth Knütter (Bonn), Bürgermeister a. D. Heinrich Lummer (Berlin), Bundesrat a. D. Andreas Mölzer (Wien), Prof. Dr. Klaus Motschmann (Berlin), Dr. Alfred Schickel (Ingolstadt), Dr. Carl Gustaf Ströhm (Wien), Dr. Karlheinz Weißmann (Göttingen) und Prof. Dr. Günter Zehm „Pankraz“ (Jena).

„In der JUNGEN FREIHEIT schreiben der sächsische Justizminister Steffen Heitmann, der frühere DDR-Bürgerrechtler Wolfgang Templin, der ehemalige Berliner Innensenator Heinrich Lummer und der Münchner CSU-Vorsitzende Peter Gauweiler genauso wie der bekannte Fernsehjournalist Franz Alt.“

Welt am Sonntag

„Die konservative Berliner Wochenzeitung.“ *Frankfurter Allgemeine*

„Das Leib- und Magenblatt der Rechtsintellektuellen.“
die tageszeitung